Frances Henry

Nachbarn und Opfer

Erinnerungen an eine Kleinstadt im Nationalsozialismus

Mit einem Vorwort von Willy Brandt

Herausgegeben vom Förderverein Synagoge Sobernheim

Verlag J. H. W. Dietz Nachf.

ISBN 3-8012-5017-2

Die amerikanische Originalausgabe erschien unter dem Titel:
„Victims and Neighbors. A Small Town in Nazi Germany Remembered"
Copyright © 1984 by Bergin & Garvey Publishers, Inc.
Sie wurde von Marianne Boussonville ins Deutsche übertragen.
Die Übersetzung wurde vom Förderverein Synagoge Sobernheim
unterstützt.

Copyright für die deutsche Ausgabe
© 1992 by Verlag J. H. W. Dietz Nachf. GmbH, Bonn
In der Raste 2, D-5300 Bonn 1
Lektorat: Martin Rethmeier
Umschlag: Manfred Waller (Reinbek)
unter der Verwendung eines Fotos von Löckenhoff
(SA-Umzug in Sobernheim, Ostern 1933)
Satz: Fotosatzstudio typo bonn
Druck und Verarbeitung: Braunschweig Druck
Alle Rechte vorbehalten
Printed in Germany 1992

Inhalt

Willy Brandt
Vorwort 7

Einleitung 9

Einführung 17

1. Die Geschichte der Juden in Sobernheim 33
2. Die Machtstrukturen der Nazis in Sobernheim 53
3. Beziehungen zwischen Juden und Nichtjuden vor 1933 . . . 73
4. Jüdische Reaktionen auf Terrormaßnahmen der Nazis 93
5. Deutsche Reaktionen auf die Verfolgung der Juden 121
6. Juden und Nichtjuden in Sobernheim heute 157
7. Eine Analyse der Beziehungen zwischen Juden und
   Nichtjuden in Sobernheim 183
8. Schluß: Der Mythos der Assimilation 205

Anhang

Hinweise zum Forschungsprojekt 221

Anmerkungen 231

Hans-Eberhard Berkemann, Thomas Hofmann
„Vergangenheitsbewältigung" in Sobernheim und anderswo
Ein Nachwort 241

Die Autoren 255

Vorwort

Fast ein halbes Jahrhundert ist vergangen, seit die dunklen Jahre der Naziherrschaft über Deutschland und Europa zu Ende gingen. Aber die Frage, warum die vielhundertjährige Geschichte der Juden in Deutschland ein so schreckliches Ende gefunden hat, läßt uns immer noch nicht los. Auch wenn sie eine kleine und in hohem Maße assimilierte Minderheit waren, haben Juden über Jahrhunderte hinweg zum politischen, wirtschaftlichen und vor allem kulturellen Leben Deutschlands herausragende Beiträge geleistet. Und auch wenn sie erst mit Gründung des deutschen Reiches gleichberechtigt wurden, so hatten Deutsche jüdischer und nicht-jüdischer Abkunft seit langem zusammen gelebt und zusammen gearbeitet. Wie Frances Henry schreibt: „Wir waren alle Menschen gleicher Art."

Heute über deutsche Juden zu schreiben, heißt, über Vergangenes zu schreiben, über einen Volksteil, von dem so viele nicht überlebten. Und manche derer, die überlebten, nicht mehr zurückkehrten. Gewiß, es gab Juden, die wollten vergeben und wollten teilnehmen am Aufbau des neuen, demokratischen Deutschland, Seite an Seite mit denen, die verantwortlich gewesen waren für Völkermord, Massentötung und medizinische Versuche – Verbrechen, die in der Weltgeschichte ihresgleichen nicht hatten. Aber sie, die sie wieder in Deutschland leben, leben zurückgezogen und möchten keine Aufmerksamkeit.

„Wir müssen für die Toten und die Lebenden Zeugnis ablegen", sagt Elie Wiesel. Und deshalb müssen wir unbequeme Fragen stellen. Und können und dürfen nicht tun, als sei die Geschichte vergangen und liege einfach nur hinter uns. Die Geschichte begleitet uns auf jedem Stück des Weges, den wir gehen. Haben wir es nicht wieder und neu erfahren, seit Deutschland vereinigt ist? Normalität erlangen wir nur, wenn bewußt bleibt, was jenseits aller Normalität gelegen hat und dem deutschen Namen immer anhängen wird.

Manche, beileibe nicht alle Nazis kamen aus der Gosse. Jedenfalls schafften sie es, eine Nation zu erobern, die sich voller Stolz auf der Höhe der europäischen Zivilisation gewähnt hatte. Es hieße die Dinge allzu sehr vereinfachen, wollte man den Nazismus als Zuflucht derer begreifen, die meinten, sie seien zu kurz gekommen. Die Nazis hatten Erfolg, weil sie Unterstützung – aktive und passive – fanden in der Beamtenschaft und in den Reihen der Lehrer und Professoren, unter Ärzten, die den hippokratischen Eid geschworen, Juristen, die sich der Gerechtigkeit verpflichtet, sogar Geistlichen, die sich dem Dienste

Gottes geweiht hatten. Der Erfolg hatte Bestand, weil Millionen einfacher Frauen und Männer den Nazis zuliefen.

Der Nazismus wurzelte weder in abstrakten Normen, noch ging er auf in der Anonymität der Gaskammern. Er war gemacht und wurde getragen von Menschen. Sein Zuhause hatte er nicht nur in den Palästen, im Glanz der Macht erstrahlend, sondern auch und gerade in den Kleinstädten und Nachbarschaften – wie Sobernheim. Diese Gemeinde, die Frances Henry in ihrem Buch beschreibt, scheint mir typisch für die Situation jüdischer Bürger im Deutschland vor Hitler. Was aus ihrer Darstellung zu lernen ist? Jedenfalls, daß die Haltung gegenüber dem Nazismus nicht vorgegeben war. Weder war sie anlagebedingt noch Teil deutschen kulturellen Erbes. Und so schwankte die Einstellung gegenüber dem Nazismus – zwischen passiver Anpassung und aktiver Unterstützung, Gleichgültigkeit gegenüber den diskriminierten Juden (und gleichermaßen gegenüber den aus verschiedenen Schichten, zu Beginn vor allem aus der Arbeiterbewegung kommenden aktiven Gegnern des Nazi-Regimes) und Hilfsbereitschaft und passivem oder sogar opferbereitem Widerstand.

Doch die Frage bleibt: Warum fühlten sich all die, die mit jüdischen Nachbarn zur Schule gegangen waren, mit ihnen in Büros, Schulen, Fabriken, Krankenhäusern zusammen gearbeitet hatten, mit ihnen in Cafés oder am Stammtisch gesessen hatten – warum fühlten sie sich gehindert, für Freunde und für Nachbarn jüdischen Glaubens einzutreten? Waren sie, waren wir alle so „schlecht gerüstet", wie die Autorin meint? Die Ursache in gesellschaftlichen Barrieren zu suchen, ist verfehlt. Denn vergleichbare Barrieren bestanden anderswo in Deutschland und in Europa. Der Antisemitismus in Sobernheim hatte ein doppeltes Gesicht: Er wurde offen demonstriert, und er gedieh im Verborgenen. Zum Alltag gehörte es, daß man miteinander auskam, nach dem Prinzip leben und leben lassen. Wann nun verkehrte sich dieses Prinzip in jenes andere, nach dem man sich nur noch „um die eigenen Angelegenheiten kümmert"? An welchem Punkt verkehrt sich das Laissez-faire in Gleichgültigkeit, wird aus Gleichgültigkeit Mißachtung?

Und was beweist die Geschichte? Doch jedenfalls, daß zu wenige sich bewußt dem Bösen entgegengestellt haben. Und welche Lehre ist aus der vieltausendfachen Vernichtung der Juden zu ziehen? Daß anständige Männer und Frauen lernen, für das Gute einzustehen – ehe ein verbrecherisches System feste Gestalt annimmt. Dies ist die Lehre, die eine Geschichte aufgibt, die sich in keiner Form wiederholen soll.

Willy Brandt
Unkel, im März 1992

Einleitung

In den letzten Jahren ist viel über den Holocaust geschrieben worden. Es ist ein wiedererwachtes Interesse an dem gesamten Phänomen des Holocaust zu verzeichnen, vielleicht angespornt durch die Behauptungen einiger weniger, daß dies alles nie passiert sei. Es gab Dokumentationen und Filme für Fernsehen und Kinos. Zusätzlich wurden zahlreiche Zeugnisse und Memoiren von Überlebenden des Zweiten Weltkrieges veröffentlicht. Auch die Zahl der von Wissenschaftlern geschriebenen historischen Studien ist angestiegen. Wenn irgendeine, so war diese Geschichtsperiode ungenügend erforscht. Jetzt jedoch haben wissenschaftliches und öffentliches Interesse am Holocaust, am Nationalsozialismus insgesamt, an den Erfahrungen und Erlebnissen der Überlebenden und ihrer Kinder einen neuen Höhepunkt erreicht.

Dieses Buch beschäftigt sich nicht mit dem Holocaust. Es beschreibt die Situationen und Ereignisse, die zum Holocaust geführt haben. Es macht den Versuch, die Beziehungen zwischen Menschen – Juden und Nichtjuden – in einer kleinen Stadt in Deutschland zu untersuchen und die Ursachen für die Verfolgung der Juden aufzuhellen.

Viele Leute waren am Zustandekommen dieses Buches beteiligt. Es ist offensichtlich, daß dieses Buch nicht hätte geschrieben werden können ohne die herausragende Mithilfe der Bürger Sobernheims sowie der jüdischen Überlebenden, die heute in den Vereinigten Staaten leben. Sie begegneten mir offen und ehrlich und erlaubten mir, ihre Gefühle und Erinnerungen niederzuschreiben. Ganz besonders dankbar bin ich Hans Marum und seiner Familie, die einen ersten Entwurf des Manuskripts lasen und wichtige Korrekturen und Ergänzungen beitrugen. Auch haben verschiedene Mitglieder meiner eigenen Familie den Entwurf gelesen und Verbesserungsvorschläge gemacht. Meine Mutter starb, während dieses Buch geschrieben wurde, jedoch konnte sie eine frühere Version lesen, und ich bin dankbar für ihre Ermutigung, Hilfe und Unterstützung, die sie mir während aller Phasen dieses Projektes zukommen ließ. Ich stehe auch in der Schuld von Kollegen und Freunden, die frühere Fassungen lasen und deren Anmerkungen besonders hilfreich waren. Dies gilt auch für Rabbi Gunther Plaut, Gustav Thaiss, Ernest Lilienstein und Evelyn Kallen. Auch gilt mein Dank Michael Kater, der mich ermutigte, einen weiteren historischen Rahmen zu spannen und

Sobernheim im Zusammenhang mit dem gesamten Land zu sehen. Raymond Wolff erlaubte mir den Zugang zu in seinem Besitz befindlichem wichtigen Archivmaterial. Ganz besonderer Dank gilt Sylvia Brown, die das Manuskript in seinen Anfängen redigierte, und Kirsten Semple, die mehrere Entwürfe mit der Maschine schrieb. Ich möchte aber auch meiner Familie und insbesondere meinem Mann danken, die nicht nur einzelne Kapitel lasen, sondern mich auch kritisch ermutigten, das Projekt überhaupt durchzuführen.

Die Arbeit an diesem Buch wurde durch ein Stipendium des kanadischen Social Science and Humanities Research Council ermöglicht. Die Universität von York gewährte mir ebenfalls großzügig verschiedene Auszeichnungen zur Durchführung des Projekts.

In Sobernheim geführte Interviews wurden in deutscher Sprache niedergeschrieben. In diesem Buch benutzte Zitate habe ich wörtlich, im Sobernheimer Dialekt festgehalten. Für die amerikanische Ausgabe habe ich die Interviews dann ins Englische übersetzt. Die Übersetzungen sind genau und zeigen die Gefühle und Gesinnung der Sprechenden. Die deutschen Zitate sind im besonderen Dialekt von Sobernheim wiedergegeben.

Zur deutschen Ausgabe

Ich bin sehr dankbar, daß „Opfer und Nachbarn. Erinnerungen an eine Kleinstadt im Nationalsozialismus" nun auch in Deutschland veröffentlicht wird. Ich habe dieses Buch in Englisch geschrieben, veröffentlicht wurde es von einem amerikanischen Verlag und verkauft an ein Publikum in Nordamerika. Die Veröffentlichung des Buches in deutscher Sprache ist von großer Bedeutung, denn meine Untersuchung handelt von Deutschland und den Deutschen ebenso wie von Juden. Ich setze voraus, daß sein Eindruck auf eine deutsche Leserschaft sich sehr von den Reaktionen meiner nordamerikanischen Leser, von denen viele Juden deutscher Herkunft sind, unterscheiden wird.

Nach Erscheinen habe ich viele Briefe von deutschen Juden und anderen Lesern des Buches erhalten. Viele dieser Briefschreiber stammten aus kleinen Städten in Deutschland wie Sobernheim. Es waren Briefe, geschrieben von Menschen, die in meinen Beschreibungen der Beziehungen zwischen den Sobernheimer Juden und ihren nicht-jüdischen Nachbarn ihre eigenen Erfahrungen widergespiegelt sahen. Offensichtlich waren die Erfahrungen und Gefühle der Juden und ihrer Nachbarn in dieser Kleinstadt im Nahetal in vielem typisch für die Dynamik der jüdisch-christlichen Beziehungen in vielen anderen Städten Deutschlands kurz vor und während der Zeit des „Dritten Reichs". Überraschend, wenn nicht erschreckend an den Antworten vieler der inzwischen älteren Juden deutscher Herkunft, die dem Holocaust entrinnen konnten, war der Ton des Bedauerns, der Klage über den Verlust dieses Deutschlands der Vergangenheit und der Städte, in denen sie ein erfülltes Leben gelebt hatten. Zwar äußerten sich viele auch kritisch über den Antisemitismus, dem sie und ihre Familien ausgesetzt waren, aber wie in Sobernheim wurde er stets als erträglich empfunden. (Interessanterweise erhielt ich auch einige Briefe von Juden, die aus Ungarn und Polen geflohen waren.) Diese Reaktionen bestätigen die weitverbreitete Überzeugung, daß die Juden in vielen Ländern Europas trotz des seit Urzeiten bestehenden latenten Antisemitismus grundsätzlich mit ihrem Leben in Deutschland zufrieden waren.

Einen besonders starken Eindruck hat dieses Buch bei einer kleinen Gruppe, dem „Förderverein Synagoge Sobernheim e. V.", hinterlassen. Die Mitglieder dieses Vereins haben es sich zur Aufgabe gemacht, ihrer eigenen Geschichte und der ihrer Stadt nachzugehen, indem sie die Erinnerungen und Erfahrungen ihrer Großeltern erforschen, die vielfach die „Nachbarn" der jüdischen Opfer gewesen waren. In ganz Deutschland engagieren sich zweifellos viele Menschen in dieser Sache. Ihre neuen Einsichten haben vielerorts zu Bestrebungen geführt, Aspekte des traditionellen jüdischen Lebens und jüdischer Kultur in Deutschland wiederzubeleben. Viele dieser Engagierten fühlen sich einer Art kollektiver Schuld verpflichtet, die sie drängt, die Schrecken der Vergangenheit ihrer Nation zu bewältigen.

Die Veröffentlichung von „Victim and Neighbors" gab dem Förderverein einen zusätzlichen Anstoß, sich mit der Vergangenheit auseinanderzusetzen und sie zu verstehen. Ich wurde nach Sobernheim eingeladen, hielt Vorträge und sprach mit den Bürgern. Ich habe diese Einladung dankbar angenommen, weil ich glaube, daß mein Buch dann seinen Zweck mehr als erfüllt hat, wenn es hilft, den Prozeß der Vergangenheitsbewältigung zu fördern. Insofern war mein Besuch in Sobernheim sehr erfolgreich. Viele Menschen, die dem Förderverein nicht unbedingt verbunden waren, zeigten großes Interesse, mit mir zu sprechen und ihre Gedanken, Gefühle und Erfahrungen mit mir zu teilen. Drei Tage lang fanden Gesprächskreise statt. Ich verließ Sobernheim mit dem Gefühl, daß man sich dort nun den Untaten der Vergangenheit zu einem gewissen Grad offen stellte, ohne daß sie damit entschuldigt oder wegerklärt worden waren. Es gab Bemühungen, sich mit dem Handeln oder – in den meisten Fällen – Nicht-Handeln von Eltern und Großeltern auseinanderzusetzen.

Heute vollziehen sich gewaltige soziale Veränderungen. Deutschland ist wieder ein vereinigtes Land. Die Unterschiede, entstanden in über vierzig Jahren staatlicher und ideologischer Abgrenzung, müssen nun überbrückt werden. Für viele benachteiligte Menschen in Europa und anderswo erscheint Deutschland als ein sicherer Hafen – als ein Land, das die Chancen sozialer und ökonomischer Entwicklung bietet, die Menschen in weniger günstigen Lebensumständen verwehrt sind. Jedoch scheint es in Deutschland eine gewisse Feindseligkeit zu geben gegenüber Flüchtlingen und anderen Einwanderern, die sich derzeit konfrontiert sehen mit Voreingenommenheit und Diskriminierung. Nicht allein Deutschland steht vor den ungelösten Herausforderungen einer zunehmend verschiedenartigen Bevölkerung. Im Blick auf seine Geschichte jedoch besteht die mehr als zwingende Notwendigkeit, den Anderen, gleich welcher Herkunft, als einen gleichberechtigten und vollwertigen Mitbürger in seiner neu vereinigten Gesellschaft zu akzeptieren.

Die „Opfer" der Heuchelei und der Intoleranz sind heute andere, aber leider sind es teilweise wieder die gleichen Probleme, die das moderne Deutschland – und die ganze Welt – herausfordern. Hoffen wir, daß es diesmal sehr viel mehr Deutsche gibt, die verantwortungsvoll und sensibel mithelfen werden, daß sich die Vergangenheit nicht wiederholt.

Die Veröffentlichung dieses Buches wäre nicht zustandegekommen ohne die außerordentliche Hilfe von Thomas Hofmann, einem der Deutschen, die mein Buch in Englisch lasen und der sich die Mühe machte, mir über seine Jugend in Sobernheim zu schreiben. Ich bin auch dankbar für die Unterstützung durch den Förderverein Synagoge Sobernheim e. V., der die Finanzierung der Übersetzung sicherstellte. Marianne Boussonville möchte ich für ihre exzellente Übersetzung danken. Besondere Erwähnung verdient das Engagement von Pfarrer Christian Wenzel, Irma Fechter, Hans-Eberhard Berkemann und anderer Mitglieder des Fördervereins, den jüdischen Geist in Sobernheim lebendig zu erhalten.

Frances Henry
Toronto, Kanada, im März 1992

Editorischer Hinweis

In der amerikanischen Ausgabe dieses Buches waren alle Personen- und Ortsnamen fiktiv, um die Anonymität der Stadt und ihrer Bewohner zu wahren. Dieses Verfahren entspricht dem üblichen methodischen Vorgehen in der Sozialanthropologie. In der deutschsprachigen Ausgabe erscheinen Familien, die in der Stadt eine zentrale Rolle spielen und der Benutzung ihrer Namen zugestimmt haben, sowie die örtlichen Funktionäre der NSDAP als Personen der Zeitgeschichte mit ihren tatsächlichen Namen. Alle übrigen Personen bleiben anonym.

Für meinen Vater, der unglücklicherweise Jahre vor Beginn dieses Projekts starb, dessen Geist mich jedoch während der ganzen Zeit stützte und stärkte, und für meine Mutter, deren entschiedenen Anstrengungen es zu danken ist, daß wir Deutschland verlassen konnten, und die selbst in den letzten Monaten ihres Lebens zur Abfassung dieses Buches beigetragen hat.

Das Haus der Großeltern in Sobernheim, 1918

Einführung

Meine Großeltern väterlicherseits lebten in einer kleinen Stadt namens Sobernheim in der Rheinprovinz in Deutschland. Mein Vater wuchs dort mit seinen Schwestern und einem Bruder auf, ich selbst verbrachte als junges Kind oft meine Ferien in Sobernheim. Die Stadt hatte damals ungefähr 4000 Einwohner, von denen etwa 150 Juden waren. Meine Großeltern waren ursprünglich von einem etwa drei Kilometer entfernten Ort namens Meddersheim gekommen. Sie besaßen ein ziemlich großes Haus in der Wilhelmstraße, einer der Hauptstraßen der Stadt. Mein Großvater hatte unten ein kleines Einzelhandelsgeschäft, die Familie lebte im oberen Teil. Das Haus war von einem Hof umgeben.

Im Fotoalbum meiner Mutter befindet sich ein Bild von mir; es zeigt mich im Alter von drei Jahren, wie ich fast nackt im Hof in einem Blecheimer stehe und mein Großvater mir Wasser über den Kopf gießt. 1939, als ich sieben Jahre alt war, konnten meine Eltern endlich in die Vereinigten Staaten auswandern.

Obwohl ich meine Entwicklungsjahre in New York verbrachte, erinnere ich mich, sehr viel über Sobernheim gehört zu haben. Freunde und Nachbarn wurden oft liebevoll von meinen Eltern erwähnt. Merkwürdigerweise wurde wenig über das Anwachsen des Nazismus und dessen Einwirkungen auf unser Leben gesprochen. Als Kind wußte ich nur, daß es dort einen Krieg gab und wir gezwungen waren, Deutschland zu verlassen und in die Vereinigten Staaten zu gehen. Ich war Zeuge der Schwierigkeiten, die meine Eltern infolge der Niederlassung in einem neuen Land erdulden mußten, und ihrer Reue und Schuldgefühle, daß sie nicht in der Lage waren, auch die Auswanderung meiner Großeltern, die 1942 mit andern älteren Juden zusammengetrieben und in Konzentrationslager verschleppt wurden, zu ermöglichen. Niemand hat je wieder etwas von ihnen gehört. Gelegentlich wurden mir kleine Teile dieser Geschichte von meinen Eltern, Onkeln und Tanten erzählt, jedoch, vielleicht weil ich ein junges Kind und später als Heranwachsende mit den üblichen Sorgen eines Teenagers beschäftigt war, niemals in allen Einzelheiten. Ich war auch nicht übermäßig daran interessiert, da ich meine deutsche Herkunft, wenn auch jüdischer Identität, bewältigen wollte, um wie meine Freunde eine hundertprozentige Amerikanerin zu werden.

In den frühen Vierzigern machten die New Yorker keinen Unterschied zwischen eingewanderten Juden und Christen; für viele war ich eine Deutsche, vielleicht sogar ein Nazi, in jedem Fall ein Feind. Ich wollte diesem Stigma entgehen und unterdrückte ganz bewußt jeden Aspekt meines Deutschseins, einschließlich der deutschen Sprache, und beschäftigte mich nicht mit den Einzelheiten deutscher Geschichte. Tatsächlich gab ich den Leuten gegenüber an, aus der Schweiz zu kommen. Obwohl ich erst sieben Jahre alt war, als wir auswanderten, hatte ich bestimmte Erfahrungen und Erinnerungen an Deutschland, die ich nie erfolgreich verdrängen konnte.

So erinnere ich mich zum Beispiel des Eindringens der SS – der paramilitärischen Eliteeinheit der Nazis, die auch als Sonderpolizei fungierte – in unsere Wohnung während der berüchtigten *Reichskristallnacht**. (Die *Reichskristallnacht*, von den Deutschen so genannt wegen der großen Mengen zerbrochenen Glases, das am Morgen des 10. November 1938 auf den Straßen herumlag, war der erste große physische Gewaltangriff des Nazi-Regimes gegen jüdische Mitbürger, ihre Wohnungen und ihr Eigentum.) Ich lebte mit meinen Eltern in einer im zweiten Stock eines zweistöckigen Hauses gelegenen Wohnung in Bad Kreuznach, einer mittelgroßen Stadt, ungefähr eine Stunde Fahrzeit von Frankfurt am Main entfernt. Mein Vater hatte, nachdem er in Kassel, wo ich geboren bin, seine Facharztausbildung abgeschlossen, eine Arztpraxis in Bad Kreuznach eröffnet. Bad Kreuznach liegt nur 20 km von Sobernheim entfernt, so daß wir immer einen engen Kontakt mit unseren Verwandten hatten. Mein Vater hatte kaum seine Praxis eröffnet, als im Jahre 1935 jüdische Ärzte unter Druck gesetzt wurden, ihre Praxen zu schließen. Er hatte jedoch treue christliche Patienten, die auch weiterhin seine medizinischen Dienste in Anspruch nahmen, weil sie seinem Können vertrauten. So war er während der Jahre 1935 bis 1938 doch in der Lage, sich mit einem bescheidenen Einkommen durch inoffizielle ärztliche Tätigkeiten kümmerlich durchzuschlagen. All dies endete am 9. November 1938.

Um zwei Uhr nachts ertönten schwere stampfende Tritte auf der zu unserer Wohnung führenden Holztreppe und weckten uns. Die Glastür unserer Wohnung wurde eingeschlagen, und fünf oder sechs dunkel gekleidete, bewaffnete SS-Führer drangen ein und begannen, alles Sichtbare zu zerschmettern. Sie lachten, sangen und machten Witze, wäh-

---

* Kursiv gesetzte Begriffe sind im amerikanischen Original Deutsch wiedergegeben.

Die Großeltern mit ihren Kindern, 1928 – eine wohlhabende jüdische Familie der Mittelschicht

rend wir in einer Ecke des Wohnzimmers kauerten. Ich erinnere mich noch lebhaft ihrer glänzenden, schwarzledernen bis an die Knie reichenden Stiefel, da ich den Männern ungefähr bis zum Knie reichte. An der Schlafzimmerwand stand ein sehr großer Kleiderschrank; einer der Männer schlug mit der Axt darauf ein und begann den Inhalt herauszuwerfen. Plötzlich sah ich, daß er meine Lieblingspuppe, die auf dem obersten Brett lag, ergriff. Ich lief vor, um die Puppe zu retten. Meine Mutter riß mich zurück, als er lachend seine Axt hob und die Puppe in zwei Teile hieb. Nachdem sie das meiste unserer Einrichtung demoliert und verschiedene Möbelstücke aus dem Fenster geworfen hatten, verschwanden sie. Wir waren glücklich, noch am Leben zu sein. Am nächsten Morgen kamen zwei andere meinem Vater namentlich bekannte NS-Funktionäre in unsere Wohnung und sagten etwas verlegen, daß sie meinen Vater mitnehmen müßten. Einer von ihnen entschuldigte sich mit rotem Gesicht: „Herr Doktor, ich tue das nicht gern, und Sie sind der letzte, den wir mitnehmen, aber wir müssen unsere Befehle befolgen." Später erfuhren wir, daß man ihn nach Dachau gebracht hatte. Da wir fürchteten, auch weggebracht zu werden, hielten Mutter und ich uns in der Wohnung eines wohlwollenden Nachbarn auf, und wann immer wir ein Geräusch hörten, versteckten wir uns in einem Wandschrank. Während dieser Zeit überlebten meine Mutter und ich dank der Hilfe ihrer alten Waschfrau, Frau Schmidt, die jeden Tag einen Korb mit Lebensmitteln für uns zurückließ. Diese Frau hatte einige Jahre für meine Eltern gearbeitet und wollte nicht zulassen, daß die Frau des „Herrn Doktor" leiden sollte. Ihre beiden Söhne waren bei der SS und hätten ihre Mutter sicher angezeigt, hätten sie erfahren, daß sie Juden half.

Um die Entlassung meines Vaters aus Dachau zu erreichen, machte sich meine Mutter auf die Reise durch die Behörden. Dazu, vor allem aber zur Bestechung von Amtspersonen, brauchte meine Mutter größere Geldbeträge. Ihr nichtjüdischer Schwager gab ihr 10.000 Mark, zu dieser Zeit eine beachtliche Summe, die er eines Nachts brachte, nachdem er 300 Kilometer gereist war. Er konnte nicht einmal seiner eigenen Bank trauen, ob diese das Geld an meine Mutter überwiesen hätte. Ohne dieses Geld, das zum großen Teil für Bestechungen und zur Sicherung unserer Ausreise aus Deutschland ausgegeben wurde, wäre mein Vater sicher in Dachau gestorben. Es ist eine merkwürdige und auch ironische Wendung dieses Ereignisses, daß ich meinen alten und nun an Krebs leidenden Onkel 1975 in einem Krankenhaus besuchte. Ich wußte damals nichts von seiner Güte gegenüber meiner

Familie und besuchte den sterbenden Mann, den ich kaum kannte, eher zögernd. Nachdem ich nach Kanada zurückgekehrt war, freute sich meine Mutter, daß ich diesen Besuch gemacht hatte, denn ohne seine Hilfe wären wir vielleicht alle gestorben. Ich schrieb ihm sofort einen Brief und dankte ihm für seinen „damaligen Akt der Großherzigkeit"; er erhielt diesen Brief genau einen Tag vor seinem Tod.

Kurz nach dem Krieg fuhr meine Mutter zurück nach Deutschland, um ihre nichtjüdischen Verwandten zu besuchen. Sie besuchte auch Bad Kreuznach, um Frau Schmidt zu finden. Nach einigem Suchen fand sie die alte und sehr kranke Frau, die in äußerster Armut in einem Zimmer hauste. Ihre beiden Söhne waren im Krieg gefallen. Sie begrüßte meine Mutter unter Tränen und war glücklich, „Frau Doktor" lebend und wohlauf zu sehen. Trotz ihres Widerstandes arrangierte meine Mutter ihre Aufnahme in ein Altersheim und übernahm die Kosten für den Rest ihres Lebens.

Erinnern kann ich mich auch noch an den Besuch einer besonderen Schule für einige Monate. Ab Mitte der dreißiger Jahre war es jüdischen Kindern nicht mehr erlaubt, öffentliche Schulen zu besuchen. Eine Freundin und ich mußten uns zusammen mit anderen jüdischen Kindern im Erdgeschoß des Hauses von Herrn Mannes, etwa drei Straßen von unserer Wohnung entfernt, treffen. Hier unterhielt Herr Mannes, ein aus dem Dienst entlassener Lehrer, eine Schule für jüdische Kinder. Sie bestand aus einem Raum; jede Reihe bedeutete eine andere Klasse. Wir kleineren Kinder saßen in der ersten Reihe, während die älteren Kinder die rückwärtigen Reihen besetzten. Die jüngsten Kinder lernten Rechnen mit sorgfältig gesammelten leeren Eierschalen. Die schmerzhafteste Erinnerung aus dieser Zeit ist die Erinnerung daran, wie meine Freundin und ich auf unserem Schulweg von Nazi-Jugendlichen verspottet und verhöhnt wurden. Sie beleidigten uns, bewarfen uns mit Steinen und mit Mist gefüllten Papiertüten und riefen: „Jud, Jud, scheiß in die Tutt!"

Die Bemühungen meiner Mutter hatten zum Ergebnis, daß mein Vater per Bahn nach Bad Kreuznach zurückgeschickt wurde. Ich erinnere mich an diese Rückkehr; hager und erschöpft wie er war, verfing er sich im Eifer, mich zu umarmen, in meinem orangegestreiften Bettvorhang. Kurze Zeit darauf verließen wir Deutschland per Schiff und erreichten New York 1939. Damals war ich sieben Jahre alt.

Für den Rest meiner Kindheit und Jugend in New York hatte ich eine unbestimmte und irgendwie intellektuell begründete Vorstellung, daß wir außerordentliches Glück gehabt hatten, dem Holocaust entkommen zu sein. Das Leben ging weiter; ich machte meinen Weg durch Schule und Universität, um schließlich Anthropologie zu studieren. Diese Disziplin reizte mich besonders, weil sie natur- und geisteswissenschaftliche Anforderungen miteinander verbindet. Ich war zweimal verheiratet und habe zwei Kinder; meine jüngste Tochter trägt den gleichen Namen wie die vor vielen Jahren von den SS-Leuten zerhackte Puppe. Obwohl ich bereits früher häufig Gelegenheit hatte, Deutschland zu besuchen, tat ich dies nicht, weil ich die starke Abneigung und den Zorn, den ich gegenüber dem Land und allem was deutsch war, empfand, nicht überwinden konnte. Später, als ich 40 Jahre alt war und die Mitte meines Lebens begann, überwältigte mich die Belastung meiner Kindheit in Deutschland und die Erfahrungen meiner Familie und Millionen anderer Juden bis zu dem Punkt, an welchem ich mich irgendwie mit diesen Jahren und diesen Erfahrungen befassen mußte. Zunächst tat ich, was viele Leute seit dem Krieg getan haben; ich kehrte nach Deutschland zurück und besuchte die Orte meiner Herkunft – wo ich geboren war, die Stadt und die Wohnung, in der ich gelebt hatte, und Sobernheim, wo ich als junges Kind so viele glückliche Ferien bei meinen Großeltern verlebt hatte. Diese Reise im Jahre 1975 war eine mich tief bewegende Erfahrung, doch hatte sie auch ihre launischen Seiten. Ich entdeckte z. B., daß das Krankenhaus, in dem ich geboren wurde, durch Bomben zerstört worden war und daß an dieser Stelle heute eine große, eindrucksvolle und offensichtlich erfolgreiche VW-Niederlassung stand. Als ich dort mit einigen Leuten sprach, erinnerte sich ein alter Mechaniker an das Krankenhaus; er brachte mich zur Werkstatt und sagte: „Genau hier an dieser Stelle war die Wöchnerinnen-Abteilung."

An einem späten Freitagnachmittag erreichte ich Sobernheim und wußte nicht, wo ich das Haus meiner Großeltern suchen sollte. Ich war fest entschlossen, diese Pilgerfahrt ganz für mich allein zu machen, ohne erst nach Anschriften, Namen und dergleichen zu fragen. Ich dachte, daß ich das Haus wiedererkennen würde; es stellte sich jedoch heraus, daß es modernisiert worden war, und obgleich ich die Straßen im alten Teil der Stadt auf und ab wanderte, konnte ich es nicht finden. Normalerweise wäre im örtlichen Einwohnermeldeamt ein Verzeichnis aller Personen, die je hier gelebt haben, zu finden gewesen. Das Wochenende hatte jedoch schon begonnen, und das Einwohnermeldeamt war bereits geschlossen. Die Stadt hatte sich auch ausgedehnt, und ihre Bevölkerung war in den dazwischenliegenden Jahren auf mehr als das Doppelte angewachsen. Da ich mich etwas ratlos fühlte, rief ich mir mein anthropologisches Training ins Gedächtnis zurück und beschloß, nach einigen alten Leuten zu suchen, die mir vielleicht sagen könnten, wo das Haus meiner Großeltern stand. Als ich an diesem schönen Spätsommernachmittag durch die Straßen ging, sah ich eine alte Frau, die Erbsen pellend vor der Garage ihres Hauses saß und mit einem alten Mann sprach. Ich ging auf sie zu, stellte mich als Jakob Ostermanns Enkelin vor und erklärte, daß ich dessen Haus suchen wolle. Die Frau war überrascht, wiederholte verwundert den Namen mehrere Male und sagte dann, daß sie die Familie gut gekannt habe und daß sie natürlich wisse, wo das Haus sei. Sie erkundigte sich sofort nach meinem Vater („Herr Doktor"), meinen Tanten und anderen Mitgliedern meiner Familie. Innerhalb weniger Minuten kam sie auf die dreißiger Jahre und die Juden zu sprechen; wieviel sie für die Stadt getan hätten, wie freundlich sie alle gewesen seien und welche furchtbare Tragödie sie getroffen habe. Wir haben diesen und den nächsten Tag viel zusammen gesprochen. Sie holte einige ihrer Nachbarn zusammen, die meine Familie ebenfalls gekannt hatten. Es war offensichtlich, daß sie stark daran interessiert waren, von „diesen schrecklichen Zeiten" zu sprechen. Vielleicht begrüßten sie die Gelegenheit, darüber zu sprechen, da so viele Jahre vergangen waren und sie sich dem Ende ihres Lebens näherten. Ich vermute auch, daß sie vergeblich versucht hatten, diese ganze Spanne ihres Lebens zu verdrängen.

Zurück in Kanada kam mir der Gedanke, daß diese Reise die Grundlage für ein großartiges Forschungsprojekt sein könnte, das die Beziehungen zwischen Juden und Nichtjuden in dieser kleinen Stadt sowohl untersucht als auch wieder aufbaut. Durch meine persönlichen Bindungen an diese Stadt glaubte ich, die ideale Person für dieses Forschungsprojekt sein zu können. Vielleicht würden diese alten Leute zu einer völlig Fremden nicht so freimütig über diese Zeit ihres Lebens sprechen. – Fünf Jahre später konnte ich das Projekt, dessen Ergebnis dieses Buch ist, während eines mir von der Universität bewilligten Ferienjahres durchführen.

Dieses Buch ist aus einer doppelten Perspektive geschrieben. Auf der einen Seite versucht es, die Lehrsätze und Methoden der sozialen Anthropologie, genauer gesagt der historischen Anthropologie, aufzunehmen, indem es das übliche Material über historische, soziale und ökonomische, statistisch erfaßte Merkmale als Grundlage für die Dynamik der deutschjüdischen und nichtjüdischen Beziehungen enthält.[1] Die Daten wurden zusammengetragen durch Anwendung der traditionellen Techniken der anthropologischen Forschungsarbeit, d. h. durch intensive Interviews mit den älteren Nichtjuden der Stadt, von denen

Sobernheim 1924: Isidor Ostermann, Urgroßvater der Autorin, feiert seinen 90. Geburtstag

die meisten inzwischen 70 oder 80 Jahre alt sind, sowie mit einer ähnlichen Gruppe jüdischer Überlebender, die jetzt in den Vereinigten Staaten wohnen. Einunddreißig Personen wurden in Deutschland befragt, neunzehn in den USA aufgespürt. (Vier oder fünf Sobernheimer leben in England oder Israel; mit ihnen wurde jedoch für diese Arbeit keine Verbindung aufgenommen, da sie alle während der NS-Zeit noch Kinder waren.) Um die Personen zu ermitteln, wandte ich die Schneeballtechnik an, d. h. eine Person gab mir die Namen von anderen, die dann ihrerseits wieder andere kannten. Obwohl ich den von mir Befragten meine professionelle Rolle sorgfältig erklärte, wurde ich von ihnen nicht als Wissenschaftlerin, sondern als die zurückgekehrte Enkelin der Familie Ostermann empfangen und willkommen geheißen. Wenn ich den Zweck meines Besuches erklärte, wurde ich oft mit den Worten begrüßt: „So so, Sie werden also ein Buch schreiben, aber wie geht es Ihrem Vater, wie war doch der Name Ihrer jüngeren Tante, die mit den vielen Lokken?" Meine Reaktion war oft gleichzeitig emotional und persönlich, insbesondere, wenn ich von Augenzeugen Einzelheiten über die Deportation meiner Großeltern erfuhr.

Auf diese Weise verbindet das Buch professionelle Ethnohistorie mit subjektiven und persönlichen Familienerfahrungen.[2] Kapitel 7 versucht, Beziehungen zwischen Juden und Nichtjuden in die theoretische Perspektive der ethnischen Beziehungsforschung, wie diese in der sozialen Anthropologie gehandhabt wird, zu stellen. Der nichtakademische Leser mag den Wunsch haben, dieses Kapitel zu überspringen. Für die anderen habe ich mich bemüht, einen darstellenden, nichtwissenschaftlichen Stil zu schreiben und die Geschichte so weiterzugeben, wie sie mir von den Überlebenden beider Gruppen geschildert wurde. Es sind die Erfahrungen von Leuten, die an diesen bedeutenden historischen Ereignissen teilhatten. Ich hatte nicht den Anspruch, ein historisch genaues Bild dieser Periode zu zeichnen, sondern ich wollte darstellen, wie diese Zeit von den Menschen empfunden und verstanden wurde. In einigen dieser Beschreibungen können sich sehr wohl Irrtümer hinsichtlich der historischen Fakten finden. Wegen der außergewöhnlichen Kompliziertheit der Gesetze dieses Regimes, die sich, was die Maßnahmen gegen Juden angeht, im Verlauf der dreißiger Jahre stark änderten, waren Mißverständnisse bei den Mitgliedern beider Gruppen nicht immer auszuschließen, ganz besonders nicht in einer kleinen, etwas abseits gelegenen Stadt wie Sobernheim. Wie Elie Wiesel in seiner Einführung zu Sylvia Rothchilds Buch „Voices from the Holocaust" bemerkt, sind „in diesem Buch historische Fakten weniger wichtig als die

Art und Weise, wie sich Zeitzeugen erinnern und sie weitergeben. Selbst die Irrtümer – aus Erinnerung oder Wahrnehmung – verdienen einen Platz in diesem Dossier."[3] Dasselbe gilt auch für diese Arbeit.

Es ist viel über die Machtübernahme der Nationalsozialisten in Deutschland geschrieben worden.[4] Der Herrschaftsapparat der Nazis wurde von der Spitze abwärts mehr oder weniger gründlich erforscht. Es gibt ein spürbares Anwachsen der Holocaust-Literatur in wissenschaftlichen wie in Sachbuch-Verlagen.[5] Jedoch ist nach meinem Wissen bisher wenig über die Beziehungen in einer kleinen Stadt geschrieben worden. William S. Allens Untersuchung kommt meiner Absicht noch am nächsten, indem sie sich ebenfalls auf eine kleine Stadt konzentriert und zur Datenerhebung Techniken der sozialen Anthropologie und Ethnohistorie benutzt, jedoch ist sein Thema die Art und Weise, wie die Nazis die Macht in einer kleinen Stadt ergriffen.[6]

Eine kürzlich von E. Labsch-Benz an der Universität Straßburg geschriebene und in Deutsch veröffentlichte Dissertation hingegen entspricht in gewisser Hinsicht meinem Werk. Labsch-Benz beschreibt ein ähnlich übereinstimmendes Modell von Wechselwirkung zwischen Juden und Nichtjuden in Nonnenweier, jedoch liegt der Schwerpunkt ihrer Arbeit auf dem täglichen Leben und den religiösen Gewohnheiten der Juden.[7] John K. Dickinsons „German and Jew: The Life and Death of Sigmund Stein" benutzt einen detaillierten biographischen Zugang, um die Ereignisse im Leben Steins, der in einer kleinen Gemeinde namens Hochberg lebte, urkundlich zu belegen. In Dickinsons Arbeit findet sich einiges Material über jüdische und nichtjüdische Beziehungen; es konzentriert sich jedoch auf einen Mann und seine Familie.[8] Eine Gruppe deutscher Wissenschaftler um den Münchner Historiker Martin Broszat hat in ihrer soziologischen, historischen und politischen Analyse des Nationalsozialismus in Bayern vor allem auf die lokale und regionale Ebene abgehoben.[9] Schließlich gibt es für zahlreiche deutsche Städte Untersuchungen zur Geschichte der lokalen jüdischen Gemeinden. Die meisten wurden gleich nach dem Krieg geschrieben und veröffentlicht. Ihre wichtigstes Anliegen war es, das Leben und Sterben der Jüdischen Gemeinden in Deutschland für die Geschichte festzuhalten.[10]

Ein zufälliges Zusammentreffen mit meiner Untersuchung ist die Ausstrahlung eines Films im Deutschen Fernsehen, der auf einer Studie aus dem Jahr 1981 über Juden und Nichtjuden in einer kleinen Stadt basiert. Der Film „Jetzt, nach so vielen Jahren" untersucht die Haltung der Nichtjuden in Rheine, die unbeirrbar daran festhalten, daß die an Juden begangenen Grausamkeiten nicht von den Einwohnern von Rheine, sondern von Ortsfremden begangen worden seien.[11] Sie beharren mit Nachdruck auf ihrer Unschuld; einige behaupten, sie hätten die brennende jüdische Schule und andere Akte der Zerstörung nicht gesehen oder seien zu dieser Zeit nicht in der Stadt gewesen. In Anwendung der gleichen Methoden wie dieses Buch befragten die Filmemacher, selbst Deutsche, eine kleine Zahl überlebender Juden aus Rheine, die jetzt in New York leben. Sie alle halten die Behauptungen aufrecht, daß es die Einwohner der Stadt selbst waren, die die Zerstörungen und Quälereien der Juden begingen. Einige konnten sogar die Namen derjenigen nennen, die daran teilgenommen hatten. Die dramatische politische Aussage des Films besteht darin, daß er die deutschen Nichtjuden nicht nur wegen ihrer ideologischen Unterstützung, sondern auch wegen ihrer aktiven Komplizenschaft mit dem Nazi-Regime gegen die Juden in ihrer eigenen Gemeinde anklagt. Der Film schildert die Deutschen als schuldige, Schutzbehauptungen aufstellende Lügner und die Juden als hilflose Opfer, die klagen – zumindest eine alte Frau tut dies –, niemals Hilfe von irgendeinem ihrer Nachbarn erhalten zu haben. Ich bin der Meinung, daß es in der Natur des Mediums Film liegt, polar entgegengesetzte Ansichten zu schaffen, um eine zwingende, anschauliche Darstellung zu erreichen. Die Ereignisse, von denen die Rede ist, und die menschlichen Reaktionen hierauf sind allerdings viel zu komplex, um fein säuberlich in zwei entgegengesetzte Kategorien von Schurken und Opfern eingeordnet werden zu können.

Dieses Buch ist insofern so etwas wie eine Pionierarbeit, weil es in erster Linie dazu dienen soll, die interethnischen Beziehungen im Zusammenleben von Juden und Nichtjuden in einer kleinen Gemeinde während der zwanziger Jahre zu erforschen und zu dokumentieren, wie sich diese Beziehungen während der dreißiger Jahre durch die Machtübergabe an die Nazis änderten. Gleichzeitig können die Erfahrungen der Juden in Sobernheim nicht ohne Verweis auf die Erfahrungen von Juden in Deutschland überhaupt verstanden werden. Dementsprechend berücksichtigt das Buch auch Ereignisse, die Auswirkungen auf das gesamte deutsche Judentum hatten. Die Schlußfolgerung in Kapitel 8 versucht bewußt, die Dynamik der interethnischen Prozesse in Sobernheim in einen größeren Zusammenhang mit den jüdischen Erfahrungen in Deutschland zu bringen. Auch wenn dieses Buch als Fallstudie einer Gemeinde verstanden werden sollte, wurde es doch zunehmend von allgemeinen Ereignissen in diesem Land beeinflußt. Natürlich erhebt sich die Frage des Typischen. In welchem Maße ist Sobernheim repräsentativ für andere kleine Gemeinden, ganz zu schweigen von viel größeren städtischen Zentren jüdischer Bevölkerung? Die Frage ist schwer zu beantworten, da es wenige, wenn überhaupt, vergleichbare Untersuchungen gibt, die sich wie diese Arbeit auf die interethnischen Beziehungen in einer kleinen Stadt konzentrieren. Eine Extrapolation aus der anwachsenden Literatur zur Geschichte der jüdischen Gemeinden im ganzen Land würde jedoch zeigen, daß sich Verhaltensmuster in den interethnischen Beziehungen vor und nach Hitler in vieler Hinsicht ähnlich waren. Formen jüdischer Konzentration im Wirtschafts- und Einzelhandelssektor der Volkswirtschaft waren in kleinen Städten innerhalb ganz Deutschlands üblich. Geographische, regionale und demographische Faktoren wie auch ungewöhnliche historische Ereignisse würden wahrscheinlich die vorhandenen Unterschiede zwischen kleinen Gemeinden erklären. Alles in allem ist Sobernheim ziemlich typisch für Städte ähnlicher Größe in Deutschland.

Es gab jedoch bedeutende Unterschiede zwischen städtischem und kleinstädtischem Leben. Auch unterschieden sich die Formen interethnischer Beziehungen sehr wesentlich. Da diese Unterschiede über den Rahmen dieser Arbeit hinausgehen, könnte der interessierte Leser z. B. aus Sellenthins Geschichte der jüdischen Gemeinde in Berlin eine Schilderung städtischen jüdischen Lebens erfahren.[12]

Eine Analyse von Sobernheim ergibt ein ziemlich typisches Bild kleinstädtischen Lebens irgendwo in der modernen westlichen Welt. Da gibt es bestimmte Art und Weisen, wie zwei Gruppen ihre soziale Wechselwirkung strukturieren und zugleich ihre ethnische Identität bewahren. Obwohl Juden und ihre Nachbarn wie gewöhnliche Bürger irgendeiner kleinen Stadt auf vielen Ebenen verwandte Tätigkeiten ausübten, bewahrten sie ihre ethnische Identität durch die üblichen Muster: rein jüdische Heiraten, Religionsunterricht für Kinder, Errichtung einer Synagoge, Unterhaltung ihrer eigenen Friedhöfe und ähnliches. Gleichzeitig betrachteten sie sich selbst als Deutsche und wurden von vielen Nichtjuden als solche angesehen. Sie waren sehr weitgehend in die wirtschaftliche, soziale, kulturelle und sogar politische Öffentlichkeit integriert, auch wenn es einen wesentlichen Grad wirtschaftlicher Konzentration gab – fast die Hälfte der Juden in Deutschland waren in der Wirtschaft und im Einzelhandel tätig. In der kleinen Gemeinschaft von Sobernheim lebten Juden und Nichtjuden vor Hitler freundschaftlich und in sorgsamer Anpassung zusammen. Die kleine jüdische Gemeinschaft war relativ wohlhabend; die meisten Juden waren in Wirtschaft und Einzelhandel tätig, einige waren Viehhändler. So hatten sie eine ökonomische Nische und waren dennoch ganz in das Wirtschaftsleben der Gemeinde integriert. Auch waren die beiden Gemeinschaften bis zu einem gewissen Grad durch gemeinsame politische Interessen und Aktivitäten und auch ausgedehnte soziale Kontakte miteinander verbunden (siehe Kapitel 1 und 3). Kulturell orientierten sich die Juden an denselben Werten wie die Nichtjuden. Die Juden in Sobernheim lebten behaglich und zufrieden wie auch die Juden im übrigen Deutschland, auch wenn sie sich niemals wirklich ganz dem Zeitgeist der deutschen Gesellschaft anpaßten. Juden und Nichtjuden hatten sich durch Generationen hindurch aneinander gewöhnt, obwohl sich die Juden auch schon vor Hitler einem gewissen Grad von Antisemitismus – auch in Sobernheim – gegenüber sahen (siehe Kapitel 3, 4 und 5). Antisemitismus wurde jedoch niemals offen gezeigt, noch war er so ernst zu nehmen, daß er das angepaßte Zusammenleben gefährdet hätte. Das änderte sich mit Hitlers Machtübernahme.

Auch wenn die Verhaltensmuster der beiden ethnischen Gruppen viel Gemeinsames hatten, überrascht es nicht, daß beide Gruppen schlecht gerüstet waren, mit der Situation fertig zu werden, als die Unterdrückung der Juden durch die Nazis begann und in den dreißiger Jahren rasch anwuchs. Viele deutsche Bürger hatten Schwierigkeiten, Menschen zu diskriminieren oder zu unterdrücken, die ihre Nachbarn oder über Generationen ihre Arbeitgeber gewesen waren. Die Juden hatten ihrerseits Schwierigkeiten, an die Gefährlichkeit der Maßnahmen des Regimes zu glauben, insbesondere an Maßnahmen, die auf der örtlichen Gemeindeebene durchzuführen waren. Während der dreißiger Jahre wuchs jedoch diese Überzeugung langsam, und die Juden begannen, sich um die Auswanderung in andere Länder zu bemühen; schließlich war es die berüchtigte *Reichskristallnacht* vom 9. November 1938, die endgültig beiden Gruppen die Wahrheit vor Augen führte. In Anbetracht der langen Geschichte harmonischen und angepaßten Zusammenlebens beider Gruppen überrascht es nicht, daß trotz des vermehrten Druckes von oben auf der örtlichen Ebene freundliche Handlungen gleichermaßen zunahmen. Vielleicht ist einer der interessantesten Aspekte dieses Buches der Beweis für viele Akte der Nächstenliebe, Güte und Schutz, die jüdische Bürger durch ihre deutschen Nachbarn erfuhren (dies wird hauptsächlich in Kapitel 4 beschrieben). Hätte es nicht nichtjüdische Nachbarn gegeben, die unter Gefahr für ihr eigenes Leben und ihre Sicherheit bestimmten Personen geholfen hätten, würden weit mehr Menschen aus dieser Stadt in der „Endlösung" zugrundegegangen sein. Diese freundlichen Taten waren, wie man sehen wird, keine bedeutenden; sie bestanden aus der Versorgung mit Lebensmittelpaketen, Hilfen bei der Reparatur von in der Kristallnacht zertrümmerten Möbeln, aus der Weigerung, die Nazis über jüdischen Familien geleistete Hilfe zu informieren, und dergleichen mehr. Dies zeigt, daß ein gewisses Maß an Menschlichkeit in der Durchschnittsbevölkerung verblieben war. Aufgrund der Untersuchung der Beziehungen in einer kleinen Stadt und vieler ähnlicher kleiner Städte können wir erklären, daß nicht eine ganze Bevölkerung für die Untaten einer Gruppe verantwortlich gemacht werden kann.

Ein anderes Ziel dieser Arbeit ist es, einen der bedeutendsten Mythen des Dritten Reiches zu zerstören, den Mythos der Mittäterschaft. Die Schrecken des Holocaust und des Krieges führten zur Anklage gegen eine ganze Bevölkerung und verdunkelten die vielen Wege, auf welchen einige Nichtjuden versucht hatten, den Juden zu helfen. Dieser Mythos drückt sich am deutlichsten in der allgemein verbreiteten Meinung, insbesondere der Ansicht der überlebenden Juden, aus, daß „natürlich alle wußten, was geschah" (Lager und Endlösung) und „alle schuldig waren, denn sie alle waren Nazis". Einige der in dieser Studie befragten Juden vertraten diese Ansicht, während sie gleichzeitig den Anstrengungen derer, die ihnen geholfen hatten, Lob zollten. Es gab und gibt sehr viel Ambivalenz in der Beurteilung der Deutschen, die sich auch in dem hier zusammengetragenen Material widerspiegelt. Es gab Deutsche, deren Verhalten zeigte, daß sie auch bis weit in die dreißiger Jahre ihr Gefühl für Menschlichkeit nicht verloren hatten – eine Tatsache, die erst kürzlich in einer Studie über die französische Stadt Le Chambon, wo viele einfache Dorfbewohner Tausende von Juden vor dem sicheren Tod bewahrt hatten, hervorgehoben wurde.[13]

Damit will ich jedoch nicht sagen, daß es in Sobernheim keine Nazis gegeben hätte. Ganz im Gegenteil. Wie in Kapitel 2 dargestellt, gab es viele überzeugte Parteimitglieder und Mitglieder der SA und später auch der SS. Kapitel 4 berichtet, daß die Untaten in der Pogromnacht hauptsächlich von Ortsbewohnern begangen wurden. Ich halte es jedoch für notwendig, eine Perspektive zu eröffnen, die glaubhaft darstellt, daß es selbst in der schrecklichsten Periode der ganzen Geschichte einige Menschen gab, die sich barmherzig, freundlich und loyal zu ihren Nachbarn verhielten und die, um mit den Worten einer alten Frau zu sprechen, „anständige Leute" waren.

Insgesamt gesehen hat dieses Buch verschiedene Ziele. Zuerst und vor allem versucht es, die interethnischen Beziehungen zwischen Juden und Nichtjuden in einer kleinen Gemeinde darzustellen. Von der Jahrhundertwende bis zur Machtübernahme Hitlers im Jahre 1933 wurden Verhaltensmuster in den Beziehungen aufgespürt. Diese Zeitspanne entspricht in etwa dem Alter der Befragten. Des weiteren wird dargestellt und analysiert, wie sich diese interethnischen Verhaltensweisen unter dem Nationalsozialismus in den dreißiger Jahren bis zum Ausbruch des Zweiten Weltkrieges änderten. Abgesehen von der Darstellung der Schicksale der zwölf Juden, die bis zu ihrer Deportation im Jahre 1942 in Sobernheim bleiben mußten, wird hier jedoch nicht der Versuch unternommen, die Endphase des Holocaust zu behandeln. Die veränderten Verhaltensmuster in den interethnischen Beziehungen sind hauptsächlich Gegenstand der Kapitel 3, 4 und 5. Kapitel 1 untersucht die Geschichte der Stadt Sobernheim, insbesondere die Geschichte ihrer Juden. Kapitel 2 untersucht die Machtstrukturen der Nazis in Sobernheim und ihre Auswirkungen auf die Juden und deren Beziehungen zu Nichtjuden. Kapitel 7 analysiert die interethnischen Verhaltensmuster mit Bezug auf theoretische Literatur über die Zugehörigkeit zu einer bestimmten ethnischen Gruppe und die ethnischen Abgrenzungsmechanismen. Das Schicksal der Juden von Sobernheim wird in Kapitel 6 behandelt; es schildert ihr neues Leben in den Vereinigten Staaten und ihre Gefühle und Reaktionen auf ihre früheren Erfahrungen. Ansichten und Einstellungen noch lebender Nichtjuden aus Sobernheim wurden ebenfalls in diesem Kapitel erörtert.

Interethnische Beziehungen selbst in einer kleinen Stadt können nicht verstanden werden ohne Hinweis auf den übergreifenden Prozeß der Assimilation. In welchem Maße waren Juden in Deutschland und insbesondere in Sobernheim assimiliert? Kann Assimilation charakterisiert werden als Anpassung gegen die Erfahrung des in Deutschland weit verbreiteten Antisemitismus? Die abschließenden Überlegungen in Kapitel 8 versuchen eine Antwort auf diese Fragen zu geben.

Schließlich ist es ein durchgängiges Thema dieses Buches (besonders in Kapitel 5), daß einige Deutsche im Land und in Sobernheim ihren Weg verließen, um den Juden in ihrem Kampf ums Überleben in den dreißiger Jahren sowie bei ihren Bemühungen, das Land zu verlassen, zu helfen. Ihre Hilfe war unschätzbar, weil sie die Situation der Juden ein wenig erleichterte. In Sobernheim konnten zwölf alte Leute dank der Freundlichkeit ihrer Nachbarn für einige Jahre überleben. Offensichtlich befolgten nicht alle Deutschen die Befehle ihres Regimes.

Blick vom jüdischen Friedhof auf Sobernheim, vor 1914

1. Die Geschichte der Juden in Sobernheim

Sobernheim, im mittleren Teil des Nahetales liegend, ist eine sehr alte Stadt. Ihr Name erscheint zum ersten Mal 1074 in den Kirchenbüchern; zu dieser Zeit waren bereits einige Ansiedlungen gegründet. Im dreizehnten Jahrhundert gehörte Sobernheim zum Erzbistum Mainz und war von einigen Familien des niederen Adels bewohnt, die Häuser und Land erwarben, und denen infolgedessen volle Stadtrechte gewährt wurden. Während des Mittelalters war die Stadt hauptsächlich von Bauern, Kaufleuten, Arbeitern und einigen Familien des niederen Adels bewohnt. Die frühesten Einwohnerzahlen sind nicht bekannt. Zur Zeit des Dreißigjährigen Krieges, im Jahre 1618, hatte Sobernheim etwa 800 Einwohner.[1]

Während der folgenden Jahrhunderte und bis ins 20. Jahrhundert hinein hatte sich die Wirtschaft dieses Raumes auf Ackerbau, Viehzucht, Obstanbau, Weinbau und, im 19. Jahrhundert, auf Tabakanbau konzentriert. Ursprünglich war das Land nach den Grundsätzen des Feudalismus aufgeteilt. Mehrere große Güter gehörten der Stadt, der katholischen Kirche und den Adelsfamilien, während die ansässigen Bauern kleine und mittelgroße Höfe gepachtet hatten und nur in wenigen Fällen als Eigentum besaßen. Märkte spielten eine wichtige Rolle für die Wirtschaft, da alle nicht für den eigenen Bedarf oder an die Feudalherren abzuführenden Erzeugnisse in die Stadt auf den Markt gebracht und dort zum Kauf angeboten wurden. Ein wöchentlicher Markt sorgte für die Versorgung mit Lebensmitteln, während besondere jährlich stattfindende Märkte dem Handel mit Vieh, Holz, Getreide und anderen besonderen Waren dienten. Außerdem gab es einige Kaufleute, die hauptsächlich mit Textilien handelten. Auch spielten Handwerker eine wesentliche Rolle und bereicherten die Beschäftigungsvielfalt der Stadt. So gab es Gerber, Schmiede, Schreiner, Schuhmacher, Wagenbauer und Schneider. In größeren Gemeinden schlossen sich Gruppen von Handwerkern in Zünften zusammen. In Sobernheim, das klein und hauptsächlich landwirtschaftlich strukturiert war, wurden nur einige wenige Zünfte für Metzger und Gerber gegründet. Im Jahre 1772 gab es jedoch bereits 110 Handwerker verschiedener Art in der Stadt. Im großen und ganzen blieb Sobernheim bis zum Ende des 19. Jahrhunderts ein von Ackerbau und Viehzucht beherrschter Raum. Im Jahre 1832 wurden eine Kistenfabrik und ein Druckereibetrieb eröffnet, 1865 gefolgt von einer Strumpffabrik, die einer jüdischen Familie gehörte und von dieser betrieben wurde. Um die Jahrhundertwende wurden weitere Fabriken eröffnet. Im frühen 20. Jahrhundert hatte Sobernheim ungefähr 3000 Einwohner. Das wirtschaftliche Leben in Sobernheim wurde, wie überall in Deutschland, durch den Ausbruch des Ersten Weltkrieges und die darauffolgende Inflation unterbrochen. Einer der wichtigsten Arbeitgeber mußte schließen, und mehrere Banken waren in ernsthaften Schwierigkeiten. Trotz der großen wirtschaftlichen Probleme wuchs die Stadt und erweiterte ihre Grenzen während der zwanziger Jahre. Auch von Arbeitslosigkeit infolge der Wirtschaftskrise war Sobernheim betroffen, allerdings gelang es den größten Betrieben der Stadt, diese Zeit zu überstehen. Die in jüdischem Besitz befindliche Strumpffabrik, die Produkte höchster Qualität herstellte und einen beträchtlichen Exporthandel trieb, war nur wenig betroffen. In Sobernheim, einem landwirtschaftlich genutzten Raum, waren Produkte und Nahrungsmittel ohne Schwierigkeiten zu erhalten. Darüber hinaus waren mindestens 10 bis 15 % der Bevölkerung noch in der Landwirtschaft tätig. Im Jahre 1933 hatte Sobernheim 4357 Einwohner.

Die Juden in Sobernheim

Seit dem Mittelalter war es den Juden gestattet, im Stadtbezirk und den benachbarten Dörfern zu leben, wenn sie eine besondere Genehmigung erwarben. Um eine solche Niederlassungserlaubnis zu erhalten, mußten die Juden eine Sonderzahlung leisten und danach Sonderabgaben an die städtischen Verwaltungsbehörden abführen. Schon im Jahre 1336 lebten Juden in Sobernheim, und im Jahre 1362 zahlte jeder der beiden dort ansässigen jüdischen Kaufleute 30 Gulden Jahressteuer. Gab es 1418 bereits vier Familien, mußten bis 1616 schon weit mehr Juden in die Gemeinde gekommen sein, da sie zu dieser Zeit schon groß genug war, eine jüdische Schule zu unterhalten. Diese ersten Juden waren hauptsächlich Geldverleiher, eine den Christen verbotene Beschäftigung. Sie berechneten ziemlich hohe Zinsen, was sie unpopulär machte. Diese Zinssätze waren jedoch zum Schutz ihrer Kapitalwerte nötig. Sie handelten auch mit Vieh, Wein und Textilien. Zwischen 1348 und 1350 kam es mehrfach zu Pogromen, unter dem Vorwand, der Zorn Gottes über die Beteiligung der Juden an der Ermordung Christi verlange Genugtuung. In Wirklichkeit waren religiöse Kontroversen wie auch die Unbeliebtheit der jüdischen Geldverleiher die Gründe für diese frühen Judenverfolgungen. Außerdem wollten Adlige und Bürger gleichermaßen die ihnen unbequemen Gläubiger loswerden. Zu verschiedenen anderen Zeiten ihrer Geschichte wurde die jüdische Gemeinde entweder geächtet oder verbannt, wenn die Ortsbewohner ihr zu viel Geld schuldeten. Die christlichen Kaufleute standen mit den jüdischen Händlern in einem scharfen Konkurrenzkampf, und es kam häufig zu Zank und Streit, oft mit der Forderung endend, daß die Juden auszuweisen seien, um den unliebsamen Wettbewerb auszuschalten. Die frühe Geschichte der Juden in Sobernheim – und in Deutschland – zeigt, daß sie niemals voll in der damaligen Gesellschaft akzeptiert waren und daß ihre Existenz stets gefährdet war.

Eine Volkszählung in Sobernheim im Jahre 1743 hebt vier jüdische Haushaltsvorstände aus einer Gesamtheit von mehreren hundert hervor. Eine dieser jüdischen Familien lebte, mit einem inzwischen leicht modernisierten Namen, bis in die frühen dreißiger Jahre in der Stadt, bevor sie in die Vereinigten Staaten auswanderte. Zu Beginn dieses Jahrhunderts konnten die meisten Sobernheimer Juden ihre Abstammung bis ins 17. oder 18. Jahrhundert zurückführen, die Mehrzahl kam aus den kleineren Dörfern um Sobernheim herum.

Aus den veröffentlichten Quellen erfährt man wenig über die jüdische Gemeinde. Jedoch erwähnt ein städtisches Dokument von Anfang des neunzehnten Jahrhunderts, daß ein jüdischer Gemeindevorstand aus den männlichen Mitgliedern der Gemeinde für die Dauer von drei Jahren gewählt worden war. Diese und weitere Wahlen bis 1888 wurden vom Bürgermeister der Stadt überwacht und durch die jüdische Gemeinde in Bonn bestätigt. Die Wahl dieser Ausschüsse bestätigt, daß die Juden eine selbständige religiöse Gemeinde bildeten, die von einem gewählten Vorstand erwachsener Männer geleitet wurde. Die Kosten der Gemeinde für Gottesdienste und soziale Wohlfahrtseinrichtungen wurden von den städtischen Steuerbehörden erhoben. Zu dieser Zeit waren die Juden den preußischen Gesetzen von 1847 unterworfen, die ihnen die Freizügigkeit und damit freie Wohnungswahl garantierten; ein Ortswechsel erforderte keine Genehmigung mehr. Obwohl Juden immer noch von leitenden Positionen ausgeschlossen waren, konnten sie gewählte Mitglieder des Stadtrates oder auch städtische Abgeordnete sein. Seit 1885 dienten einige Männer der prominenteren jüdischen Familien der Stadt in dieser Eigenschaft. Auch konnten die Juden Eigentum frei erwerben und an allen Wahlen teilnehmen.

Bis zum Jahre 1926 gehörten die Sobernheimer Juden gemeinsam mit denen der benachbarten Dörfer zur Synagogen-Gemeinde einer der benachbarten Städte. Die Gemeinde war eine öffentlich-rechtliche Körperschaft; alle neugeborenen Juden wurden registriert. Als Mitglieder der Gemeinde mußten die Juden zur Unterhaltung ihrer religiösen Einrichtungen wie Synagogen, Friedhöfe, Religionsunterricht und Wohlfahrtseinrichtungen für Arme und Kranke, Steuern an den Staat zahlen. Daß die Gemeinschaft immer noch ziemlich klein war, beweist die Tatsache, daß die Sobernheimer Juden sich wiederholt gegen die Gründung einer eigenen Gemeinde – die zur Erhebung von Steuern geführt hätte – aussprachen. 1866 versuchten die ortsansässigen Juden, sich mit den Juden aus zwei Nachbarstädten zusammenzutun; was von diesen aber abgelehnt wurde, weil sie nicht zum Gottesdienst nach Sobernheim fahren wollten. Die Bildung einer jüdischen Gemeinde als Körperschaft des öffentlichen Rechts innerhalb Sobernheims kam erst 1924–26 zustande, als ein Komitee den entsprechenden Antrag stellte und einen Gemeindevorstand wählte. Der Antrag wurde im April 1926 rechtswirksam, nur sieben Jahre, ehe die Nationalsozialisten an die Macht kamen und mit der Unterdrückung der jüdischen Gemeinden überall in Deutschland begannen. Die derartig zögerliche Bildung einer Synagogengemeinde läßt darauf schließen, daß die Juden in den frühen zwanziger Jahren ein enormes Vertrauen in ihre Sicherheit und ihre Ämter in den Gemeinden hatten. Sie hatten keine Angst um ihre Zukunft.

Mit Blick auf seine Geschichte und Entwicklung hatte Sobernheim, wie die meisten kleinen Städte in Deutschland, nur eine kleine jüdische Einwohnerschaft. Zwar lebte die große Mehrheit der Juden in Deutschland in den Städten, aber die Bedeutung des kleinstädtischen und dörflichen Juden darf nicht unterschätzt werden: Die meisten Stadtbewohner waren ländlicher Herkunft und wanderten erst ab Mitte des 19. Jahrhunderts in die Städte ab. Diese Abwanderung in die Städte war weitgehend als Reaktion auf die größeren Freiheiten zu verstehen, auf welche die Juden nach dem Preußischen Recht von 1847 einen Rechtsanspruch hatten. Da es ihnen nun erlaubt war, sich frei im Lande zu bewegen, begannen sie, Städte und Dörfer auf der Suche nach besseren Arbeitsgelegenheiten und finanziellen Möglichkeiten in den großen Städten zu verlassen. W. J. Cahnman schätzt, daß hundert Jahre vor dem Nationalsozialismus etwa 90 % der Juden in Dörfern und kleinen Landstädten lebten.[2] Auch in Sobernheim waren die meisten Juden im Viehhandel tätig, einige besaßen Grund und Boden. Später eröffneten die Landjuden Einzelhandelsgeschäfte für Textilien und Kurzwaren, die früher von ihren reisenden und hausierenden Vorvätern verkauft worden waren. In anderen kleinen Städten begannen – wie in Sobernheim – Textilfabrikanten, Baumwoll-, Fell- und Leder-Großhändler wie auch Kleinhandwerker die Beschäftigungspalette der Landjuden in vielfacher Weise zu verändern. Cahnman bemerkt, „daß Dorfjuden nicht Bauern einer besonderen ethnischen Gruppe waren. Sie waren in Landleute umgewandelte Städter."[3] Im Mittelalter wurden die Juden aus den Städten vertrieben und suchten Zuflucht in den Dörfern. Im 19. Jahrhundert begann ein umgekehrter Prozeß, indem eine Rückwanderung in städtische Bezirke stattfand, so daß nur kleinere jüdische Gemeinden in den Dörfern und Kleinstädten zurückblieben. Cahnman schreibt über die Dorfjuden des 19. Jahrhunderts: „Wie jämmerlich auch die Landjuden im 18. Jahrhundert gelebt hatten, an den Stätten, an denen sie im 19. Jahrhundert lebten, wurden sie die Wegbereiter der Moderne. Sie weckten neue Bedürfnisse und Wünsche, förderten freiwillige Vereinigungen und kulturelle Aktivitäten... (sie) ergriffen häufig die Initiative, indem sie bessere Mittel der Kommunikation und weiterführende Schulen anregten, sie unterhielten soziale Einrichtungen wie Waisen- und Krankenhäuser; ihre Häuser waren größer und solider gebaut, ihre Möbel repräsentativ für den neuesten Geschmack, ihre Mahlzeiten reicher, und ihre Frauen und Töchter nach der neuesten Mode frisiert und gekleidet."[4] Diese Beschreibung paßt genau auf die Aktivitäten und den Lebensstil der in Sobernheim lebenden Juden.

Obwohl eine offizielle jüdische Gemeinde vor 1926 nicht zustande kam, bauten die Juden in Sobernheim eine Synagoge, die im Jahre 1858 eröffnet wurde. Vor dieser Zeit wurden die Gottesdienste in einem Privathaus abgehalten, das jedoch nur zwei Dutzend Leute aufnehmen konnte; dies wurde mehr und mehr unhaltbar. Ein Herr Spath, zur damaligen Zeit ein prominentes Mitglied der Gemeinde, erwarb ein kleines Grundstück. Zwei Drittel der Baukosten wurden von der jüdischen Gemeinde durch Erhebung einer besonderen Synagogensteuer aufgebracht. Ein Sechstel kam durch Erbschaften und Schenkungen zusammen, das verbleibende Sechstel wurde in Form einer Beihilfe aus öffentlichen Mitteln von der Stadt beigesteuert. Ein benachbartes Gebäude, das ebenfalls Eigentum der Gemeinde war, beherbergte den Religionslehrer. Diese beiden Gebäude dienten den religiösen Bedürfnissen der Juden bis zum Jahre 1938, als die Synagoge in der Pogromnacht teilweise zerstört wurde. Das Gebäude wurde später wieder instandgesetzt und kam 1951 in den Besitz der Stadt, die es an einen Kaufhausbesitzer veräußerte. Heute wird es als Möbellager genutzt.

Alfred Marum, letzter Vorsteher der jüdischen Kultusgemeinde Sobernheim, als Einjährig-Freiwilliger, 1898

Der auf einem sich über die Stadt erhebenden Hügel gelegene jüdische Friedhof war einst der private Bestattungsgrund für eine jüdische Familie gewesen; kurz nach 1860 wurden die Eigentumsrechte in Form einer Erbschaft an die Gemeinde gegeben, und der Friedhof wurde von da an zur Bestattung aller verstorbenen Juden genutzt. Im Jahre 1930 wurden zwei prominente Juden auf eigenen Wunsch und mit Genehmigung des Stadtrats auf dem städtischen Friedhof beerdigt. Im Jahre 1933 wurden sie jedoch auf Befehl des Nazis auf den jüdischen Friedhof überführt. Zusammen mit anderem jüdischem Eigentum wurde der Friedhof in der *„Reichskristallnacht"* zerstört; die meisten Grabsteine wurden mit Äxten unkenntlich gemacht und umgeworfen. Kurz nach dem Krieg wurde der Friedhof im Zuge der Wiedergutmachung an jüdischem Eigentum wieder instandgesetzt. Seit dieser Zeit wird er von der jüdischen Gemeinde im nahegelegenen Bad Kreuznach mit Hilfe städtischer Mittel unterhalten und gepflegt.

Neben dem Bau der Synagoge und der Anlage des Friedhofes sowie der Sicherstellung des rechtlichen Status' der Gemeinde stellte die Gruppe einen hauptamtlichen Religionslehrer – einen Kantor – ein, der sein Amt bei Gottesdiensten, Geburten, Todesfällen und Heiraten versah. Auch war er mit der religiösen Unterrichtung der Kinder beauftragt. Im Alter von sechs bis fünfzehn Jahren besuchten jüdische Kinder sonntags die Religionsschule. Der normale Unterricht fand selbstverständlich in den öffentlichen Schulen statt, die von Juden und Nichtjuden besucht wurden. Für einen Zeitraum von beinahe hundert Jahren, etwa ab Mitte des 19. Jahrhunderts, verfügte die jüdische Gemeinde in Sobernheim, obwohl sie stets ziemlich klein war, über ihre eigenen religiösen und schulischen Einrichtungen.

Von der Jahrhundertwende bis 1933 lebten ungefähr 150 Juden in Sobernheim. Sie verteilten sich auf 34 Familien. Die meisten dieser Familien hatten seit Generationen in Sobernheim gelebt; 65 Personen waren in der Stadt geboren. Der Rest kam vorwiegend aus nahegelegenen Dörfern wie Merxheim, Staudernheim, Waldböckelheim und anderen. Vier Personen kamen aus entfernter gelegenen Städten; alle vier waren Frauen, die Männer aus Sobernheim geheiratet und sich dort niedergelassen hatten. Die Juden bildeten weniger als 4 % (3,4 %) der Bevölkerung.[5] Es war eine ziemlich alte und seßhafte Gemeinde; es gab eine beträchtliche Anzahl von Ehen zwischen den Familien, so daß viele der 150 Einwohner auf irgendeiner Ebene miteinander verwandt waren. Heiratsmuster folgten den Regeln der Endogamie, Mischehen zwischen Juden und Christen waren hier selten. Trotz ihrer verhältnismäßig geringen Zahl waren Juden auf Grund ihrer Berufe und Gewerbe prominente Bürger der Stadt, und ihr Einfluß auf die örtliche Wirtschaft war im Verhältnis zu ihrer Zahl überproportional.

Wie auch in anderen kleinen Städten und Dörfern in Deutschland, die kleine jüdische Gemeinden hatten, waren Handel und Gewerbe die überwiegenden Beschäftigungen der Juden. Die einflußreichste Familie der Stadt waren zweifellos die Marums, Besitzer einer großen Strumpfwirkerei. Im Jahre 1865 starb Sara Marums Mann und ließ sie mit neun Kindern zurück. Sie begann damit, in ihrer Wohnung Strümpfe zu stricken, um sich und ihre Kinder zu ernähren. Schon bald kaufte und installierte sie eine Strickmaschine, und die Strumpfproduktion en masse begann. Im Jahre 1875 wurden eine Fabrik und Wirkerei errichtet, und das Geschäft wuchs, bis es die größte Firma in diesem Raum war, die in ihren besten Zeiten 800 Arbeiter beschäftigte. Außerdem machten die Frauen in Sobernheim und der näheren Umgebung Heimarbeit; dies bedeutete Teilzeitarbeit und Löhne für viele weitere Familien. Die Firma wurde von nachfolgenden Generationen der Marums bis 1938 geführt, als der Besitzer schließlich zur Auswanderung in die Vereinigten Staaten gezwungen wurde.

Die Familie erwarb das Eigentum erneut im Jahre 1948 und leitete die Firma bis 1972, als sie an eine große Aktiengesellschaft verkauft wurde. Ein Teil des ursprünglichen Unternehmens wird von der Aktiengesellschaft noch als Teppichfabrik betrieben.

Die Marums waren die reichste Familie in diesem Raum; sie und zwei nichtjüdische Familien, die ebenfalls Fabriken besaßen, waren die größten Arbeitgeber in Sobernheim und Umgebung. Ihre Prominenz konnte jedoch die Verfolgung durch die Nazis nicht verhindern. Die ganze Familie floh, außer dem Patriarchen, dem Sohn der Gründerin; er wurde 1942 in ein Konzentrationslager deportiert.

Obwohl die jüdische Gemeinde ihre eigenen religiösen Einrichtungen besaß, war sie nicht ausgesprochen religiös. Nach Auskunft der von mir Befragten gab es keine wirklich orthodoxen Familien in Sobernheim; die meisten schienen sich einer Form von konservativem Judentum verschrieben zu haben. Dies stand in Einklang mit dem deutschen Judentum im ganzen Land. Zu Beginn des 20. Jahrhunderts waren nur 10 bis 15 % der Gesamtzahl orthodox. Da es der Wunsch vieler Juden war, sich der gesellschaftlichen Grundströmung anzupassen, blieben orthodoxe Gebräuche am Wegrand zurück. Trotz oder vielleicht wegen des erheblichen Antisemitismus im 19. und frühen 20. Jahrhundert glaubten Juden und Nichtjuden, daß ein Abrücken von orthodoxem Denken die

Diskriminierung verringern würde. Folglich veränderte die jüdische Gemeinschaft die Grundlehren der älteren, mittelalterlichen orthodoxen Konzepte des Judentums. Der Wunsch, offensichtliche Differenzen zu beseitigen, um – ohne tatsächlich zu konvertieren – den Christen so weit wie möglich ähnlich zu werden, ließ eine Form von liberalem Judentum entstehen. I. Shorsch bemerkt, daß sich fast das ganze politische Spektrum einig war, daß für eine echte Gleichstellung der Übertritt zum Christentum nötig sein würde. „Reformsprecher… senkten den Preis für eine religiöse Anpassung, die jüdische religiöse Verschiedenheit verringern und verbergen würde… sie bemühten sich, das Judentum auf die Integration vorzubereiten." Jüdische Religionsführer „überprüften das traditionelle Judentum, insbesondere seine theologischen und juristischen Ansprüche, in einem weit größeren Umfang als sie zuzugeben bereit waren." Obwohl die „Reformbewegung die größten Anstrengungen unternahm, die Vorurteile zu beschwichtigen und das Wohlwollen der Deutschen, die gegen die Gleichstellung oder ambivalent eingestellt waren, zu gewinnen", waren die meisten Deutschen weiterhin der Ansicht, daß nur ein totaler Übertritt der einzig mögliche Weg sei, während eine „lautstarke Minderheit" im 19. Jahrhundert glaubte, daß nicht einmal ein Übertritt die rassischen und religiösen Merkmale des Judentums ausrotten würde.[6]

Als Ergebnis der Bestrebungen jüdischer Wortführer, die jüdische Bevölkerung stärker in die deutsche Gesellschaft zu integrieren, entwickelte sich in Deutschland eine Form von liberalem, konservativem Judentum, ähnlich dem in den Vereinigten Staaten praktizierten. Die meisten der Juden in Sobernheim orientierten sich an dieser Form des Judentums. Sie besuchten die Synagoge an hohen Feiertagen, an Freitagabenden und am Sabbat. Gottesdienste wurden in hebräischer, bestimmte Predigten jedoch in deutscher Sprache gehalten. Männer saßen im vorderen, die Frauen im hinteren Teil der Synagoge. Die Kinder wurden zum Religionsunterricht geschickt, die Knaben zur Bar Mizwah. Feiern wie Hochzeiten und Beerdigungen wurden nach jüdischem Ritus gehalten. Ernährungsvorschriften, traditionelle Kleidung, rituelle Sauberkeit der Frauen und andere mit der orthodoxen Form des Judentums verbundene Gesetze wurden nicht eingehalten. Sich mit jüdischem Erbe und den Aspekten der jüdischen Kultur zu identifizieren und einer jüdischen Gemeinde anzugehören, war für die Juden in Sobernheim – und im ganzen Land – wichtiger als orthodoxe Religionsausübung.

Der Zionismus fand unter den Sobernheimer Juden wenig aktive Unterstützung, obwohl ihm einige wohlwollend gegenüberstanden. In den zwanziger und dreißiger Jahren wanderten nur wenige Leute nach Palästina aus – einer von ihnen, ein Arzt mit seiner Familie, war in den späten Zwanzigern Zionist geworden. Eine junge Frau trat während ihres Studiums in Köln einer zionistischen Jugendgruppe bei und wanderte 1932 aus. In Sobernheim – wie auch sonst in Deutschland – hatte der Zionismus wenig Einfluß in der jüdischen Gemeinschaft, deren Hauptziel die Integration in die Grundströmung der deutschen Gesellschaft war. Die meisten Juden waren daher vom Ideal der Gründung eines separaten Staates wenig angezogen, obwohl die Ideologie des Zionismus in manchen eine empfängliche Saite anschlug. Die 1897 gegründete Zionistische Vereinigung Deutschlands hatte im Jahre 1933 nur einige zehntausend Mitglieder im Vergleich zum Centralverein der deutschen Staatsbürger jüdischen Glaubens (kurz: CV), „dessen Mitgliederzahl von 70.000 im Jahre 1933 wahrscheinlich 60 % aller jüdischen Familien umfaßte."[7] Nichtsdestoweniger waren die Zionisten eine starke Minderheit innerhalb der in Deutschland lebenden Juden. Wie Lucy S. Dawidowicz betont, waren „die Zionisten und die Ostjuden – was zu einem gewissen Grad deckungsgleich war – die auffälligeren Minderheiten unter den deutschen Juden, da sie den zentralen Glaubenssatz der deutsch-jüdischen Existenz – die Zugehörigkeit der Juden zu Deutschland – bestritten."[8] Ursprünglich waren die Vorkämpfer des Zionismus Intellektuelle und Akademiker gewesen, später schlossen sich einwandernde osteuropäische Juden dieser Bewegung an, was den Abgrund zwischen ihnen und den einheimischen deutschen Juden noch vertiefte. Im großen und ganzen waren die Zionisten in Deutschland entweder osteuropäische Juden oder von der Idee eines jüdischen Staates eingenommene Intellektuelle. Die Ostjuden, die sich in Deutschland nicht wohlfühlten und die Abneigung des einheimischen Judentums spürten, fanden Trost in der Idee eines Heimatlandes. Die Juden von Sobernheim waren „einheimische" oder deutsche Juden, und nicht ein einziger osteuropäischen Ursprungs hatte sich je hier niedergelassen. Demzufolge hatte die zionistische Bewegung nur wenig direkten Einfluß auf die jüdische Gemeinde in Sobernheim.

Jüdisches Geschäftsleben in Sobernheim: Die Strumpffabrik MARUM

Wie schon erwähnt, war die Strumpffabrik Marum bis 1938 der größte Arbeitgeber der Region. Wie die Firma ihre Geschäfte während der NS-Zeit betrieb ist nicht nur interessant sondern auch ziemlich typisch für große jüdische Unternehmen in dieser Periode. Im Jahre 1932 beauftragte der Geschäftsführer Alfred Marum seinen Schwiegersohn, Dr. Julius Stern, mit der Leitung der Firma, die dieser bis 1938 übernahm. Anfangs glaubte die ganze Familie Marum nicht, daß die Machtübernahme der Nazis von Dauer sein würde. Drei der jüngeren Mitglieder der Familie machten sich jedoch keine Illusionen und wanderten im Jahre 1935 in die Vereinigten Staaten aus. Auf Drängen seiner Familie bemühte sich Alfred Marum um den Verkauf der Firma und erhielt im Jahre 1936 ein ziemlich gutes Angebot. Er machte Ferien in der Schweiz, um dort gründlich darüber nachzudenken; nach seiner Rückkehr machte er jedoch die Transaktion rückgängig. Sein Sohn Hans erinnert sich, daß bereits im Jahre 1934, während einer Reise nach Italien, der Chauffeur der Familie seinem Vater geraten hatte, die Firma zu verkaufen: „Es war im Frühjahr 1934. Meine Mutter und ich saßen im Fond des Wagens, als der Chauffeur sagte: ‚Herr Marum, gehen Sie weg, verkaufen Sie alles, verlassen Sie Deutschland.' Ein anderer Mann, eine Art Leibwächter, der später zu den Nazis ging, saß ebenfalls im Auto und riet meinem Vater: ‚Verkaufen Sie alles, gehen Sie.' Schließlich wurde die Firma an die Interessenten verkauft, allerdings zu einem wesentlich niedrigeren Preis als zuvor vereinbart. Meine Eltern verzögerten jedoch die Ausreise; sie glaubten immer noch, daß sie diese Zeit überstehen könnten, daß sie überleben würden." Alfred Marums frühere Entscheidung, den Verkaufsabschluß rückgängig zu machen, war anscheinend auf verschiedene Gründe zurückzuführen. Erstens glaubte er immer noch, daß das Nazi-Regime bald enden würde und alles für die Juden wieder in normale Gleise käme. Zweitens hatte die Firma alle ihre Kunden behalten, und zwar sowohl auf dem deutschen wie auf dem ausländischen Markt, auf dem die Marums ausgedehnten Handel trieben. Da die Firma viele Kunden im Ausland hatte, verdiente sie die vom Regime so dringend benötigten Devisen. In der Tat stellte sich das Regime zunächst nicht gegen die großen jüdischen Firmen, weil sie entweder Devisenbringer waren oder in anderen Fällen andere Firmen nicht die Führungsqualitäten und Sachkenntnisse hatten, jüdische Geschäfte dieser Art zu übernehmen. 1937 durfte die Firma allerdings nur noch

Feier zum 85. Geburtstag Sara Marums, der Gründerin der Strumpffabrik in Sobernheim, 1901

60 % ihres üblichen Rohmaterials, Wolle und Baumwolle, einkaufen, erhielt jedoch gleichzeitig den Befehl, keine Arbeiter zu entlassen. Demzufolge ging 1937 und Anfang 1938 die Produktion zurück, während die gesamten Geschäftskosten blieben. Dieser letzte Erlaß überzeugte schließlich die Eigentümer, zu verkaufen. Zu dieser Zeit betrug das Kaufangebot für die Firma von derselben Gesellschaft nur noch ein Drittel des Angebots von 1936. So wurden die Marums gezwungen, praktisch für nichts zu verkaufen.

Dr. Stern, der Schwiegersohn und geschäftsführende Direktor der Firma, beschreibt, wie die Geschäfte unter dem Regime geführt wurden: „Man brauchte nicht lange um festzustellen, daß wir Juden in der Nazi-Gesellschaft nicht überleben konnten. Die meisten unserer deutschen Freunde hatten Angst, weiteren Umgang mit uns zu pflegen. Einige fürchteten sich sogar, uns im Schutze der Dunkelheit zu besuchen. Sie konnten ihre Jobs und Besitztümer verlieren. Alles war nach dem ‚Führer-Prinzip' organisiert. So wie Hitler der Führer des Dritten Reiches war, hatten wir einen Führer unserer Belegschaft, und jede Firma und Gesellschaft mußte einen Führer haben, der die Firma oder Organisation vertrat. Ich hatte die zweifelhafte Ehre, der Führer unserer Firma zu werden."

Dies bedeutete augenscheinlich, das Bindeglied zwischen dem Regime und den Arbeitern wie auch der Vertreter der Firma bei offiziellen Versammlungen zu sein. So war Dr. Stern als Betriebsführer gezwungen, die Arbeiter an ihre Pflicht zu erinnern, die Produktivität für das Reich zu erhalten. Es ist in der Tat eine Ironie, wenn man bedenkt, daß ein Jude der offizielle Vertreter und Verbindungsmann zwischen einer nichtjüdischen Belegschaft und dem Nazi-Regime war. Dr. Stern erinnert sich auch der ihm von einigen Angestellten geleisteten Hilfe, und zwar in einem besonderen Fall:

> Einer unserer langjährigen Angestellten kam zu mir und sagte, daß er in die Partei eintreten wurde, nicht aus Überzeugung, sondern um mich darüber zu informieren, was in der örtlichen Nazi-Partei vor sich gehe; er hielt sein Wort bis zuletzt. Im Jahre 1933 fanden allgemeine Wahlen statt; man konnte jedoch nur JA oder NEIN für den Kandidaten der Nazis stimmen. Wir fuhren immer nach Luxemburg, um der Wahl zu entgehen. Am Montagmorgen nach der Wahl wurde bekanntgegeben, daß Sobernheim 100 % für die Nazis gestimmt habe. Mein Freund berichtete mir jedoch, daß einige unserer Arbeiter gegen Hitler gestimmt hätten, der Ortsgruppenleiter der Nazi-Partei seinem Vorgesetzten jedoch 100 % gemeldet habe. Der Ortsgruppenleiter kannte die Namen der gegen die Partei eingestellten Arbeiter

und suchte mich auf, um die Entlassung dieser Leute zu erzwingen; das hätte bedeutet, daß sie niemals mehr hätten eingestellt werden dürfen. Mein Freund riet mir, dies entschlossen abzulehnen, weil der Ortsgruppenleiter nicht den Mut habe, auf solchen Entlassungen zu bestehen, da seine vorgesetzten Führer sonst von seinem Mißerfolg Kenntnis erhalten hätten.

Dies war ein Beispiel für den Versuch der örtlichen Nazis, Druck auf die Firma auszuüben, der jedoch ohne Erfolg blieb. Dr. Stern erinnert sich:

> Am Nachmittag erschien der Ortsgruppenleiter mit zwei seiner Gefolgsleute in meinem Büro. Bevor er sich setzte, nahm er seinen Revolver aus dem Halfter und legte ihn auf den Tisch. Dann holte er eine Liste mit den Namen von ungefähr zehn in der Fabrik beschäftigten Leuten hervor. Er sagte, daß er die sofortige Entlassung dieser Leute wünsche. Aber aufgrund meiner geheimen Informationen hatte ich die besseren Karten. Ich fragte ihn, warum ich meine Leute ohne Grund entlassen solle. Auf meine Forderung, mir einen Grund anzugeben, antwortete er lediglich, dies sei eine Parteiangelegenheit. Ich sagte ihm, daß ich mich als Betriebsführer verpflichtet sähe, mit seinen Vorgesetzten Kontakt aufzunehmen. Das paßte ihm jedoch nicht, und nach einigem Hin und Her nahm er seinen Revolver und verschwand zusammen mit seinen beiden Gangstern. Beim Weggehen sagte er zu mir: „Zu schade, daß Sie ein Jude sind, wir könnten Sie brauchen."

In diesem Fall hatte ein loyaler Angestellter geholfen, die Firma vor dem Zugriff zu schützen; jedoch waren nicht alle Angestellten so loyal gegenüber der jüdischen Geschäftsführung. Eine Anzahl von Arbeitern trat früh in die Partei ein; sie waren aktive und überzeugte Nazis, während sie gleichzeitig ihren Lebensunterhalt bei jüdischen Arbeitgebern verdienten. Dr. Stern beschreibt eine andere Gelegenheit, in der er sich als Nazi-Repräsentant in eine Konfliktsituation gestellt sah:

> Eine andere ähnliche Situation ergab sich während des Parteitreffens, das in der Fabrik stattfand. Einige der hohen Nazis waren aus der Stadt gekommen, und ich als Betriebsführer hatte mit ihnen auf der Bühne im Angesicht der Leute zu sitzen. Der Vertreter unserer Arbeiter war der Primitivste der Primitiven. Während der Veranstaltung beschuldigte er mich, die Ideen und den Willen des Führers zu sabotieren. Ich war gleichzeitig erschreckt und wütend. Ich hatte ein Merkbuch geführt, in dem alles, was er falsch gemacht hatte, festgehalten war. Nachdem er geendet hatte, stand ich auf und sagte den versammelten Leuten, welche Art Bursche er war, daß er oft betrunken war, daß er auf dem Dachboden rauche und so das Leben seiner Arbeits-

kameraden gefährde. Am Ende erhielt ich Applaus. Am nächsten Tag wurde er entlassen.

Der treue Angestellte warnte die Geschäftsführung auch immer dann, wenn eine Steuerprüfung unmittelbar bevorstand. Eine der von den Nazis praktizierten Schikanen waren häufige Steuerprüfungen, um sicherzustellen, daß die Familie nicht unter dem Deckmantel der Firma private Gelder für ihren eigenen Gebrauch verschwinden ließ. So kamen also die Steuerprüfer alle paar Monate, und Dr. Stern erinnert sich: „Ich war dann so nervös, daß ich mich jeden Morgen übergeben mußte." Die Firma war jedoch sehr bedacht, die Bücher in Ordnung zu haben und den Nazis niemals einen Grund für ein scharfes Vorgehen gegen sie zu geben. Im letzten Jahr der Firmentätigkeit, als die noch verbliebene Familie verzweifelt darauf wartete, Deutschland verlassen zu können, verwandelten sie die Aktiengesellschaft in eine Kommanditgesellschaft, so daß beide Direktoren ihre Aktien in Kapital umwandeln konnten. Dann kam der letzte Störversuch: „Unser Kapital konnte nicht sofort aus der Firma genommen werden, da das Gesetz eine sechsmonatige Wartezeit verlangte. Zur selben Zeit wurden die Geschäftsbücher erneut amtlich überprüft. Es wurden neue Preise für uns festgesetzt, und jede von uns produzierte Ware mußte ausgezeichnet werden. Wir wurden von der Preiskontrollstelle für schuldig befunden, einen Auszeichnungsirrtum begangen zu haben und wurden mit einer Geldstrafe von 2.000 Mark belegt." Dies war ganz klar eine Strategie, mit der eine große Geldsumme aus der Firma herausgezogen und den Schatztruhen des Reiches einverleibt werden konnte, ehe die Firma tatsächlich an einen arischen Besitzer verkauft wurde.

Besonders interessant an diesen Zwischenfällen und der Firmengeschichte unter dem Nazi-Regime ist, daß trotz einiger Schikanen die Geschäftsführung ihre Geschäfte nach eigenem Gutdünken führen konnte. Wenn auch die Eigentümer nicht in der Lage waren, ihre eigenen Gewinne herauszuziehen (weil ihre persönlichen Sparbücher konfisziert worden waren), so konnten sie doch gelegentlich durch Einsparung von Urlaubsgeld während eines Auslandsaufenthalts einige Gelder in die Vereinigten Staaten schmuggeln. Außer diesen Beschränkungen gingen die Geschäfte unter den Nazis ihren üblichen Gang. Anscheinend erfuhren andere große Firmen in jüdischem Besitz eine ähnliche Behandlung. Solange sie Steuereinnahmen garantierten und hoch geschätzte Devisen für die Regierung beschafften, blieben sie mehr oder weniger unbelästigt. Dies traf natürlich nicht auf die kleinen Einzelhändler und andere kleine Geschäfte zu; sie wurden 1935 gezwungen, ihre Geschäfte zu schließen. Die reichen Juden blieben unbelästigt und, wie Dr. Stern wiederholt bemerkte: „Unsere Kunden und die meisten unserer Angestellten blieben bei uns. Wir konnten unsere Kunden noch zu jeder Zeit besuchen und auch unsere wichtigsten Mitarbeiter, wie z. B. Buchhalter und Bilanzbuchhalter fürchteten sich nicht, uns zu besuchen und durch die Vordertür einzutreten!" Bis einige Wochen vor seiner Abreise in die Vereinigten Staaten besuchte Dr. Stern noch seine Kunden und nahm Aufträge entgegen. Er erinnert sich an eine Geschäftsreise nach Holland; im Zug nahm ihm ein Nazi-Offizier den Paß ab, den er aber schließlich zurückgab.

Die Geschichte der Firma Marum ist jedoch ein Einzelfall, soweit er Sobernheim betrifft. Das zweitgrößte Geschäft in jüdischem Besitz, ein mittelgroßes Kaufhaus, geriet Mitte 1930 unter starken Druck; seine Besitzer verpachteten es schließlich im Jahre 1935. Das Kaufhaus Richard Wolf war im Jahre 1878 als kleines Manufakturwarengeschäft von Isaac Richard Wolf gegründet worden. Die französische Besatzung nach dem Ersten Weltkrieg brachte eine große Zahl von Soldaten und Offizieren nach Sobernheim; da sie Quartiere brauchten, wurden einige der älteren Gebäude renoviert und in Wohnungen für sie umgebaut. Da zu dieser Zeit Möbel und Gerätschaften von den in Sobernheim vorhandenen Geschäften nicht geliefert werden konnten, erklärte sich Richard Wolf, Isaacs Sohn, bereit, die erforderlichen Möbel und Zubehöre in den größeren Städten der Umgebung zu erwerben und zu liefern. Richard, der kurz darauf als Ergebnis dieser Ereignisse eine wachsende Nachfrage in der Gemeinde verspürte, erweiterte das Geschäft seines Vaters um Möbel, Geräte und Kleidung.

Im Jahre 1929 wurden vollkommen neue Geschäftsräume gebaut; Eigentümer und Geschäftsführer waren Richard Wolf und sein Schwager. Das Kaufhaus beschäftigte ungefähr 50 Personen in Verkauf und Verwaltung, von denen etwa zwei Drittel Nichtjuden waren. Die Firma blühte und gedieh bis in die frühen dreißiger Jahre, als die Geschäfte zurückgingen. Im Jahre 1934 wurde Oskar Schmidt Angestellter der Firma. Während dieser Zeit wurde das Geschäft wiederholt von randalierenden Nazis demoliert, sein Besitzer belästigt. Im folgenden Jahr wurde das Geschäft an einen Kaufmann aus einer benachbarten Stadt vermietet; nach dem Krieg, als Richard Wolf und sein Schwager zurückkehrten, um ihre Angelegenheiten zu regeln, erwarb Schmidt die Firma. Das heutige Kaufhaus trägt den Namen „Schmidt" und war bis in die heutige Zeit ein blühendes Wirtschaftsunternehmen.

Neben diesen in jüdischem Besitz befindlichen großen Geschäften gab es mehrere kleinere Textil- und Bekleidungsgeschäfte, ein Schuhgeschäft, zwei Lebensmittelgeschäfte (einer verkaufte auch Gebrauchtwaren, einer handelte mit Kohlen, Viehfutter und Nahrungsmitteln), einen Viehhändler, zwei Metzgereien und ein Gasthaus, alle im Besitz und betrieben von jüdischen Familien. Drei Familien betrieben eine Mietstallung und einen Pferdehandel; dies umfaßte hauptsächlich den Ankauf von Pferden bei den Bauern zum Zweck des Wiederverkaufs in der Stadt und nahegelegenen Städten. So waren es insgesamt neunzehn unabhängige Geschäftsbetriebe, vom großen Industrieunternehmen bis zu sehr kleinen Handwerksgeschäften im Familienbesitz, die vor 1933 Juden in Sobernheim gehörten und von ihnen geführt wurden. Während es mindestens zwei Industrieunternehmen in christlichem Besitz und mehrere nichtjüdische Läden und Cafés in der Stadt gab, lag der Einzelhandel überwiegend in den Händen der Juden. Diese Gewerbe verhalfen der ganzen jüdischen Bevölkerung zu Arbeit und relativ angenehmen mittelständischen Verhältnissen. Unterrepräsentiert waren die akademischen Berufe, der Textilhandel, Zwischen- und Großhandelsbetriebe und der öffentliche Dienst.

Verglichen mit dem Rest der Bevölkerung von Sobernheim zeigt eine Aufgliederung der Beschäftigungsstruktur nach der Volkszählung von 1933, daß die Mehrzahl der beschäftigten Einwohner – 2189 – in Industrie und handwerklichen Berufen, 720 in Handel und Verkehr, und 426 in der Land- oder Forstwirtschaft tätig waren. Beinahe 10% der Arbeitskräfte waren noch in der Landwirtschaft beschäftigt, von denen die meisten eigenes Land besaßen. Diese Ländereien waren auf den ganzen Raum um die Stadt herum verteilt. Die Bauern bearbeiteten ihre Äcker, lebten jedoch in Sobernheim, fuhren also täglich hin und her. Es war nicht unüblich, ein Stück Land an einem Ort und ein anderes drei Kilometer entfernt zu besitzen. Diese Art der Landnutzung entwickelte sich als Ergebnis von traditionellen Vererbungsmustern, die den Gesetzen der Erstgeburt folgten; so weit durch die von mir Befragten zu ermitteln, war keiner der Sobernheimer Juden Landeigentümer. Es gab 771 Angehörige des öffentlichen Dienstes und 651 selbstständige Personen.[9] Diese Zahlen zeigen, daß Sobernheim sich hinsichtlich Beschäftigung und Einkommen aus einer Arbeiterklasse, einer kleinen Mittelklasse und einer sehr kleinen Oberklasse – etwa drei oder vier Familien, von denen eine jüdisch war – zusammensetzte. Protestantismus war die vorherrschende Religion – 64% der Einwohner waren Protestanten, 32,37% Katholiken und 3,4% Juden. Im großen und ganzen waren die Juden auf dem Geschäftssektor überrepräsentiert und vollkommen unterrepräsentiert im öffentlichen Dienst. Ihr ökonomischer Einfluß machte sie zur eigentlichen Mittelklasse, obwohl es mindestens zwei sehr arme Familien in der jüdischen Gemeinde gab. Tatsächlich haben mehrere der von mir in Sobernheim befragten Nichtjuden von Juden als „bessere Leute, Geschäftsleute" gesprochen. Und dies in einer Stadt mit vorwiegend der Arbeiterklasse angehörenden Einwohnern, in der die kleine nichtjüdische Mittelklasse hauptsächlich aus Beamten, Angestellten des öffentlichen Dienstes sowie einigen akademischen Freiberuflern bestand, und die Juden – trotz ihrer geringen Zahl – in dieser Klasse sehr prominent waren.

Der Klassenstatus ist hier hauptsächlich definiert durch Beruf und Einkommen der Familie.[10] Demzufolge würde die Größe ihrer Fabrik die Marums automatisch der Oberklasse zuweisen, während nach Ansicht der nichtjüdischen Bevölkerung der Besitz eines Einzelhandelsgeschäftes ohne Rücksicht auf dessen Umfang dem Eigentümer den Status der Mittelklasse verlieh. Innerhalb der jüdischen Gemeinde richtete sich der Klassenstatus nach der Größe und den Einkommensmöglichkeiten des Geschäfts. Außerdem verlieh der Besitz eines Kurzwarengeschäftes einen höheren Status als der Besitz einer Metzgerei. Beide, Juden und Nichtjuden, betrachteten Pferde- und Viehhändler als einer geringeren Klasse angehörend als Einzelhändler, obwohl eine im Pferdehandel tätige Familie ein weit höheres Einkommen hatte als die Mehrzahl der kleinen Einzelhändler. Die Juden anerkannten auch andere Statusdimensionen wie soziales Engagement und Bildungsbestrebungen. So betrieb z. B. eine Familie eine Kette kleiner Geschäfte, mußte jedoch durch finanzielle Mißwirtschaft zweimal Konkurs anmelden. Ihr Status wurde von Juden und Nichtjuden als gediegene Mittelklasse angesehen, weil der Haushaltsvorstand gebildet war und hochdeutsch sprechen, lesen und schreiben konnte; auch war er bekannt als viel belesen und in Literatur, Philosophie und den Künsten bewandert. Eine andere Familie besaß ein kleines Kurzwarengeschäft, das sie kaum ernährte, jedoch war das Familienoberhaupt bekannt als Poet, als literarisch interessiert und sehr gebildet. Demgemäß war ihre Stellung in beiden Gruppen höher als dies ihre wirtschaftlichen Verhältnisse vorgaben. Trotz dieser internen Klassenunterschiede wurden die Mehrzahl der Juden von diesen selbst und von Nichtjuden als Angehörige der Mittelklasse angesehen.

Diese Klassenmuster stimmen mit denen aller jüdischen Gemeinden in ganz Deutschland überein. Fast zwei Drittel der im Land lebenden 500.000 Juden waren in Handel und Gewerbe tätig, ein Viertel arbeitete in der Industrie und im Handwerk, ein Achtel im öffentlichen Dienst und in freien Berufen, hauptsächlich Recht und Medizin. Viele Stadtjuden waren in freien Berufen und im öffentlichen Dienst tätig, während in den kleineren Gemeinden die Mehrzahl der Juden in Handel und Gewerbe tätig waren. Ihre sozio-ökonomische Position in diesem Jahrhundert, besonders in der Zeit der Weimarer Republik, war weit überwiegend die der Mittelklasse. Diese „Position spiegelte die historischen Bedingungen der jüdischen Situation in einer christlichen Gesellschaft und die durch ein im späten 19. Jahrhundert schnell expandierendes industrialisiertes Deutschland sich bietenden Möglichkeiten wieder."[11] Der verhältnismäßige Reichtum der jüdischen Gemeinde war mit ein Grund für die Feindseligkeiten eines wesentlichen Teils der deutschen Bevölkerung. Die zwangsweise Schließung ihrer Geschäfte Mitte der dreißiger Jahre sorgte für eine erhebliche Entlastung der nichtjüdischen Schuldner. Einige unter den SA-Männern, die während der „Reichskristallnacht" am 9. und 10. November 1938 jüdische Wohnungen und Eigentum zerstörten, schuldeten jüdischen Geschäftsleuten Geld und waren nur zu glücklich darüber, ihre Schulden nun auf diese Weise loswerden zu können. Als Richard Wolf im Jahre 1935 sein Geschäft verpachtete, hatte er angeblich noch unbezahlte Rechnungen in Höhe von Tausenden von Mark; dies war auch bei kleineren Geschäftsleuten der Fall, obwohl die ausstehenden Beträge hier natürlich kleiner waren.

Obwohl die jüdische Gemeinde in Sobernheim nur 150 Mitglieder hatte, war sie doch eine etablierte, alte und wohlhabende Gemeinde mit sehr viel weiter reichendem wirtschaftlichen und sozialen Einfluß als die kleine Zahl ihrer Mitglieder vermuten läßt. Wenn auch die Gemeinde 1942 vollständig ausgelöscht worden war, so waren im Jahre 1950 wieder Anzeichen einer Rückkehr jüdischen Geistes zu verspüren, als mehrere Gedenkfeiern in der Stadt abgehalten wurden. Diese Feiern werden in Kapitel 5 beschrieben.

Während der frühen dreißiger Jahre war Sobernheim wie auch das übrige Deutschland in einem erdrückenden Maße durch die Kräfte des Nationalsozialismus beeinflußt. Ein Überblick über die Geschichte der Stadt würde ohne eine Untersuchung des Nationalsozialismus in Sobernheim nicht vollständig sein.

Postkarte aus den dreißiger Jahren

2. Die Machtstrukturen der Nazis in Sobernheim

Die organisatorische Struktur des Nazismus und des nationalsozialistischen Staates war außerordentlich kompliziert; eine ausführliche Untersuchung ginge über den Rahmen dieses Buches hinaus.[1] Das Hauptanliegen dieses Kapitels ist deshalb die Schilderung der organisatorischen und ideologischen Facetten des Nazismus in ihren Auswirkungen auf die kleine Gemeinde von Sobernheim.

Während der frühen dreißiger Jahre hatte Sobernheim fast viertausend Einwohner. Von diesen waren etwa sechshundert eingetragene Parteimitglieder, von denen wiederum ungefähr einhundert zum harten Kern gehörten, beziehungsweise der Partei besonders ergeben und ebenfalls Angehörige der SA und später der SS waren.[2] (Ich werde die Nationalsozialistische Deutsche Arbeiterpartei – die Nazis – in diesem Buch stets als 'die Partei' bezeichnen). Die SA oder 'Sturmabteilung' war der wichtigste paramilitärische Arm des nationalsozialistischen Staates; Ende 1933 hatte die SA nach eigenen Angaben vier Millionen Mitglieder. Hitler begann die SA als eine Bedrohung seiner Autorität anzusehen. Nach einer Säuberungsaktion ('Affäre Röhm') im Sommer 1934 war der Machteinfluß der SA untergraben und die SS oder 'Schutzstaffel', die Teil der SA gewesen war, nahm ihren Aufschwung. Ursprünglich war die SS als bewaffnete Einheit innerhalb der SA zum Schutze Hitlers und anderer hoher Parteiführer geschaffen worden. Nachdem Himmler zum „Reichsführer SS" ernannt worden war, verstärkte er das elitäre Image und formte sie im wesentlichen in eine Elite-Gemeinschaft nach rassischen Gesichtspunkten um. Die SS war laut Dawidowicz „durchdrungen von einer rassischen Mystik, erfüllt von mittelalterlichen, ritterlichen Ideen wie Treue und Mut." Die SS-Männer unterschieden sich von den Angehörigen der SA durch eine schwarze Uniform; die SA-Männer trugen braune Hemden. In erster Linie war die SS verpflichtet, taktische Aufgaben innerhalb der Partei auszuführen; nach seiner Einberufung mußte der Rekrut einen persönlichen Treueeid auf Hitler schwören.[3] Unter Himmlers Führung wuchs die SS sehr schnell, bis sie am Vorabend des Krieges beinahe eine Viertelmillion Mitglieder hatte. Die SS übernahm auch Bespitzelung, Überwachung und Nachrichtenübermittlung in den Städten des Landes. So übte sie teilweise die gleichen Tätigkeiten wie die Geheime Staatspolizei

– die Gestapo – aus. SS und Gestapo kamen unter Himmlers Kommando, und beide Verbände wurden schließlich miteinander verschmolzen.

In Sobernheim gab es während der dreißiger Jahre etwa siebzig Angehörige der SA und ungefähr dreißig Mitglieder der SS. Diese Zahlen sind Schätzungen der von mir befragten Juden und Nichtjuden; sie entsprechen ungefähr den Größenordnungen in der von William S. Allen beschriebenen Kleinstadt Thalberg. Allen schreibt, daß „es dort vor 1933 nicht mehr als fünfzig Angehörige der SA gab, obwohl es den meisten Leuten aus der Stadt erschien, als seien es drei- bis achtmal so viele gewesen."[4] In Thalberg wie auch in Sobernheim und anderswo wurden SA-Männer aus der Umgebung herbeigeholt, um die Bevölkerung bei öffentlichen Veranstaltungen zu beeindrucken.

Die SA hatte eine große Anziehungskraft auf junge und arbeitslose Männer, die für viele Sobernheimern nur „Lumpen" oder Rowdies waren. Sie waren rauh, ungebildet und entstammten hauptsächlich der Arbeiterklasse. In ihren Anfängen zog die SA-Staffel in Sobernheim wie auch anderswo die „Taugenichtse, Tunichtgute und Außenseiter an, die nie etwas erreicht hatten und nie ihren Arbeitsplatz behielten", wie mehrere der Befragten die damalige Situation schilderten. Sie wurden jedoch laufend geschult und bildeten eine brutale und terroristische Gruppe, die die Deutschen und selbstverständlich die Juden, ihre Hauptgegner, bedrohte. Frau Glockner, eine der nichtjüdischen Befragten, erinnert sich: „Ich fürchtete mich immer vor ihnen, sie konnten jeden angreifen. Es war niemals die Art Leute, mit denen man gesellschaftlich verkehrt hätte, sie waren *unanständig*." Die SS mit ihrem elitären Image hatte mehr Anziehungskraft auf den Mittelstand und auf Freiberufler. Zu den prominenten SS-Angehörige in Sobernheim gehörten mehrere Lehrer, der bekannteste Tierarzt, verschiedene höhere Beamte, ein Arzt und ein leitender Richter.

Obwohl es nur etwa hundert überzeugte Nazis gab, so waren sie doch nach Aussage einer von mir befragten Jüdin „wahre Schrecken." Sie erinnert sich, daß „es nicht nur die hundert von Sobernheim waren; sie kamen auch aus den kleineren Dörfern der Umgebung, wie Staudernheim und Steinhard, und es wurden immer mehr, und wenn sie an unserem Haus vorbeigingen, sangen sie 'Wenn das Judenblut vom Messer spritzt, dann geht's noch mal so gut'. Mein Schlafzimmer lag zur Straße, ich konnte nicht schlafen, es war fürchterlich."

Jede Stadt oder Gemeinde hatte eine NS-Ortsgruppe, an deren Spitze der Ortsgruppenleiter stand. In dieser Stadt hatte Fritz Dhonau, ein sehr früher Anhänger Hitlers und ehemaliger SA-Mann, diese Position inne.* Dhonau war ein jüngerer Sohn einer großen und einflußreichen Familie, die die wichtigste Kuranstalt der Stadt besaß und führte. Die Familie war Eigentümerin ausgedehnter Landstriche jenseits des Flusses, und viele Jahre kamen Leute von weit entfernt gelegenen Orten, um hier Ruhe und Erholung zu finden. Mehrere Mitglieder der Familie Dhonau verschrieben sich früh der nationalsozialistischen Idee, und Fritz war einer der ersten. Er war bekannt als ein Taugenichts, der sich in verschiedenen Berufen versucht, jedoch in keinem Erfolg gehabt hatte. Als die Nazis an die Macht kamen, führte er ein Schuhgeschäft, das ihm die Familie gekauft hatte. Sein Erfolg war jedoch sehr gering, und er mußte Bankrott erklären. Sich mit den Nazis zu verbünden, war für ihn die Antwort auf sein Versagen in Geschäft und Beruf. Als eines der ersten Mitglieder in Sobernheim und mit persönlichem Charisma ausgestattet, stieg Dhonau in der gerade erst entstehenden Hierarchie schnell auf und wurde Ortsgruppenleiter. Unter ihm waren einige Assistenten oder Helfer, Unterführer und Männer gruppiert. Als Ortsgruppenleiter erhielt er seine Befehle von einem höherrangigen Führer (dem Kreisleiter), die Alltagsaufgaben in Sobernheim wurden jedoch ihm und seinen Assistenten überlassen.

Seine Haupttätigkeit erstreckte sich auf die Verfolgung der Sobernheimer Juden, und zwar durch Beleidigungen, Schimpfnamen, Schließung ihrer Geschäfte und ähnliches. Außerdem organisierte er Kundgebungen, Märsche und Demonstrationen; in der berüchtigten 'Reichspogromnacht' teilte er die Mitglieder in kleine Gruppen ein und schickte sie an ihre Einsatzorte. Offenbar reichte das in Sobernheim vorhandene Kontingent für die 'Reichspogromnacht' nicht aus; deshalb nahmen viele Auswärtige aus den benachbarten Dörfern daran teil. Dies

---

* In der Figur des Fritz Dhonau faßt Frances Henry zwei reale Personen zusammen: Arthur Dhonau und Karl Dhonau. Beide entstammen einer weitverzweigten, seit dem 16. Jahrhundert im Sobernheimer Raum ansässigen Familie. Arthur Dhonau, der ein Schuhgeschäft betrieb, das 1929 in Konkurs ging, war bis 1938 Ortsgruppenleiter. Entfernt verwandt mit ihm war sein Nachfolger Karl Dhonau, vorher Ortsbauernführer, der in der Tat der jüngere Sohn der einflußreichen Kurhausfamilie Dhonau war.
Karl Dhonau, Ortsgruppenleiter zur Zeit des Novemberpogroms 1938, nicht zu verwechseln mit dem gleichnamigen Schweinehändler, war wegen seiner Brutalität gefürchtet. Er war es auch, der am 10. November 1938 gemeinsam mit einigen Gesinnungsgenossen die Wohnung Alfred Marums, des letzten Vorstehers der jüdischen Kultusgemeinde, heimsuchte, wobei es zu erheblichen Verwüstungen und Übergriffen kam. *(Anmerkung der Herausgeber)*

Umzug der SA in Sobernheim, Ostern 1933

war eine in ganz Deutschland geübte Praxis und diente wahrscheinlich dem Versuch, das Image der ortsansässigen Nazis zu schonen. Dhonau war auch Mitglied des Stadtrates und beriet das Büro des Bürgermeisters, um sicherzustellen, daß alle Instruktionen nach den Befehlen des Regimes ausgeführt wurden. Angehörige der SS und der Gestapo in Zivil infiltrierten die meisten Beschäftigungszweige und bespitzelten insbesondere deutsche Angestellte, die verdächtigt wurden, nicht mit dem Regime zu sympathisieren. Heute sagen die Leute: „Spione waren überall", und oft hätten sie sich gefürchtet, an öffentlichen Orten zu sprechen, aus Angst, daß die SS mithören würde. Bei allen öffentlichen Ereignissen, einschließlich der Gottesdienste, waren die schwarz uniformierten SS-Leute anwesend, um ihren Vorgesetzten alle verdächtigen Begebenheiten zu melden. Anläßlich des Besuches eines katholischen Gottesdienstes bemerkte Herr Maurer, wie sich ein Nazi während der Predigt Notizen machte. Der Priester sah den schreibenden Nazi und sagte laut: „Es ist unnötig, daß Sie hier Notizen machen, ich werde Ihnen morgen die Kopie meiner Predigt zusenden. Hier in der Kirche gibt es nichts zu beobachten."

Derselbe Herr Maurer, heute ein kleiner alter Mann in den Achtzigern mit grauem Star, berichtete mir auch von seinem Zusammenstoß mit dem Ortsgruppenleiter. Wilhelm Maurer war Beamter und Leiter des Finanzamtes. Bis Ende 1934 hatte er sich geweigert, Mitglied der Partei zu werden, wurde dann aber zum Eintritt gezwungen; im Weigerungsfall würde er seine Arbeit verloren haben. Also sei er zum stellvertretenden Bürgermeister gegangen, der ihm sagte, er müsse 100 Reichsmark Aufnahmegebühr zahlen, und ihn anschließend zum Ortsgruppenleiter Dhonau schickte. Maurer beschrieb seine Empfindungen, als er den Raum betrat: „Ich war am ganzen Körper naß von Schweiß, obwohl ich Dhonau schon als Kind kannte; da war er nun, groß und mich überragend, in seiner schwarzen Uniform, er starrte mich an wie einen Fremden." Dhonau wußte von Maurers Abneigungen gegen die Nazis und sagte: „Wenn er (der stellvertretende Bürgermeister) nicht schon 100 RM gesagt hätte, hätte ich bei Ihnen 300 RM gesagt." Maurer zahlte fünfundzwanzig Mark an, und obwohl Dhonau ihn mehrere Male in seinem Haus aufsuchte, um den Rest des Geldes zu verlangen, zahlte er niemals mehr. Nach diesen Ereignissen verhielt sich Maurer still und äußerte niemals seine inneren Gefühle. Er war eines der sechshundert NS-Mitglieder in Sobernheim. Wie er waren viele Mitglieder Beamte, Angestellte des öffentlichen Dienstes oder Lehrer, die unter der Drohung, ihre Stellung zu verlieren, in die Partei eintraten. Wie Maurer am Schluß unserer Unterredung sagte: „Was hätte ich tun sollen – meine Stellung verlieren? Wie würde ich meine Frau und die beiden Kinder ernährt haben? Es gab hier keine anderen Arbeitsplätze und niemand würde mich eingestellt haben, wenn er von meiner Weigerung, in die Partei einzutreten, gewußt hätte. Ich wäre ein gezeichneter Mann gewesen." Heute machen einige der überlebenden Juden keinen Unterschied zwischen der stadtbekannten Familie Dhonau und einem einfachen Beamten wie Wilhelm Maurer. Beide werden „böse Nazis" genannt. Die Familie Dhonau wurde in meinen Gesprächen oft erwähnt, und alle waren sich einig, daß sie die schlimmsten Nazis in der Stadt gewesen waren. Wenn ich während meiner Interviews den alten Herrn Maurer erwähnte, sagten einige Leute sofort: „Oh, Maurer, ja, er war auch ein schlimmer Nazi."

Wie man heute von den Befragten erfahren kann, setzte sich der harte Kern aus allen Klassen zusammen. Wie schon geschildert waren die ersten arbeitslose Jugendliche, die auf einen in Aussicht gestellten Job hofften. Aus den Berufsangaben ergibt sich jedoch, daß die meisten Angehörige des Mittelstandes waren. Es waren Geschäftsleute, Geschäftsführer der Fabriken in der Stadt, Forstbeamte und Gastwirte. Dr. Stern erwähnte, daß sowohl Männer in führender Position in der Fabrik Marum Mitglieder der Partei waren, daß aber auch einige einfache Fabrikarbeiter eingetreten waren. Außerdem gab es Parteimitglieder, die nach örtlichen Maßstäben zweifellos der oberen Mittelklasse oder sogar der Oberklasse angehörten, wie z. B. die reicheren Mitglieder der Familie Dhonau oder auch der Tierarzt, der Arzt und andere, die bereits als SS-Angehörige erwähnt worden sind.

Die kleine Gemeinde Sobernheim ist wahrscheinlich repräsentativ für allgemeine Trends hinsichtlich der Mitgliedschaft in der Partei. Im Jahre 1939 gab es fünf Millionen Mitglieder bei einer Gesamtbevölkerung von dreißig Millionen – also etwa 16 %. Bis 1945 war diese Zahl auf acht Millionen angestiegen. Demzufolge lag Sobernheim etwas unter dem Reichsdurchschnitt.

Bezogen auf das ganze Reich war die Mittel- und Oberklasse überrepräsentiert, während die Unterklasse unterrepräsentiert war.[5] Auch in Sobernheim lassen überzeugende Belege darauf schließen, daß die Mittelklasse in der Partei überrepräsentiert war: Nach der Volkszählung von 1933 gehörten 54 % der Bevölkerung der Arbeiterklasse, 42,6 % der Mittelklasse, und nur 2,7 % der Oberklasse an. Deutschland als ganzes und Sobernheim als Einzelfall hatten einen deutlich größeren Anteil von Angehörigen der Arbeiterklasse verglichen mit der kleineren Mittelklasse und der noch kleineren Oberklasse. Die Mehrzahl der Parteimitglieder im Reich und in Sobernheim waren Männer.

Sarah A. Gordon und andere haben erwähnt, daß es in der Bevölkerung sehr unterschiedliche Gründe für den Eintritt in die Partei gab. Nebenbei muß bemerkt werden, daß das Regime in seinen Anfängen die Partei in erster Linie als eine elitäre Organisation und nicht als Massenbewegung ansah. Dementsprechend wurde die Mitgliedschaft 1933 geöffnet und dann bis 1937 geschlossen; zu diesem Zeitpunkt hatte man das Gefühl, daß eine größere Mitgliederzahl wünschenswert sei. Im übrigen war es denjenigen, die unbedingt in die Partei wollten, durch einflußreiche Freunde jederzeit möglich.

Es ist sehr wahrscheinlich, daß die meisten der frühen Parteigänger von der Hoffnung auf Arbeitsplätze und auf bessere wirtschaftliche und soziale Verhältnisse angezogen wurden. Für sie und auch für spätere Mitglieder mag der antisemitische Teil des Parteiprogramms von geringerer Bedeutung gewesen sein. Mein Eindruck von den Parteimitgliedern in Sobernheim ist, daß die meisten von ihnen der Partei aus anderen Gründen als aus Judenhaß beigetreten sind. Gordon weist in ihrer Auseinandersetzung mit Merkl auf den „geringen Antisemitismus unter Dorfbewohnern oder Einwohnern von kleinen oder mittelgroßen Städten" hin. Sie bemerkt, daß „der geringe Prozentsatz von Antisemiten in ländlichen oder mittelgroßen Bezirken... zeigt, daß sie der Nazi-Partei aus vorwiegend anderen Gründen" beitraten.[6] Hinsichtlich der Vorurteile kommt Gordon zu dem Ergebnis, daß nach Merkl unter den frühen Nazis fast 13 % überzeugte Fanatiker und weitere 39 % gemäßigte Antisemiten waren. Ungefähr die Hälfte der Bevölkerung war antisemitisch.[7] Obwohl die während meiner Interviews gesammelten Daten eine Bestimmung des Ausmaßes von Antisemitismus nicht zulassen, habe ich den Eindruck, daß ziemlich genau ein Drittel der Bevölkerung von Sobernheim Antisemiten waren. Häufig erwähnten die Sobernheimer das enge Zusammenleben in ihrer Gemeinde und betonten, daß Angehörige beider Gruppen (Christen und Juden) im Alltag ständig miteinander zu tun hatten (siehe Kapitel 3 und 6). Auch von mir befragte Juden bemerkten, daß es 'vor Hitler' unproblematisch gewesen sei, unter nichtjüdischen Deutschen zu leben; nur gelegentlich hätten antisemitische Vorfälle das ansonsten angenehme Leben gestört. Später jedoch sollte der Ungeist des Nazismus die Beziehungen zwischen ihnen für beide Gruppen verändern.

Andere Aspekte des Nazismus

Andere NS-Organisationen in der Stadt waren die Hitlerjugend und die Nationalsozialistische Frauenschaft. Die Hitlerjugend rekrutierte Jungen im Alter von 10 Jahren aufwärts; sie trugen besondere Uniformen und paradierten bei Aufmärschen und Kundgebungen; sie wurden in Hitlerismus und Nazi-Ideologie unterrichtet und politischer Gehirnwäsche unterzogen. Einige ihrer Aktivitäten dienten der Erholung; sie veranstalteten Picknicks, Ausflüge und Feiern unter Aufsicht. Die meisten männlichen Schulkinder waren Angehörige der Hitlerjugend, obwohl die Mitgliedschaft bis 1939 nicht Pflicht war. Ihre Unternehmungen wurden von erwachsenen Parteimitgliedern überwacht. Sie wurden gelehrt, sich selbst als besser und allen überlegen anzusehen – sie sollten die Zukunft des Landes sein, und Hitler selbst, sagt man, habe auf sie als die Bewahrer seiner großen Idee vertraut. Ein jetzt in den Fünfzigern stehender Mann beschrieb mir seine Zeit in der Hitlerjugend: „Für die meisten von uns bedeutete es nur Spaß. Wir fühlten uns wie bessere Pfadfinder, wir hatten eine Menge Feiern und machten Ausflüge; manchmal hatten wir auch Unterricht, aber viele von uns waren nicht daran interessiert. Als Kinder hatten wir Spaß in einer solchen Organisation. Besonderes Vergnügen machten uns die Märsche, wenn wir in unseren Uniformen singend und von einer Blaskapelle begleitet durch die Stadt und über den Fluß marschierten. Ich war damals elf Jahre alt, und es machte mir Spaß." Frau von Erden erinnerte sich, daß sie mit ihrem Sohn auf dem Weg zum Sonntagsgottesdienst von einem Nachbarn angehalten und ermahnt worden war, daß für diesen Morgen ein Hitlerjugend-Treffen angesetzt worden sei und daß sie ihren Sohn Erich besser dort hinschicken solle. Ihr Mann habe darauf geantwortet: „Es gibt Dinge, die sie uns nicht befehlen können, unsere Kirche ist wichtiger, und Erich geht mit uns." Beim nächsten Treffen erhielt Erich einen Verweis, weil er gefehlt hatte.

Während man die Jungen in der Hitlerjugend zusammenfaßte, waren die jungen Mädchen im „Bund Deutscher Mädchen" (BDM) organisiert; sie nahmen teilweise an denselben Aktivitäten teil wie ihre Brüder. Als Mädchen wurden sie jedoch über die Freuden der Mutterschaft und die Fortpflanzung der überlegenen arischen Rasse aufgeklärt. Ein von Himmler unter der Schirmherrschaft der SS eingesetztes Programm hieß „Lebensborn." Dieses Programm sah die Auslese einer 'rein arischen' Fortpflanzung vor: Deutsche Mädchen im gebärfähigen Alter wurden aufgefordert, sich freiwillig von ausgesuchten arischen Männern schwängern zu lassen. In Sobernheim wurde dieses Programm den Mädchen im Alter zwischen siebzehn und neunzehn Jahren erklärt; sie wurden eindringlich gebeten, an diesem Programm teilzunehmen und zu diesem Zweck in ein nahegelegenes Zentrum zu reisen. Allem Anschein nach war dieses reichsweite Programm ein Fehlschlag. Nach Angaben von Frau Bilke wurden sie und ihre Freundinnen anläßlich eines Treffens des BDM ermutigt, an diesem Programm teilzunehmen. Man bot ihnen finanzielle Hilfen, Geschenke, Vergütung aller medizinischen Auslagen sowie eine Unterstützung für die Aufzucht und Erziehung der Kinder an. Frau Bilke lachte, als sie mir diese Geschichte erzählte: „Wir haben sie damals ausgelacht – was für eine verrückte Idee! Die meisten von uns waren sowieso dunkelhaarig, wir hätten wahrscheinlich nicht einmal blonde, blauäugige Kinder bekommen können."

Die Nazi-Ideologie wurde in den Schulen gelehrt und viele, wenn nicht alle Lehrer waren Nazis. (Die Verunglimpfung der jüdischen Kinder in der Schule schildere ich in Kapitel 3.) Der Unterricht in Nazismus war obligatorisch und wurde ein Pflichtfach wie Geschichte und Erdkunde. Die Propaganda des Regimes erreichte auch – wenn auch langsamer – eine kleine, geographisch von den Machtzentren entfernt gelegene Gemeinde wie Sobernheim. Hitlers Reden wurden regelmäßig in der Lokalzeitung veröffentlicht und bei Zusammenkünften verlesen. Außerdem wurden auf dem Marktplatz Lautsprecher installiert, wann immer eine wichtige Rede vom Rundfunk übertragen wurde, weil damals nur wenige ein Radio besaßen. Flugschriften, Broschüren und andere NS-Literatur wurden in den Versammlungen regelmäßig verteilt. Es scheint jedoch, daß trotz Propaganda nur wenige Menschen über alle Aspekte der NS-Ideologie Bescheid wußten. Von der besonderen Bedeutung der arischen Rasse hatte man nur vage Vorstellungen, jedoch gab es auch einige Leute, die behaupteten, die Rassenideologie ernst zu nehmen. Eine alte grauhaarige Dame sagte, als sie mir ein Foto von sich im Alter von zweiundzwanzig Jahren zeigte: „Sehen Sie sich mein Haar an, als ich jung war... beinahe schwarz... wir Sobernheimer waren keine Arier, die meisten von uns hatten dunkle Haare und dunkle Augen." Zweifellos bedeutete die arische Rassenlehre für einige Sobernheimer nicht allzuviel.

Wie sich aus allen Berichten ergibt, waren die Nazis, die den Krieg überstanden hatten, in den Sobernheimer Raum zurückgekommen, und manche erhielten nicht nur ihren alten Arbeitsplatz zurück, sondern wurden aufgrund ihrer Verdienste im Krieg sogar noch befördert.[8] Lehrer und andere Personen des öffentlichen Dienstes mußten sich einem Entnazifizierungsverfahren unterziehen, bevor sie ihre früheren Positionen wieder einnehmen durften. Einer der Hauptnazis in der Stadt, der stellvertretende Ortsgruppenleiter, war ein recht bekannter Lehrer. Nach dem Krieg wurde er wie manche andere zur Umschulung in eine nahegelegene Stadt geschickt und dann einem Test unterzogen, um festzustellen, wie ein alter Mann formulierte, „ob einer wieder menschlich war." Viele bestanden den Test, auch dieser Lehrer, der seinen Arbeitsplatz zurückbekam und dann eine neue Generation Schüler unterrichtete. Ein anderer Nazi, der eine untergeordnete Verwaltungsstelle im Katasteramt innegehabt hatte, wurde mit der Oberaufsicht für den gesamten Raum, einschließlich mehrerer Städte und Dörfer, beauftragt. Manche Leute behaupteten, daß diese Beamten im Entnazifizierungsverfahren nur deshalb so gut wegkamen, weil sie die Prüfer bestachen. Auf meine Frage, warum solche Leute diese wichtigen Positionen zurückerhielten und sogar noch befördert wurden, war ein Schulterzucken die Antwort. Eine der von mir befragten Personen glaubte, daß die Regierung, der öffentliche Dienst und der Lehrberuf zur Wiederherstellung der Ordnung im Staat unentbehrlich gewesen seien, und daß es keine unbelasteten und erfahrenen Leute gab, die die Verantwortung hätten übernehmen können. „Es mußte weitergehen. Wer sonst hätte diese Aufgaben übernehmen können? Ich vielleicht? Ich war nur ein Chauffeur gewesen (noch dazu bei einem jüdischen Arbeitgeber), ich konnte keinen Unterricht geben." Frau Kurz, die Frau eines Ladenbesitzers, kommentierte ähnlich: „Sie alle kamen nach dem Krieg wieder in ihre alten Positionen; wir wußten, wer sie waren, doch das Leben mußte weitergehen. Wir haben nicht weiter gefragt, wer noch immer Nazi war und wer nicht mehr." Es ist oft darauf hingewiesen worden, daß viele hohe Positionen in Verwaltung, Justiz, Wirtschaft und Politik im Nachkriegs-Deutschland mit ehemaligen Nazis und SS-Angehörigen besetzt waren. Auch im kleinen Sobernheimer Raum , einem Mikrokosmos der Gesamtgesellschaft, übernahmen frühere Nazis wichtige Positionen. Kurt Dhonau, der führende Nazi Sobernheims, starb kurz nach Kriegsende eines natürlichen Todes.

Die interessante Frage, die sich aus dem Wachsen des Nazismus in Sobernheim und ähnlichen Städten erhebt, ist, warum der Nazismus in einer Gemeinde, in der die ethnischen Beziehungen zwischen Juden und Nichtjuden ziemlich harmonisch und auf Anpassung ausgerichtet waren, so schnell Fuß fassen konnte. Die meisten Befragten aus beiden Gruppen schrieben dies der Tatsache zu, daß der Nazismus bei der

Jugend, den Arbeitslosen und bei denen, die „sowieso nichts taugten", Anklang fand. Wie jede Stadt hatte Sobernheim infolge der Wirtschaftskrise in den späten zwanziger und frühen dreißiger Jahren seinen Anteil an enttäuschten Jugendlichen. Hitler versprach eine wieder aufblühende Wirtschaft und Arbeit für alle. Zwar konnte ich keine Arbeitslosenzahlen während der späten zwanziger und frühen dreißiger Jahre für Sobernheim ermitteln, aber die von mir befragten Personen erinnerten die Arbeitslosigkeit als weit verbreitet. Die Arbeitslosen (*Lumpen* und *Rowdies*) fühlten sich einfach wegen seiner Beschäftigungsangebote zum Nazismus hingezogen. William S. Allen erwähnt, daß in Thalberg viele junge Männer keine Arbeit hatten und daß die Mitgliedschaft in der SA ihnen etwas zu tun gab.[9] Die Tatsache, daß der Nazismus von Anfang an und dann zunehmend gegen die Juden gerichtet war, dürfte wenig bedeutsam gewesen sein für diejenigen, die ihn aus wirtschaftlichen und sozialen Statusgründen willkommen hießen. Die Eile, mit der Beamte und Angestellte des öffentlichen Dienstes in die Partei eintraten, mag sich daraus erklären, daß viele fürchteten, ihre Positionen zu verlieren, auch als Parteizugehörigkeit noch nicht Pflicht war. Die Nazis arbeiteten mit Drohungen und Einschüchterungen bei der Werbung neuer Parteimitglieder. Herr Glockner erinnert sich, wie es der Freiwilligen Feuerwehr in Sobernheim erging:

> Die Feuerwehr bestand aus männlichen Freiwilligen, die sonst anderen Beschäftigungen nachgingen. Es waren keine bezahlten Positionen, doch bedeuteten sie ein gewisses Maß an Prestige, und die Feuerwehrleute betrachteten sich als besonders verantwortungsbewußte und rechtschaffene Bürger. Eines Nachts wurden alle Angehörigen der Feuerwehr zusammengerufen: wir glaubten, daß wir etwas über ein neues Gerät erfahren sollten. Dhonau und Brinkmann (der Ortsgruppenleiter und sein Stellvertreter) waren da; sie sagten uns, daß „von nun an niemand mehr in der Feuerwehr dienen könne, ohne Parteimitglied zu sein." Da ich es ablehnte, in die Partei einzutreten, ging ich niemals wieder zu einem Treffen der Feuerwehr.

Selbständige, die der SS beitraten, wollten wahrscheinlich ein höheres Prestige in der Gemeinde erreichen. Sie waren vermutlich auch von der Ideologie und dem Geist des Nazismus erfüllt und sahen darin eine Chance, Ruhm und Ehre der deutschen Vergangenheit wiederzubeleben. So wurde z. B. der Tierarzt als ein Mann beschrieben, der immer die deutsche Vergangenheit romantisiert hatte; es hieß, er sei immer außerordentlich nationalistisch gewesen und habe Bismarck idealisiert. Vielleicht sah er in Hitler eine Wiederverkörperung seines Helden. Dann wiederum gab es in Sobernheim wie auch anderswo Leute, die schon immer die Juden gehaßt hatten. Für sie war die Anziehungskraft des Nazismus noch größer, weil die Partei nicht nur überschwengliche wirtschaftliche und soziale Reformversprechen machte, sondern auch den Ausschluß und schließlich die Entfernung der verhaßten Juden aus dem arischen Deutschland legalisierte.

Ich habe bereits früher einige Untersuchungen zitiert, die zeigen, daß die Mehrzahl der Deutschen überwiegend aus anderen Gründen als aus Antisemitismus in die Nazi-Partei eintraten. Allens wissenschaftliche Studie über Thalberg, eine ebenfalls kleine Gemeinde, wurde zitiert, weil sie im wesentlichen zu denselben Schlußfolgerungen kommt. Allen schreibt: „Die Thalberger wurden Antisemiten, weil sie sich dem Nazismus verschrieben hatten und nicht umgekehrt. Viele, die die Nazis wählten, ignorierten oder rationalisierten einfach den Antisemitismus der Partei, wie sie auch andere unangenehme Erscheinungen der Nazibewegung ignorierten." In Thalberg gab es 120 Juden bei einer Gesamtbevölkerung von 10.000 Einwohnern (1930), eine „soziale Benachteiligung der Juden gab es praktisch nicht. Juden waren entsprechend ihrem gesellschaftlichen Status integriert... jedoch war ein abstrakter Antisemitismus in Form von Witzen oder Äußerungen allgemeiner Abneigung weit verbreitet. Wenn Antisemitismus bei den Einwohnern der Stadt Anklang fand, so nur in höchst abstrakter Form als eine vage Theorie, und nicht bezogen auf die täglichen Begegnungen mit den Juden in Thalberg.[10] Wie später noch gezeigt werden wird, gab es in Sobernheim einen stärker sozial verankerten Antisemitismus, als Allen dies bezogen auf Thalberg schildert. Dennoch trifft seine allgemeine Schlußfolgerung zu. Im großen und ganzen fühlte sich die Mehrzahl der Mitglieder der Nazi-Partei, wenn auch wahrscheinlich nicht der harte Kern der SA- und SS-Leute, aus anderen Gründen vom Nazismus angezogen. Allens Gründe stimmen mit meinen Feststellungen überein und umfassen die Wirtschaftskrise, die im Parteiprogramm angekündigte Wiederankurbelung der Wirtschaft, die Betonung der Klassengegensätze, das Wiedererstarken des Nationalismus und die sehr aktive Propaganda der Partei. „Kurz gesagt, die NSDAP (die Partei) hatte Erfolg, weil sie alles für alle bot."[11]

Die Wahlstärke der Nazis in Sobernheim

Ich habe den Anteil der Parteimitglieder in Sobernheim Mitte bis Ende der dreißiger Jahre auf etwa 15% der Einwohner geschätzt. Dieser Prozentsatz umfaßt etwa 100 Personen oder 2%, die zum harten Kern gehörten; die meisten davon waren entweder SA- oder SS-Angehörige. Zum harten Kern zählten Leute wie Dhonau, die sich voll und ganz der Ideologie des Nazismus verschrieben hatten. Andere, wie z. B. Beamte, fürchteten entweder um ihre Positionen oder erkannten in der Mitgliedschaft persönliche Vorteile wie die Aussicht auf Beförderung oder eine größere Sicherheit des Arbeitsplatzes. Wieder andere wurden vom Antisemitismus des Nazismus angezogen. Übrig bleiben 85 % der Bevölkerung, von denen viele noch heute behaupten, wenig, wenn überhaupt, mit dem Nazismus zu tun gehabt zu haben. Ein Maß ihrer Einstellungen zum Nazismus ergibt sich aus den Wahlergebnissen. Wie viele Sobernheimer haben bei der letzten Reichstagswahl im März 1933 oder bei denen vor 1933 für die Partei gestimmt? Wie fällt ein Vergleich des Wahlverhaltens der Sobernheimer mit den nationalen Ergebnissen aus, wie der Vergleich mit anderen Kleinstädten?

Bei der Wahl vom 6. November 1932 erhielt die Partei 33,1 % aller Stimmen; dies reichte Hitler, um als Vertreter der stärksten Partei am 30. Januar 1933 vom Reichspräsidenten Hindenburg zum Kanzler ernannt und mit der Bildung einer neuen Regierung beauftragt zu werden. In der darauffolgenden Wahl vom 5. März 1933 vergrößerte die Partei ihren Anteil auf 43,9 %, hatte damit jedoch immer noch nicht die absolute Mehrheit. Richard Hamiltons 1982 erschienenes Buch „Who voted for Hitler?" (Wer wählte Hitler?) wirft neues Licht auf diese und andere Ergebnisse.[12] Hamilton führt aus, daß in den Ballungsgebieten die Hauptanziehungskraft der Partei für die von der launenhaften Weimarer Republik Enttäuschten darin bestand, daß sie der Furcht vor dem Kommunismus entgegenwirkte, insbesondere, nachdem die kommunistische Partei in den großen Städten beträchtliche Zugewinne verzeichnen konnte. Die Hauptanziehungskraft der Partei in den ländlichen Gebieten lag in den versprochenen Verbesserungen: „Die Nationalsozialisten sprachen das Schlüsselwort 'Schuldenerlaß', als niemand anders davon sprach. Als die Wirtschaftskrise zunahm, drifteten die Parteien der örtlichen Honoratioren nach rechts und lehnten jeden Schuldenerlaß ab. Zum ersten Mal gab es nun eine glaubhafte Alternative, welche die ländlichen Wähler wirksam ansprach."[13] Hamiltons Zahlen zeigen, daß die Nazis im protestantischen ländlichen Raum in hohem Maße von den

Tabelle 1:

Ergebnisse ausgewählter Reichstagswahlen 1924 bis 1933

(Alle Angaben in Prozent der Wahlberechtigten)

	Mai 1924		Dezember 1924		Mai 1928		September 1930		März 1933	
	Sobernheim	Reich	Sobernheim	Reich	Sobernheim	Reich	Sobernheim	Reich	Sobernheim	Reich
SPD	20,8	20,5	20,0	26,0	28,5	29,8	20,8	24,5	17,4	18,3
KPD	3,7	12,6	3,6	9,0	2,2	10,6	13,1	13,1	5,6	12,3
Zentrum	23,0	13,4	24,3	13,6	18,8	12,1	20,8	11,8	18,8	11,3
DDP	12,2	5,7	15,0	6,3	7,3	4,9	–	3,8	–	0,8
DVP	30,0	9,2	29,0	10,1	22,0	8,7	7,3	4,5	8,0	1,1
DNVP	4,9	19,5	6,8	20,5	3,4	14,2	2,0	7,0	–	8,0
Andere	2,1	12,6	1,0	11,5	15,2	17,1	25,2*	17,0	6,6	4,3
NSDAP	–	6,5	–	3,0	1,4	2,6	7,1	18,3	42,0	43,9
Gesamt	98,8**	100,0	99,7	100,0	98,8	100,0	100,0	100,0	98,4	100,0
Wahlbeteiligung	75,9	77,4	67,5	78,8	69,6	75,5	81,5	82,0	89,1	88,7

* Viele Splitterparteien
** Durch Rundungsfehler unter 100.
Quelle: Daten in Sobernheim: Statistik des Deutschen Reiches, Band 451. Allgemeine Zahlen, Hamilton S. 476.

Wählern unterstützt wurden und in einigen Landbezirken weit über 70 % der Stimmen erreichten. In den Großstädten bewegte sich die Unterstützung der Partei (1932) zwischen lediglich 20 % (in Dortmund) und 46 %. Hamilton schätzt, daß „etwa 20 bis 25 % der Gesamtbevölkerung im vorherrschend protestantischen Raum lebten. Nicht alle diese Leute... waren Bauern. Viele der in Handel und Handwerk tätigen Bewohner von Dörfern und kleinen Städten waren allerdings unmittelbar von der Landwirtschaft abhängig. Die NSDAP... hatte ihren größten Wahlerfolg in dieser Umgebung."[14]

Sobernheim war vorwiegend protestantisch (64 % Protestanten und 32 % Katholiken), jedoch war es weniger von der Landwirtschaft abhängig als andere ländliche Gegenden, da fast die Hälfte (oder 46 %) seiner arbeitenden Bevölkerung in der Industrie- und Lohnarbeit, im Vergleich zu nur 9 % in der Landwirtschaft, beschäftigt war. Weniger Abhängigkeit von der Landwirtschaft wie auch eine beträchtliche katholische Einwohnerzahl (ein Drittel der Gesamtbevölkerung) mögen Faktoren gewesen sein, die die Wahlergebnisse in Sobernheim beeinflußt haben.

Tabelle 1 (Seite 66) zeigt die Wahlergebnisse in Sobernheim zwischen Mai 1924 und März 1933 im Vergleich zu den reichsweiten Ergebnissen. Diese Zahlen lassen erkennen, daß es immer eine beachtliche Unterstützung für jene Parteien gab, die entweder zur Mitte oder leicht links orientiert waren; dies ergibt sich aus den Wahlergebnissen der Sozialdemokratischen Partei (SPD) in Sobernheim wie auch reichsweit. Das Zentrum, die katholische Partei der Mitte, erhielt ebenfalls regelmäßig ein Fünftel der Stimmen (etwas weniger als der tatsächliche Anteil der Katholiken in der Bevölkerung). Die Unterstützung des Zentrums in Sobernheim lag immer wesentlich höher als dessen zahlenmäßiger Anteil an der Gesamtwählerschaft. Der kommunistische Anteil lag in Sobernheim immer unter dem nationalen Durchschnitt, mit Ausnahme der Reichstagswahl vom September 1930, als er identisch war. Die Deutsche Demokratische Partei (DDP), eine liberale Partei der Mitte, begann mit einiger Unterstützung in Sobernheim, erhielt jedoch ab 1930 keine Stimmen mehr. Eine rechtsstehende konservative Partei, die Deutschnationale Volkspartei (DNVP) – die auch eine antisemitische Splittergruppe enthielt – fuhr in Sobernheim wesentlich weniger gut als im übrigen Deutschland und erhielt 1933 überhaupt keine Stimmen mehr. Dies ist wahrscheinlich darauf zurückzuführen, daß zu diesem Zeitpunkt frühere Wähler der rechtsgerichteten DNVP bereits für die Nazis stimmten.

Tabelle 2:

Wähler-Bewegungen nach Reichstagswahl-Ergebnissen 1924 bis 1930
(Alle Angaben in Prozent der Wahlberechtigten)

	Sobernheim Mitte / Links	Reich	Sobernheim Rechts	Reich	Differenz Links-Rechts
Mai 1924	59,7 (SPD, KPD, Zentrum, DDP)	52,2	37,0 (DVP, DNVP, andere)	47,0	22,7
Dezember 1924	62,9	55,0	36,8	45,1	26,0
Mai 1928	56,8	57,4	42,0 (einschließlich kleiner Splitterparteien)	42,6	14,8
September 1930	54,7	53,2	41,6	46,8	13,1
1933	43,2 (SPD, KPD, DDP, Zentrum)	42,7	55,2 (DVP, NSDAP)	57,3	Rechts-Links 2,1

68

Eine andere Untersuchungsmethode besteht darin, diese Daten nach rechten und mitte-links stehenden Parteien aufzuteilen. Diese Methode birgt jedoch ihre Gefahren, da die meisten der Parteien in der Weimarer Republik in verschiedene Gruppen und Splittergruppen aufgegliedert waren. Ihre Einstellungen und Abgrenzungen wechselten mit den politischen Gezeiten und mit der Notwendigkeit, politische Koalitionen bilden zu müssen.[15] Als grober Indikator liefert diese Untersuchung jedoch – wie Tabelle 2 (Seite 68) zeigt – einige interessante Ergebnisse:

So stimmten von 1924 bis 1930 mehr Wähler in Sobernheim für mitte-links als für am rechten Rand des politischen Spektrums stehende Parteien. Nach Erreichen des Höhepunkts im Dezember 1924 nahmen die Unterschiede ab. 1930 trennten die Rechten nur noch 13% von den Linken, und 1933 ging der Trend in genau die entgegengesetzte Richtung, und es gab mehr Rechts- als Mitte-Links-Wähler. Es ist erwähnenswert, daß die Sobernheimer in den früheren Jahren mehr mitte-links wählten als die Gesamtheit der Wähler in Deutschland, jedoch waren von Mai 1928 bis 1933 die linken Stimmen im wesentlichen mit denen im ganzen Land vergleichbar. Bezogen auf die Gesamtzahlen stimmten weniger Sobernheimer in den frühen Jahren für die Rechten als reichsweit an rechten Stimmen gezählt wurde. Diese Differenz wird auch in der letzten Wahl vom März 1933 deutlich, bei der es in Sobernheim weniger Stimmen für die Rechten als im gesamten Reich gab, die Zahl der NSDAP-Wähler jedoch mit der im ganzen Land übereinstimmte.

Diese Trends zeigen, daß es eine deutliche Mitte-Links-Tradition in Sobernheim gab. Der Nazi-Partei gelangen hier keine wesentlichen Einbrüche in diese Tradition, da sogar noch 1933 deutlich weniger als die Hälfte der Wähler für sie stimmte. Dies ist insofern besonders bemerkenswert, als in vielen Kleinstädten und Landgemeinden mehr als 50 % der Wahlberechtigten für die Nazi-Partei stimmten, in einigen Gegenden sogar zwischen 80 und 100 %. Für Thalberg beispielsweise notiert Allen 1933 nur 27,5 % Mitte-Links-Wähler (im Vergleich zu 43,2 % in Sobernheim).[16] Ebenso erreichte die NSDAP in Thalberg in den Jahren 1930 bis 1933 28,2 % bzw. 62,7 %. Für dieselben Jahre zeigen die Zahlen von 7 % und 42 % in Sobernheim eine erheblich geringere Unterstützung für die Nazi-Partei. (Thalberg hatte weniger Katholiken, und die Nazi-Partei und ihre Organisationen waren dort außerordentlich aktiv). Aber wie bereits erwähnt, waren die Kombinationen von weniger Katholiken (ein Drittel der Bevölkerung), mehr Unabhängigkeit von der Landwirtschaft und traditioneller Wahl der Mitte-Links-Parteien in früheren Jahren einige der Faktoren, auf die diese Resultate zurückzuführen sind. Da Angaben über Wahlmotive nicht vorliegen, können wir angesichts dieser Faktoren auch vermuten, daß diejenigen, die sich in den dreißiger Jahren der Rechten und besonders der Nazi-Partei zuwandten, dies aus anderen Motiven als aus Antisemitismus taten.

Auf der anderen Seite muß aber auch hervorgehoben werden, daß, *obwohl weniger Sobernheimer als andere Bewohner ländlicher Gebiete für den Nazismus stimmten,* ihn immer noch sehr beachtliche 42 % der Wahlberechtigten wählten und daß diese Zahl nur wenig unter dem reichsweiten Ergebnis von 44 % (1933) liegt. Hamilton weist darauf hin, daß es nach 1930 „eine Strömung zur radikalen Rechten..." gab.[17] Diese Strömung spiegelt sich auch im Verhalten der Sobernheimer Wähler wider, als im Jahre 1933 insgesamt 55,2% für rechtsstehende Parteien stimmten.

Tragen diese Wahlanalysen zu unserem Verständnis für die Entwicklungen des Nazismus in Sobernheim bei? In erster Linie bestätigen sie die hier präsentierte eindrucksvolle Rekonstruktion der Nazizeit durch die noch lebenden Zeitzeugen. Juden wie Nichtjuden waren gleichermaßen der Meinung, daß es während der Nazizeit wahrscheinlich nicht mehr als 600 Parteimitglieder in Sobernheim gegeben hat. Diese Zahl entspricht 15 % der Gesamtbevölkerung von 4.000. Die Wahlergebnisse zeigen, daß weitere 500 wahlberechtigte Sobernheimer 1933 ihre Stimme für die Nazi-Partei abgaben, da die Auszählung genau 1.100 Stimmen erbrachte. Man kann daraus den Schluß ziehen, daß Sobernheim keine lebenswichtige Hochburg des Nazismus war. Diese Ergebnisse verleihen den Angaben der befragten Nichtjuden mehr Glaubwürdigkeit, die behaupten, wenig, wenn überhaupt etwas, mit dem Nazismus zu tun gehabt zu haben. Tatsächlich haben nicht einmal 58 % für seine Kandidaten gestimmt.

Zahlen allein verringern jedoch nicht die Angst und den Terror, mit denen die Juden zu kämpfen hatten, wie dies in Kapitel 3 geschildert wird. Eine Frau bestätigte die geringen Zahlen, fügte jedoch hinzu: „Es waren wirklich nicht so viele, aber diese hundert waren schrecklich." Es sollte auch hier erwähnt werden (worauf ich in den folgenden Kapiteln noch ausführlicher eingehen werde), daß SA und SS auch in Sobernheim oft von Einwohnern benachbarter Gemeinden verstärkt wurden. Verstärkungen wurden besonders für öffentliche Ereignisse wie Paraden und Kundgebungen herangeschafft, so daß diese Gruppen zahlenmäßig größer erschienen als sie tatsächlich in einer der Gemeinden waren.

In den Kapiteln 3 und 4 werden die Einwohner von Sobernheim in zwei kleine Gruppen eingeteilt, die die entgegengesetzten Extreme der Gesamtheit bilden. Auf der einen Seite gibt es etwa 100 unverbesserliche Nazis, auf der anderen eine gleiche Anzahl von Leuten, die den Juden halfen; der Rest bildete eine passive Mehrheit. Wer wählte die Nazis in Sobernheim? Ganz offenbar die Parteimitglieder und etwa weitere 500 Sobernheimer, die zur passiven Mehrheit gehörten. Übrig bleiben etwa 1.500 Wahlberechtigte. Etwa hundert von ihnen halfen nicht nur den Juden sondern stimmten wahrscheinlich auch nicht für die Nazi-Partei. So bleiben etwa 1.400 Personen übrig, Angehörige der passiven Mehrheit, deren einzige bemerkenswerte Handlung darin bestand, nicht für die Nazi-Partei gestimmt zu haben.

Heute lachen die Leute, wenn sie von den Erscheinungen des Nazismus berichten und sie behaupten, sich auch damals darüber amüsiert zu haben. Es ist sehr gut möglich, daß sie sich nur im Rückblick lachend daran erinnern, in der Hitlerjugend Spaß gehabt zu haben oder mit schwarzen statt mit blonden Haaren geboren worden zu sein. Die Begleiterscheinungen des Nazismus jetzt als lächerlich anzusehen, resultiert aus der Einsicht von vierzig und mehr Jahren, damals jedoch fielen die Botschaften der Nazis auf fruchtbaren Boden; und vielleicht hat sich dieselbe Frau, die heute darüber lachen kann, daß sie schwarzes Haar hatte, zur Nazizeit gewünscht, mehr dem Bild des „Ariers" zu entsprechen. Heute schildern mir Nichtjuden die entsetzliche Angst, unter der sie und ihre Nachbarn lebten. Sie fürchteten sich vor SA und SS, deren Spitzel überall gewesen seien und deren Hauptaufgabe darin bestanden habe, andersdenkende Deutsche aufzuspüren. Diese Dissidenten seien oft wegen der geringsten Vergehen abgeholt und in Haft gehalten worden. Wenn einer der von mir Befragten sagte: „Wir waren alle unter einem Netz gefangen", so meinte er dies wortwörtlich; einigen, wenn überhaupt, war es möglich zu entkommen. Die Juden lebten jedoch unter weit gefährlicheren Umständen. Lediglich ihre Türen gegen eindringende Nazis zu verriegeln oder während der öffentlichen Lobpreisungen des Regimes zu schweigen, würde sie nicht vor Terror und Tod in den Lagern gerettet haben oder vor der erzwungenen Ausreise aus einem Land, das sie über Jahrhunderte hindurch als das ihre betrachtet hatten. Es mag wohl Deutsche gegeben haben, die im geheimen über die Idiotien der arischen Rassenideologie und andere Erscheinungen des Nazismus gelacht haben, sie wußten jedoch, daß sie sicher waren, so lange sie das Regime oder seine Organisationen nicht herausforderten. Die Juden hatten jedoch keine Wahl.

Sobernheimer Jugendliche – Juden und Nichtjuden – auf einem Sonntagsausflug, 1918

3. Beziehungen zwischen Juden und Nichtjuden vor 1933

Ein Rückblick auf die Geschichte von Sobernheim zeigt, daß während vieler Jahrhunderte Juden dort gelebt haben. Obwohl diese Gruppe nie sehr groß war, konnte man ihre Präsenz in der Gemeinde doch aufgrund ihres wirtschaftlichen Einflusses spüren. In diesem Kapitel werde ich die Art der jüdisch/nicht-jüdischen* Beziehungen vor 1933 im einzelnen untersuchen, um zu zeigen, wie diese beiden ethnischen Gruppen in einem Zustand dauerhafter Übereinstimmung zusammen lebten.

Sobernheims verbliebene Juden und Deutsche geben übereinstimmend an, daß das Leben in Sobernheim vor den Nazis gut war. Die Gemeinde war relativ wohlhabend, und obwohl es in den zwanziger und frühen dreißiger Jahren Arbeitslosigkeit gab, funktionierte das gesellschaftliche und wirtschaftliche Leben im großen und ganzen reibungslos. Die Stadt zeichnete sich durch Freundlichkeit und Harmonie aus, und während es die für eine Kleinstadt üblichen Reibereien gab, verlief das Zusammenleben von Juden und Nichtjuden ohne Friktionen. Zwar klingen die heutigen Aussagen der Deutschen etwas gönnerhaft – ihre Einstellung ist, daß „unsere Juden gute Leute waren, sie machten uns niemals Schwierigkeiten" –, aber es gibt keine Anzeichen offener Feindseligkeit zwischen den beiden Gruppen zu dieser Zeit. Andererseits war die Beziehung niemals mehr als eine der Anpassung. Tatsächliche Assimilation – Gleichstellung – hat es niemals gegeben.

Der engste Umgang der beiden Gruppen miteinander fand am Arbeitsplatz oder im Geschäftsleben statt. Die Nichtjuden kauften regelmäßig in jüdischen Geschäften ein, deren Eigentümer auf diese Umsätze angewiesen waren, wenn sie im Geschäft bleiben wollten. Jüdische Familien waren recht bekannt, und wie in jeder Kleinstadt kauften die Kunden, hielten ein Schwätzchen und erkundigten sich auch häufig nach den Familien der Geschäftsinhaber: „Wie geht es den Kindern?", „Hat sich Ihre Schwiegermutter von der Krankheit erholt?" „Was macht Ihr Sohn in der Stadt?" In beiden Gemeinschaften wurden wichtige Ereignisse wie Geburten, Hochzeiten, Todesfälle und Schulabschlüsse bekanntgegeben. Klatsch war gleichermaßen rege, und Neuigkeiten über

---
* Zur hier verwendeten Getrenntschreibung dieser Identifizierung vgl. S. 208

die Aktivitäten anderer fanden schnelle Verbreitung. Da beide Gemeinden nach Klassen geschichtet waren (obwohl die meisten Juden der Mittelschicht angehörten), wurden Neuigkeiten und Aktivitäten innerhalb der gleichen Schicht schneller bekannt. Allerdings war die Stadt nicht so groß, daß nicht wichtige Ereignisse oder Krisen im Leben der einzelnen schnellstens in der ganzen Gemeinde bekannt geworden wären. Eine jüdische oder nichtjüdische Heirat war interessant, und die verwandtschaftlichen Verhältnisse von Braut und Bräutigam wurden lebhaft diskutiert: „Die junge Liesel heiratet den Georg Hahn; Sie wissen, seine Familie ist von Staudernheim. Er ist der Sohn vom alten Erich, dem Metzger, und seine Mutter kam von Frankfurt" usw. Solche Unterhaltungen fanden in beiden Gemeinschaften statt, gleichgültig, ob das Ereignis eine jüdische oder nicht-jüdische Familie betraf. Juden und Nichtjuden in Sobernheim lebten das typische Kleinstadtleben, und Ereignisse innerhalb oder zwischen beiden Gruppen wurden schnell öffentlich bekannt.

Zwei der fünf größten Arbeitgeber waren jüdische Firmen; eine der beiden in jüdischem Besitz befindlichen Firmen (eine Fabrik) beschäftigte allein Hunderte von nicht-jüdischen Arbeitern – 20 % aller erwachsenen Arbeitskräfte. Was Beschäftigung und die Versorgung mit Einzelhandelswaren angeht, war die nicht-jüdische Gemeinschaft in des Wortes wahrster Bedeutung von den Juden abhängig. Ebenso waren die Juden über Arbeitsplätze und Geschäfte auf die Nichtjuden angewiesen. Die Situation kann vielleicht am besten beschrieben werden als eine der gegenseitigen, harmonischen Abhängigkeit.

Frau Krammers Geschichte zeigt einen typischen Fall. Sie ist heute eine verwitwete Rentnerin in den Siebzigern. Ihre sehr bescheidene Rente wird ein wenig aufgebessert durch einen Getränkeverkauf, den sie in ihrem Haus betreibt; sie verkauft Bier, Wein und alkoholfreie Getränke mit einem kleinen Gewinn, gewöhnlich nach Ladenschluß. Ihr Mann war als kleiner Beamter die meiste Zeit seines Lebens bei der Eisenbahn tätig; beide kamen aus der Arbeiterklasse. Ihre Eltern hatten einen kleinen Bauernhof am Rande der Stadt, und da die Familie sehr fleißig arbeitete, waren sie finanziell einigermaßen abgesichert, und „zu Weihnachten gab es immer etwas besonderes für die Kinder". Ihre frühesten Erinnerungen an Juden waren, daß ihr Vater regelmäßig seine Produkte – hauptsächlich Gemüse, Hühner und Eier – an jüdische Zwischenhändler verkaufte, die sie dann an Einzelhändler in der Stadt weitergaben. Ihre Beziehungen waren immer gut: „Niemand hat uns je betrogen, und der Jude Mexheim (der Zwischenhändler) zahlte uns

> **Reichsbund
> jüd. Frontsoldaten.**
>
> Am Dienstag wurde unser Kamerad
>
> **Leopold Wolff**
>
> Kriegsteilnehmer 1914/18
>
> zur großen Armee abberufen. Wir werden ihm ein dauerndes Andenken bewahren.
>
> Die Beerdigung findet am Donnerstag nachmittag 3 Uhr statt. Wir bitten die Kameraden um möglichst zahlreiche Beteiligung.
>
> I. A.: **Der Vorsitzende.**

Todesanzeige für den Metzger Leopold Wolff im „Sobernheimer Intelligenzblatt" vom 5. Oktober 1933. Seine Frau Friederike gehörte zu den letzten Juden Sobernheims, die 1942 nach Theresienstadt deportiert wurden.

immer gute Preise." Nachdem sie als junges Mädchen die Schule abgeschlossen hatte, arbeitete sie vierzehn Jahre lang, bis zur Geburt ihres zweiten Kindes, als Strickerin in der Fabrik Marum. Im Jahre 1873 war ihre Großmutter die erste Strickerin in der Fabrik gewesen, und auch ihre Mutter und ihre zwei Tanten sowie ihr Bruder hatten dort gearbeitet. So war Frau Krammer die dritte Generation der Familie, die in der jüdischen Fabrik arbeitete. Sie erzählte mir, daß man gerne bei den Marums gearbeitet habe, weil sie gute Löhne zahlten; sie beschreibt sie auch als ganz besondere Leute, die sich immer um ihre Arbeiter kümmerten, und daß sie sich gegenseitig beim Vornamen gerufen hätten. Vor allem die Frau des Besitzers, Amelie Marum, war ganz besonders freundlich zu allen. Als Frau Krammer ihr erstes Kind bekam, schickte Frau Marum ihr zwei Wochen lang warme Mahlzeiten ins Haus und eine Putzfrau für drei Wochen. Frau Krammers Bruder erhielt ein Geldgeschenk und ein schönes Radio, als er nach vierzig Arbeitsjahren die Fabrik verließ und in Rente ging.

Frau Krammer erinnert sich, wie sie und ihre Mutter Textilien in Feibelmanns Laden kauften und wie Frau Feibelmann ihnen immer ein Stück Stoff extra gab; das erhielten alle guten Kunden. Die jüdischen Geschäfte „waren die besten in der Stadt, man konnte alles dort kaufen". Als junges Mädchen ging sie mit zwei Kindern der Familie Heymann zur Schule, mit denen sie auch recht gut befreundet war. Sie besuchten sich gelegentlich gegenseitig in ihren Wohnungen und spielten häufig nach der Schule zusammen. Heute spricht Frau Krammer liebevoll von „unseren Juden" und sagt, daß sie nie verstehen konnte, was Hitler gegen sie hatte. Sie taten so viel für die Gemeinde Sobernheim, sie waren sehr wohltätig und sorgten für Arbeitsplätze: „Fast jeder war über seinen Arbeitsplatz von ihnen abhängig". Trotzdem hatte Frau Krammer keine echten sozialen Bindungen zu jüdischen Familien. Wie ihre Geschichte zeigt, beschränkten sich ihre Bindungen – von Kindheitsbeziehungen abgesehen – auf ihren Arbeitsplatz und die Geschäfte. Der Hauptgrund war die Schranke zwischen der Arbeiterklasse und der Mehrzahl der Juden. Frau Krammer war und ist eine Angehörige der Arbeiterklasse, während die meisten Juden als die *besseren Leute* des Mittelstands angesehen wurden.

Herr Glockner ist ein weiteres Beispiel eines nichtjüdischen Angehörigen der Arbeiterklasse, der über seinen Arbeitsplatz enge Beziehungen zu mehreren jüdischen Familien, aber keine besonderen freundschaftlichen Verbindungen hatte. Nach seinem Schulabschluß wurde er im Kaufhaus Wolf als persönlicher Fahrer des Herrn Wolf angestellt. Die Wolfs besaßen eines der wenigen Autos, die man kurz nach dem Ersten Weltkrieg in Sobernheim sah. Herr Glockner wurde von seinem jüdischen Chef immer sehr rücksichtsvoll behandelt. Wann immer Glockner ihn chauffierte, ob es sich nur um eine kurze Strecke oder eine Ferienreise in die Schweiz oder nach Frankreich handelte, wurde er wie ein Familienmitglied behandelt. Er aß am selben Tisch wie die Familie Wolf (nur wenige Juden beachteten die orthodoxen Ernährungsvorschriften), und seine persönlichen Ausgaben wurden gedeckt. Auch er war mit jüdischen Jungen aufgewachsen und sagt heute, daß er niemals etwas gegen Juden gehabt habe: „Sie waren sehr anständige Leute, und es war sehr angenehm, für sie zu arbeiten." Um zu zeigen, wie viele Nichtjuden von jüdischen Arbeitgebern abhängig waren, benutzt er ein altes Sprichwort: „Man beißt nicht in die Hand, die einen ernährt." Noch heute nennt er den lange verstorbenen Herrn Wolf den „Chef" und betont die Gleichbehandlung durch die Familie, obwohl Herr Wolf „ein sehr reicher Mann" und „ich nur sein Fahrer" war. Auch bei besonderen Gelegenheiten diente Herr Glockner als Chauffeur; so wurde er oft privat von Juden engagiert, um sie zu Hochzeiten oder Bar Mizwahs in andere Städte zu fahren. Er betonte mehrmals, immer höflich behandelt und gut bezahlt worden zu sein. Auch sein älterer Bruder hatte über zwanzig Jahre als Gehilfe im Kaufhaus Wolf gearbeitet. Beide Brüder verließen ihren jüdischen Arbeitsplatz, als das Kaufhaus schließen mußte. Heute sagt Herr Glockner, daß das Beste, was nach dem Krieg geschah, die Wiedergutmachungszahlungen an einige Juden für ihre verlorenen Geschäfte und Besitztümer gewesen seien. „Es war eine Schande, für was sie verkaufen mußten. Schmidt, der neue Besitzer des Kaufhauses Wolf, hat es fast umsonst gekriegt. Nach dem Krieg mußte er jedoch den Marktwert des Kaufhauses an die Wolfs zahlen." Herr Glockner hatte einen gesunden Respekt vor den unternehmerischen Talenten der Juden und glaubt, daß die Juden immer außerordentlich hart gearbeitet haben.

Obwohl sich die meisten Kontakte auf Geschäfts- und Arbeitsstunden beschränkten, gab es auf zwei Ebenen enge Freundschaften. Zum einen entwickelten sich enge Freundschaften in der Schule, das heißt in der Volksschule und in der höheren Schule. Die Stadt hatte nur eine öffentliche weiterführende Schule, die automatisch von allen Kindern besucht wurde. Freundschaften entstanden besonders leicht in denselben Altersstufen, so daß es manchmal nur ein einziges jüdisches Kind entsprechenden Alters gab, während alle seine Spielkameraden nichtjüdische Kinder waren. Es gab niemals genug jüdische Kinder in einer Altersklasse, um eine eigene Gruppe zu bilden. An einer anderen Stelle in diesem Buch bemerkt Hans Marum, daß es außer ihm nur einen jüdischen Jungen gleichen Alters gab, und da sie nicht viel füreinander übrig hatten, spielten beide stattdessen mit nichtjüdischen Kindern. Gewöhnlich begannen die Freundschaften in der Volksschule und setzten sich dann in der höheren Schule bis ins Erwachsenenalter fort, bis sie durch den Anbruch der Nazizeit unterbrochen wurden. Obwohl Kinder in jenen Zeiten mehr beaufsichtigt wurden, besuchten sie sich dennoch gegenseitig nach der Schule zu Hause. Ein besonders beliebter Zeitvertreib für Schulkinder (damals gab es noch keine Kinos in Sobernheim, und die Ära des Fernsehens hatte noch nicht begonnen) waren sogenannte *Wandergruppen*. Gelegentlich findet man die Ansicht, daß diese Wandergruppen von den Nazis als Zeitvertreib für die Jugend erfunden worden seien; es steht jedoch fest, daß es diese Freizeitbetätigung für

Geschäfts-Verlegung.

Einem geehrten Publikum von hier und Umgegend die ergebene Mitteilung, daß ich mein

☛ **Manufakturwaren-Geschäft**

von Meddersheim nach **Sobernheim, Wilhelmstraße B 113** verlegt und ☛ **bedeutend vergrößert** ☜ habe. Es wird mein Bestreben sein, meine werten Abnehmer durch billige Preise und große Auswahl in meinen Artikeln zufrieden zu stellen.

Hochachtungsvoll

Jacob Ostermann.

Geschäfts-Eröffnung: Sonntag, den 6. September.

Geschäftsanzeige des Großvaters der Autorin im „Sobernheimer Intelligenzblatt" vom 3. September 1908

Jugendliche bereits viel früher gab, auch für jüdische Jugendliche. Sie gingen in die Wälder oder machten lange Wanderungen in den das Tal umgebenden Bergen. Die älteren Schüler oder Studenten verbrachten oft ihre Sommerferien mit größeren Ausflügen, und manchmal waren auch jüdische Kameraden mit von der Partie. Nach Abschluß der höheren Schule wurden die jungen Leute aus wohlhabenderen Familien zur weiteren Ausbildung fortgeschickt; Freundschaften wurden unterbrochen, da manche niemals nach Sobernheim zurückkamen und anderswo neue Freunde gefunden hatten. Für diejenigen, die in Sobernheim blieben, um hier ihren Lebensunterhalt zu verdienen, dauerten die Freundschaften an. Während des letzten Jahres in der höheren Schule, wenn Schüler und Schülerinnen ihre ersten Rendezvous haben, hatten die meisten jüdischen Jugendlichen nicht-jüdische Freunde und Freundinnen; dies werde ich am Ende dieses Kapitels noch im einzelnen behandeln.

Zum anderen entstanden Freundschaften auf der nachbarlichen Ebene. Obwohl Sobernheim eine Stadt mit nur viertausend Einwohnern war, gab es doch einige deutlich voneinander getrennte Nachbarschaftsgruppen. Eine solche Gruppe gab es in der Großstraße, wo die meisten Geschäfte lagen. Die Ladenbesitzer wohnten normalerweise im selben Gebäude, das Geschäft lag im unteren, die Wohnung im oberen Stockwerk. Manchmal lagen die Wohnungen auch gleich hinter dem

Geschäft. Viele der jüdischen Ladenbesitzer lebten in der Großstraße oder in einer der kleineren Nebenstraßen, umgeben von nicht-jüdischen Nachbarn. Ganz selbstverständlich entwickelten sich Freundschaften zwischen den Frauen. Zu dieser Zeit war es weniger üblich, daß Paare sich gegenseitig am Abend in ihren Wohnungen besuchten. Es war vielmehr so, daß sich die Frauen am späten Nachmittag bei Kaffee und Kuchen trafen. Die heute mehr als achtzigjährige Frau Wolf erinnert sich, daß solche Zusammenkünfte schon zur Zeit ihrer Mutter um die Jahrhundertwende und früher stattfanden: „Meine Mutter hatte viele Freundinnen, die in unser Haus zum Kaffeeklatsch kamen, zehn oder zwölf. Die Kuchen wurden von einer Konditorei in Bad Kreuznach geliefert."

Fast alle Freundinnen von Frau Wolf waren Nichtjuden. Sie erinnert sich besonders an eine 'Kaffeeklatsch-Freundin', zu deren Hochzeit sie eingeladen war. Das war vor dem Ersten Weltkrieg. „Sie heiratete einen Offizier, und ich war zur Hochzeit eingeladen. Junge, das war eine Hochzeit! Und ich war das einzige jüdische Mädchen dort." Zu ihrer eigenen Hochzeit im Jahre 1920 „kamen viele nicht-jüdische Freunde". Solche Freundschaften zwischen den beiden Gruppen wurden am Leben erhalten durch die sich regelmäßig gegenseitig besuchenden jüdischen und nicht-jüdischen Frauen. Mehrere Kaffeebesuche während der Woche, bei denen Neuigkeiten und Klatsch ausgetauscht wurden, waren kennzeichnend für das gesellschaftliche Leben.

Die Männer folgten einem ähnlichen Muster; sie besuchten am frühen Abend, kurz nach dem Abendessen (die Hauptmahlzeit wurde um die Mittagszeit eingenommen), ein Gasthaus oder Café. Sie blieben einige Stunden und gingen um neun oder zehn Uhr nach Hause. Die Männer trafen sich in den Abendstunden hauptsächlich zum Kartenspiel bei Bier oder Wein. Diese Gewohnheit war so selbstverständlich, daß jede Gruppe im entsprechenden Gasthaus oder Café ihren reservierten Tisch – den *Stammtisch* – hatte. Wenn die Männer kamen, wurde der Stammtisch für sie frei gemacht, damit sie ihrem bevorzugten Zeitvertreib, dem Kartenspiel nachgehen konnten. Diese Männergruppen waren alle auch für Juden zugänglich; jüdische Männer trafen sich regelmäßig mit ihren nicht-jüdischen Freunden zum Kartenspiel. Diese Freunde waren sehr oft Arbeitskameraden oder einfach Leute, die man am selben *Stammtisch* traf. So spielte Herr Abraham regelmäßig Karten mit dem Schneider, einem der Lebensmittelhändler und einem Schuhgeschäftsbesitzer, alles Nichtjuden. Herr Martin, ein jüdischer Einwohner eines kleinen Nachbardorfes, erinnert sich, daß er trotz der Tatsache, daß einer seiner Mitspieler bereits 1932 Mitglied der Nazi-Partei war und später ein wichtiger Mann werden sollte, bis zum Frühjahr 1933 mit ihm zusammen Karten spielte. Dies endete jedoch innerhalb weniger Tage, als Hitler im Januar 1933 zum Kanzler ernannt wurde.

So verbrachten die Männer ihre Freizeit mit anderen Männern, und die Frauen taten dasselbe. Gemischte Besuche fanden seltener statt – vielleicht noch eine Nachwirkung des 19. Jahrhunderts, als männliche und weibliche Aktivitäten nicht das gleiche Prestige hatten. Auf jeden Fall waren Trinken und Kartenspielen Sache der Männer, Kaffeekränzchen die vorherrschende gesellschaftliche Aktivität der Frauen; an beiden nahmen Juden und Nichtjuden gleichermaßen teil. Standesunterschiede wurden ziemlich strikt beachtet. Obwohl die Gasthaustreffen der Männer etwas egalitärer waren als die Zusammenkünfte der Frauen, gehörten doch die *Stammtisch*-Gruppen im großen und ganzen der gleichen Schicht an. Die 'Kaffeekränzchen-Frauen' waren Angehörige der oberen Mittel- und Oberklasse. Frau Wolf gab an, daß ihre Eltern recht wohlhabend gewesen seien; ihr Vater war Geschäftsbesitzer und in gewissem Sinne auch „Bankier – er lieh den Bauern Geld". Beide Elternteile hatten Schulen in größeren Städten besucht und waren sehr gebildet; sie waren demzufolge „allgemein sehr hoch angesehen". Der Freundeskreis ihrer Mutter bestand aus einigen jüdischen, meist aber nichtjüdischen Frauen der gleichen Schicht. Frau Wolfs Mutter hatte Gefallen am Umgang mit ihren nicht-jüdischen Freundinnen aus der Oberklasse, aber das war etwa Mitte des 19. Jahrhunderts. Ungefähr um die Jahrhundertwende scheinen sich die Einstellungen verhärtet zu haben. Hans Marum erinnert sich, daß das Anwachsen des Antisemitismus vor dem Ersten Weltkrieg seine Eltern daran hinderte, am gesellschaftlichen Leben teilzunehmen.

Die von mir befragten Juden und Nichtjuden waren der Meinung, daß die Beziehungen zwischen den beiden Gruppen vollkommen normal und freundschaftlich waren. „Wir lebten alle zusammen wie in jeder kleinen Stadt, wir waren alle Menschen gleicher Art", so äußerten sich beide Gruppen sehr oft. Es könnte vermutet werden, daß die auffälligste Differenz im religiösen Bereich gelegen habe, aber sogar hier gab es beachtliche Gemeinsamkeiten. So nahmen z. B. nicht-jüdische Kinder und auch Erwachsene an wichtigen jüdischen Feiertagen teil; am Passahfest wurden regelmäßig Matzen oder Waffeln aus ungesäuertem Teig an nicht-jüdische Kinder und ihre Eltern verteilt. Ein nicht-jüdischer Mann erinnert sich, daß er in seiner Jugend regelrecht auf das Passahfest gewartet habe, weil er eine besondere Vorliebe für Matzen hatte. Einige Nichtjuden, insbesondere Kinder, besuchten die Synagoge zu festlichen Gelegenheiten. Es gibt einige Berichte, nach denen in einigen Fällen Nichtjuden an der Bar Mizwah-Feier eines jüdischen Jungen teilgenommen haben; einige der befragten jüdischen Männer erinnerten sich, anläßlich dieses Ereignisses Geschenke von ihren nicht-jüdischen Freunden bekommen zu haben. Eine nicht-jüdische Frau erinnert sich, daß, als zwei ihrer jüdischen Freundinnen zu Chanukkah, dem Lichterfest, Geld erhielten, auch sie etwas Geld bekam, damit sie sich nicht übergangen fühlte. Mehrere Juden berichteten, daß sie immer an den Weihnachts-Festlichkeiten ihrer christlichen Freunde teilgenommen hatten. Die jüdischen Freunde halfen beim Schmücken des Weihnachtsbaumes, und eine Frau erinnert sich, daß sie mehr traditionelle Weihnachtslieder als hebräische oder jüdische Lieder kannte. Die meisten dieser gemeinsamen Aktivitäten fanden zwischen Angehörigen der jüngeren Generation statt, jedoch geschah dies mit der vollen Zustimmung ihrer Familien. So erinnert sich Emma: „Oft wurden eine oder zwei meiner nichtjüdischen Freundinnen freitags zum Abendessen eingeladen; am Freitagabend feiern jüdische Familien den Beginn des Sabbath, und es wird immer eine besonders sorgfältige Mahlzeit bereitet." Sie erinnert sich auch, daß dies sehr oft freudige Ereignisse waren und daß besonders ihre Eltern die Anwesenheit ihrer Freunde begrüßten. Tatsächlich haben mehrere Personen während der Befragung berichtet, daß die Trennung zwischen Katholiken und Protestanten in dieser Stadt wesentlich strenger war als die zwischen einer dieser Gruppen und den Juden.[1] Obwohl also diese beiden Gruppen verschiedenen Religionen angehörten, wurden gesellschaftliche Beziehungen eher gefördert als behindert, da besonders Kinder an den Ritualen der anderen teilnahmen. So gab es also viele wichtige Kontakte zwischen Juden und Nichtjuden. Diese gesellschaftlichen Bande wurden wesentlich gefördert durch die soziale Schichtzugehörigkeit beider Gruppen. Für Nichtjuden der Arbeiterschicht bestanden die Kontakte mit den Mittelschicht-Juden am Arbeitsplatz und im Einzelhandel, während es mehr echte Freundschaften zwischen Juden und Nichtjuden der Mittelschicht gab.

Trotz der vielen und verschiedenartigen Kontakte zwischen Juden und Nichtjuden waren wichtige Bereiche des gesellschaftlichen Lebens den Juden ungeachtet ihres Vermögens oder ihrer Position verschlossen. So war ihnen der Eintritt in die Kasino-Gesellschaft – einem privaten Gesellschafts-, Freizeit- und Sportklub, der einen Mitgliedsbeitrag forderte und zur Begrenzung seiner Mitgliederzahl berechtigt war – verwehrt. Gegründet im späten 19. Jahrhundert, rekrutierte sie ihre Mitglieder hauptsächlich aus der gesellschaftlichen Elite Sobernheims und seiner Nachbarstädte, darunter die beiden nicht-jüdischen wohlhabenden Fabrikbesitzer und andere Nichtjuden der Mittelschicht, die sich den Beitrag leisten konnten. Es war ungeschriebene und akzeptierte Politik der Gesellschaft, Juden ungeachtet ihres Reichtums oder ihres gesellschaftlichen Standes nicht aufzunehmen. Folglich wurde den Marums, der wohlhabendsten Familie der ganzen Region, die Mitgliedschaft verwehrt, obwohl sie sich mehrfach um die Aufnahme bemüht hatten. Meine älteste jüdische Interview-Partnerin, die heute hoch in den achtziger Jahren stehende Frau Wolf, erinnert sich, daß Juden der Beitritt zur Kasino-Gesellschaft zur Zeit ihrer Jugend und bereits zur Jugendzeit ihrer Eltern verboten war. Diese andauernde gesellschaftliche Ausgrenzung hatte wahrscheinlich ihren Ursprung in der zweiten Hälfte des 19. Jahrhunderts, als der Antisemitismus in Deutschland seine Blütezeit erlebte. Mit Sicherheit war sie nicht erst ein Merkmal der Nazizeit.

Sobernheim hatte auch einen intellektuellen, „Literarischen Klub", dem Lehrer, Studenten, der Bürgermeister, wohlhabende Nichtjuden und sogenannte Pseudo-Intellektuelle angehörten. Auch in diesen Zirkel wurden Juden nicht aufgenommen. Sogar die hoch gebildeten und weltoffenen älteren Mitglieder der Familie Marum waren ausgeschlossen. Jedoch gehörte Emmas Vater, Richard Hesse, in den zwanziger Jahren diesem Literarischen Klub an. Wahrscheinlich war für ihn, den Schriftsteller und Poeten, eine Ausnahme gemacht worden. Er wurde regelmäßig gebeten, seine Gedichte bei den Zusammenkünften des Literarischen Klubs vorzutragen. Er war auch Gründungsmitglied eines Gesangvereins, dem außer ihm nur Nichtjuden angehörten. Er war jedoch zweifellos deshalb der einzige zu diesen Aktivitäten zugelassene Jude, weil er allgemein als sehr kultiviert und gebildet galt.

Sobernheim hatte auch einen Tennisklub, dessen Mitgliedschaft Juden verwehrt wurde. Dieser Klub wurde von einer großbürgerlichen, nicht-jüdischen Frauen-Organisation geleitet, die Freizeit- und Wohltätigkeitsveranstaltungen organisierte. Die Gruppe führte auch Sammlungen für das Rote Kreuz durch, und reiche Jüdinnen wie Frau Marum wurden – trotz ihres Ausschlusses von den gesellschaftlichen Veranstaltungen des Vereins – gebeten, mit Geld und Einsatz ihren Beitrag zu leisten. Frau Marum organisierte Wohlfahrts- und Rotkreuz-Treffen in ihrem Haus und besuchte auch solche Treffen in den Häusern der nicht-jüdischen Frauen; niemals jedoch kam eine engere Form des gesell-

> Im Dunkel der Nacht hat man mir Fabrik und Haus mit Hakenkreuzen besudelt. Was diese bedeuten sollen, weiß wohl Jeder. Ich danke den feigen Tätern für diese Ehrung, die sie mir gerade in einem Augenblick erweisen, wo ihre Gesinnungsgenossen einen Rathenau meuchlings ermordet haben.
>
> Und dennoch! Der edle Geist eines Rathenau wird die Gemeinheit und Roheit überdauern, er wird fortleben zum Segen der gesamten Menschheit.
>
> Die Hakenkreuze an meinem Hause bleiben bis nach der Beisetzung Rathenaus, **sie mögen die Vorübergehenden zum Nachdenken darüber bringen, weshalb wir in Deutschland nicht hochkommen können.**
>
> ## Alfred Marum.
>
> **Sobernheim**, den 27. Juni 1922.

Reaktion Alfred Marums auf Hakenkreuz-Schmierereien an seinem Haus – Anzeige im „Sobernheimer Intelligenzblatt" vom 27. Juni 1922

schaftlichen Kontakts zustande. Ihre Dienste als großzügigste Spenderin und unermüdliche Mitarbeiterin für wohltätige Zwecke waren wohlbekannt und auch hoch geschätzt, verschafften ihr jedoch nicht den Eintritt ins gesellschaftliche Leben. Noch heute sprechen ihre Kinder von ihrer Enttäuschung, nicht voll in die Oberklasse der nicht-jüdischen Gesellschaft aufgenommen worden zu sein. Ihr Ehemann soll – nach Angaben einiger jüdischer Interview-Partner und Verwandter – alle Arten ausgeklügelter Wege beschritten haben, um die Mitgliedschaft im exklusiven nicht-jüdischen Zirkel zu erreichen, jedoch ohne irgendeinen wirklichen Erfolg.

Es ist eine Ironie dieser Situation, daß einige der Frauen, die zum Kaffeeklatsch in die Häuser der Jüdinnen kamen, auch die mehr offizielle Frauen-Organisation besuchten, die den Ausschluß von Jüdinnen praktizierte. Eine andere zur besseren Gesellschaft gehörende Familie, ein nicht-jüdischer Fabrikbesitzer und seine jüdische Frau (eine der sehr wenigen Mischehen und das einzige in Sobernheim verbliebene gemischte Paar), war ebenfalls von diesen intellektuellen und sportlichen Zirkeln isoliert. Diese Politik der Ausgrenzung muß lange vor dem Ersten Weltkrieg begonnen haben. Hans Marum erinnert sich, daß seine Großeltern um die Jahrhundertwende zu diesen Zirkeln gehört hatten, aber „dann nicht mehr; sie wurden durch den deutschen Antisemitismus und die Ausbreitung der nationalsozialistischen Gesinnung mehr und mehr isoliert, obwohl sie unter normalen Umständen Teil des gesellschaftlichen Lebens der Stadt gewesen wären."

Bereits vor der Nazizeit gab es also Antisemitismus in Sobernheim. Ein bekannter Vorfall ereignete sich in den frühen zwanziger Jahren nach der Ermordung von Walter Rathenau, einem jüdischen Industriellen und Außenminister der Weimarer Republik.[2] In der Nacht nach der Ermordung malte jemand mit Teer drei große Hakenkreuze an die Außenmauern des Marum'schen Hauses. Trotz polizeilicher Ermittlungen wurden die Täter niemals gefunden.

Andere, vereinzelte Vorfälle ereigneten sich in der Schule. Mehrere der befragten Juden erwähnten, daß jüdische Kinder als „Christus-Mörder" oder „dreckiger Jude" beleidigt und beschimpft wurden, besonders wenn es Streitigkeiten um ganz andere Dinge gab. Einer der jungen Marums berichtete mir: „Jude zu sein, weckte bestimmte Spannungen, ich glaube, schon sehr früh. Wir waren eine sehr kleine Minderheit jüdischer Kinder, und oft wurden wir mit Schimpfnamen belegt oder von anderen Kindern verhauen – das kam zwar nur ab und zu vor, aber es war stets da." Hans Marum, der einzige Jude in seiner Klasse, erinnert sich:

> „Ich war weder besonders beliebt noch unbeliebt; ich hatte eine Menge Freunde und keine gesellschaftlichen Probleme, die kamen erst später. Mit fortschreitender Zeit wurde es mir jedoch bewußt, besonders nachdem ich von einigen Jugendlichen verprügelt worden war und zu Hause hörte: 'Das ist typisch deutsch, sich auf jemand zu stürzen', und ich dachte bei mir: 'Wie, bin ich nicht deutsch?'. Ich erlebte eine Identitätskrise und wußte nicht, wie ich damit fertig werden sollte. Ich wußte, daß mein Vater in der Politik aktiv war und als mehr oder weniger wichtiger Mann angesehen wurde. Aber warum wurde ich dann erniedrigt? Ich konnte es einfach nicht verstehen und fand weder eine Erklärung noch in irgendeiner Weise Trost."

Einige meiner nicht-jüdischen Interview-Partner erinnerten sich ebenfalls an solche Vorfälle; sie neigten jedoch dazu, solche Vorkommnisse nicht zu ernst zu nehmen; es war in ihren Augen die Art von Necken und Kämpfen, die bei allen Kindern beliebt ist. Zwei der befragten Juden erinnern sich, manchmal von gemeinsamen Unternehmungen anderer Kinder ausgeschlossen worden zu sein, aber das passierte anscheinend nicht allzu oft. Die meisten Juden erinnern sich einer Kindheit ohne unglückliche Vorkommnisse. Während eines amüsanten Interviews beschwerte sich eine Frau, daß sie einmal von einer Wanderung ausgeschlossen worden sei, worauf ihr Bruder ganz spontan einwarf: „Das war aber wegen Deines garstigen Temperaments." Während der zwanziger Jahre waren die Beziehungen zwischen den beiden Gruppen in der Schule im allgemeinen gut, abgesehen von ein paar Fällen von Beschimpfung und Beleidigung. Eine dramatische Veränderung im Bildungssystem kündigte sich jedoch an, als in den frühen dreißiger Jahren Fälle von Ausgrenzung und Antisemitismus merklich zunahmen. Die Familie Marum hatte acht Kinder, und während die vier älteren keine Probleme in der Schule vermelden, berichten die vier jüngeren, daß ihre Schulerfahrungen ausgesprochen unangenehm gewesen seien. Hans erinnert sich, daß schon Anfang 1933 seine Bemerkungen in der Schule an die SS weitergegeben wurden:

„Am Tag nach dem Reichstagsbrand sagte ich, ein naives Kind, in der Schule: 'Das war kein Kommunist, der das Feuer gelegt hat.' Als ich eine Stunde später zum Mittagessen nach Hause kam, war ein SS-Mann an der Tür, der zu meinem Vater sagte: 'Herr Marum, Ihr Sohn hat das und das in der Schule gesagt. Geben Sie mir Ihre deutsche Fahne' – die war schwarz-rot-gold. Später kam er mit einem Revolver zurück, um sie zu holen. Er jagte uns eine Höllenangst ein, besonders mir, weil ich gesagt hatte, daß die Nazis selbst den Reichstag in Brand gesteckt hätten. Das war unter vierzehnjährigen Kindern gesagt worden, und man hatte mich gemeldet. Ich glaube, ich wußte, wer mich gemeldet hatte, aber das machte keinen Unterschied. Zu dieser Zeit waren wir schon von den anderen isoliert."

Hans' jüngere Schwester erinnert sich, daß zwei ihrer Lehrer eingeschworene Nazis waren und daß einer von ihnen während der Kristallnacht den Überfall auf ihr Haus angeführt habe. Sie berichtete auch, daß ihre Klassenkameraden zu ihren nicht-jüdischen Freundinnen Bemerkungen machten, z. B. „Wie kannst Du nur mit Juden spielen?". Betrat der Lehrer das Klassenzimmer, erhoben sich die nicht-jüdischen Kinder und grüßten mit „Heil Hitler", während die jüdischen Kinder peinlich verlegen sitzen blieben. Auch sie fühlte sich in der Schule und außerhalb vollkommen isoliert.

Ein anderer Grund für Spannungen in der Schule war der zunehmende Unterricht in arischer Rassenlehre. Seit den frühen dreißiger Jahren gab es regelmäßig Unterrichtsstunden in Nazismus, und die stereotypen Beschreibungen von „minderwertigen" Nicht-Ariern, hauptsächlich Juden, waren Bestandteil dieses Unterrichts. Juden wurden beschrieben als Wesen mit krummen Nasen, die lange schwarze Wollmäntel und Hausierersäcke auf dem Rücken trugen, das Stereotyp des osteuropäischen jüdischen Hausierers. Die Nichtjüdin Irmgard, die zu dieser Zeit noch ein Schulmädchen war, berichtete mir, daß keines der Schulkinder dieses Abbild erkannte, da die Juden in ihrer Gemeinde wie alle Deutschen gekleidet waren, so aussahen und sich auch so benahmen. Der Typus des Ostjuden war ihnen aus eigener Anschauung vollkommen fremd. Sie erinnerte sich auch, daß die Kinder während dieser Unterrichtsstunden ständig kicherten und lachten und daß niemand den Unterricht richtig ernst nahm. Andererseits mußten die jüdischen Kinder diese Unterrichtsstunden über sich ergehen lassen; Hildegard, eine jüdische Frau, die zu dieser Zeit noch zur Schule ging, erinnerte sich, wie schrecklich das für sie war. Sie berichtete mir auch, daß Mitte der dreißiger Jahre, als sie gerade ihren Schulabschluß machte, andere Schulkameradinnen von der örtlichen Partei gezwungen wurden, dem Arier-Programm beizutreten; was bedeutete, sich registrieren zu lassen als zukünftige Mutter arischer Kinder durch Paarung mit ausgesuchten, „rein arischen" Männern. Sie sagte, daß keines der Sobernheimer Mädchen sich freiwillig für dieses Programm gemeldet habe, daß sie im Gegenteil darüber gelacht hätten. Die Befragung von Juden und Nichtjuden, die zu jener Zeit im Schulalter waren, hinterläßt den Eindruck, dieses gesamte Arier-Programm und seine Ideologie, wie sie in den Schulen und in der Hitlerjugend gelehrt wurden, sei nicht mehr als ein Witz gewesen. Dennoch waren alle nicht-jüdischen Jugendlichen der Stadt in der Hitlerjugend, was für sie jedoch die Aussicht auf vergnügliche Unternehmungen bedeutete. Und während sie sich an Märschen, Drill, Uniformen und albernen Unterrichtsstunden erfreuten, wurde ihnen das Leid, das diese Vergnügungen für ihre jüdischen Schulkameraden bedeuteten, offenbar nicht bewußt.

Mischehen

Wenn zwei Gruppen in einer kleinen, ziemlich harmonischen und voneinander abhängigen Gemeinde leben, sollte man erwarten, daß diese Verbindungen durch Eheschließungen untereinander noch verstärkt würden. Im Gegensatz zu allgemeinen Trends im Deutschland des 20. Jahrhunderts gab es jedoch in Sobernheim nur sehr wenige Mischehen.

Das 20. Jahrhundert brachte einen sehr schnellen Anstieg von Mischehen in Deutschland. Zwischen 1910 und 1929 stieg die Zahl der Juden, die Nichtjuden heirateten, von 8 auf 23 %. Mischehen waren in großen Städten – wo einer von drei Juden außerhalb seiner Religion heiratete – allgemein üblich, weil „die Ungezwungenheit des gesellschaftlichen Verkehrs die traditionelle Autorität von Religions- und Schichtgrenzen unterminiert hatte".[3] In Berlin, wo beinahe ein Drittel aller jüdischen Deutschen lebte, war der Anteil der Mischehen am höchsten. Viele Juden strebten Mischehen an, weil sie die Notwendigkeit zur „Assimilation" an die deutsche Gesellschaft sahen. In den großen Städten war dieses Bedürfnis größer als in ländlichen Gebieten, wo ethnische Bande stärker waren. Junge Leute, frei von Traditionen und elterlicher Anleitung, verbanden sich an Universitäten und am Arbeitsplatz frei und offen mit Angehörigen anderer Religionen. Es bot sich die Gelegenheit, Gleichaltrige oder Ebenbürtige aus anderen Gruppen zu treffen. Mischehen wurden durch die jüdische Reformbewegung im 19. Jahrhundert gefördert. Diese Juden gaben orthodoxe Überzeugungen auf in dem Versuch, ihren Glauben zu modernisieren und sich der Grundströmung der deutschen Gesellschaft anzupassen.

In Sobernheim gab es zwischen 1920 und Anfang 1930 nur drei Mischehen; zwei zwischen jüdischen Männern und nicht-jüdischen Frauen, die sich in größeren Städten kennengelernt hatten. Beide Frauen stammten aus anderen deutschen Städten und wechselten nach ihrer Heirat vom protestantischen Glauben zum Judentum über. Es gab aber auch die Tochter einer jüdischen Familie, die einen protestantischen Mann in einer großen Stadt kennengelernt hatte; sie konvertierte zum Protestantismus, heiratete ihn und zog weg. Ein prominenter nichtjüdischer Geschäftsmann, ein Unternehmer, heiratete 1920 eine jüdische Frau, die aber nicht aus Sobernheim stammte. In der vorherigen Generation zwischen 1900 und 1920 ist nur eine Ehe zwischen einer jüdischen Frau und einem nichtjüdischen Mann bekannt, die aber beide in einem Nachbardorf und nicht in Sobernheim selbst wohnten. So gab es also nur einige wenige Mischehen, und keine betraf Frauen und Männer, die in Sobernheim geboren und aufgewachsen waren. Fast alle der von mir für dieses Buch befragten Juden waren jedoch in ihrer Jugend oder im frühen Erwachsenenalter mit nicht-jüdischen Personen ausgegangen oder hatten sich zum Stelldichein getroffen. Eine Frau hatte eine Freundschaft mit einem Nichtjuden von Beginn der Volksschule bis zum Abschluß der höheren Schule; dann verließ sie Sobernheim auf der Suche nach besseren Chancen in einer größeren Stadt. Die beiden waren immer und überallhin zusammen ausgegangen und waren in beiden Gruppen als „Paar" bekannt. Aus vermutlich persönlichen Gründen heirateten sie niemals; die Einstellung der Mutter des Mannes war stark antisemitisch, und ihr Sohn mußte sich ständig gegen ihre Vorhaltungen wegen seines Ausgehens mit einer „jüdischen Person" wehren. Ein jüdischer Mann berichtete mir, daß er regelmäßig mit nicht-jüdischen Mädchen ausgegangen sei, daß es ihm aber nie in den Sinn gekommen sei, eines zu heiraten: „Es war dort einfach nicht üblich." Ein anderer von mir befragter Mann erzählte eine ähnliche Geschichte. Verschiedene Interview-Partnerinnen hatten nicht-jüdische Freunde. In drei Fällen waren die Eltern des jüdischen Partners gegen die Heirat. Die Eltern einer jungen Frau, die ihre Tochter von einer Heirat mit ihrem nicht-jüdischen Freund abbringen wollten, waren selbst Opfer eines früheren elterlichen Drucks gewesen. Beide Eltern hatten in ihrer Jugend Verbindungen „außerhalb ihrer Religionen", und in beiden Fällen war es die jüdische Familie, die Einwände gegen eine Mischehe hatte. Heute spricht diese Frau mit Bitterkeit von der unglücklichen Ehe ihrer Eltern, die als Reaktion auf ihre Verbindungen mit nicht-jüdischen Geliebten verheiratet wurden. Sie behauptet, daß ihr nicht-jüdischer Freund zur Zeit ihrer Emigration in die Vereinigten Staaten Deutschland nicht verlassen konnte; wären nicht historische Umstände dazwischengetreten, hätten sie vielleicht geheiratet. Im großen und ganzen gab es eine beachtliche Anzahl von gemischten Freundschaften und Verhältnissen zwischen älteren Jugendlichen und jungen Erwachsenen. Viele entwickelten sich aus frühen Schulfreundschaften, jedoch führte keine zur Ehe. Heute ist man vielfach der Ansicht, daß es hauptsächlich die jüdischen Eltern und Großeltern waren, die Einwände gegen solche Ehen erhoben und ihren Kindern diese Gefühle einimpften. Viele meiner Interview-Partner berichten, daß man, obwohl dieses Thema niemals Gegenstand besonderer Erörterungen gewesen sei, von ihnen erwartet habe, eine Person jüdischen Glaubens zu heiraten. Eine Frau berichtete von der Verlobung ihres älteren Bruders mit einer nicht-jüdischen Frau aus Frankfurt. Als ihr Bruder zu Hause anrief, um die Neuigkeit bekanntzugeben, habe ihr Vater dem Rest der Familie mitgeteilt, daß „Arthur eine Nichtjüdin heiraten werde, *aber* sie sei ein gutes Mädchen" – das *aber* war immer da.

Natürlich hatten die Familien beider Gruppen ihre Bedenken gegen Mischehen ihrer Kinder. Obwohl jüdische Familien Mischehen nicht wirklich verboten, schienen sie jedoch ihre Kinder in dem Gedanken zu erziehen, besser innerhalb als außerhalb des Glaubens zu heiraten. Einige Eltern schmerzte der Gedanke, nichtjüdische Enkel zu haben, obwohl viele der mit Juden verheirateten nicht-jüdischen Frauen in Deutschland zum jüdischen Glauben übertraten und ihre Kinder als kulturelle und religiöse Juden erzogen. Während der frühen dreißiger Jahre gab es noch einige gemischte Verbindungen in Sobernheim, im Jahre 1935 wurden jedoch solche Mischehen durch die Nürnberger Rassengesetze verboten.

In kleinen Gemeinden wie Sobernheim bewahrten Juden und Nichtjuden trotz vieler gemeinsamer Interessen und Bindungen in vielen Bereichen ihre ethnischen Verschiedenheiten. Ethnische Beziehungen werden am besten beschrieben im Sinne eines harmonischen Nebeneinanders – ein Thema, das ausführlicher in Kapitel 7 behandelt werden wird. Trotz der praktizierten Anpassung waren die Grenzlinien ganz klar gezogen.[4] Es gab eine ganze Reihe von Übereinstimmungen, die beide Gruppen billigten und guthießen. Frederick Barth betont: „Stabile interethnische Beziehungen setzen eine strukturierte Wechselbeziehung voraus; eine Reihe von Vorschriften, die auf einigen Gebieten oder Aktivitätsbereichen die Beziehungen ermöglichen und regeln, sowie eine Reihe von Einschränkungen sozialer Situationen, die interethnische Wechselbeziehungen in anderen Bereichen verhindern und so Teile der Kulturen isolieren und vor Konfrontation und Veränderung schützen." Demzufolge strukturieren oder definieren zwei Gruppen ihre wechselseitigen Beziehungen im Kontakt miteinander. Es entstehen Regeln, die wechselseitige Beziehungen ermöglichen und andere, die sie verhindern. Die letzteren sind besonders wichtig, weil sie jede der beiden Gruppen davor schützen, ihre kulturelle Identität zu verlieren. Die Mischehe ist eines der Hauptverbote des interethnischen Kontakts; in Sobernheim gab es nur wenige Abweichungen von dieser Regel. Bis zu einem gewissen Grad waren Freundschaften und Liebesbeziehungen möglich, weil diese Bestandteil der weitgehend aufeinander angepaßten Interaktion zwischen beiden Gruppen waren, die beispielsweise Nachbarschafts-, Geschäfts- und Arbeitsplatz-Kontakte umfaßte. Mischehen hätten die allgemein akzeptierten Wege, auf welchen ethnische Verschiedenheiten nicht aufgegeben werden konnten, überschritten. Mischehen in größerem Umfang hätten zur Auflösung der jüdischen Kultur geführt.

Trotz der weitgehenden Übereinstimmungen zwischen Juden und Nichtjuden war eine vollständige Integration oder Assimilation wegen der Ausgrenzungspraktiken im gesellschaftlichen Bereich nicht realisierbar. Daß es auch hier einen gewissen Grad von Antisemitismus gab, läßt die Tatsache vermuten, daß es schon lange vor der Nazizeit etliche Leute gab, die ihren Antisemitismus offen zeigten. Es besteht kein Zweifel, daß ein gewisser Grad von Antisemitismus für den Mangel an Mischehen zwischen den beiden Gruppen verantwortlich war. Aus den vielen Freundschaften zwischen Schulkindern beider Gruppen entstanden nur wenige enge Freundschaften zwischen den Eltern. Hans Marum und seine Schwester hatten weit mehr nicht-jüdische Freunde als ihre Eltern; deren beste Freunde waren der nicht-jüdische Unternehmer und seine jüdische Frau. Herr Abraham erinnerte sich, viele nicht-jüdische Bekannte gehabt zu haben: „Ich kannte sehr viele Leute, aber richtige Freunde? Nein, sie waren das, was wir hier (in den Vereinigten Staaten) Bekannte nennen." „Die Juden", sagte er, „hielten zusammen." Seine Frau berichtete, daß in ihrer Heimatstadt „die jüdischen Leute sehr gut zusammenlebten. Juden und Nichtjuden gingen freundlich miteinander um, waren aber keine Freunde. So war es auch in Sobernheim; die Leute waren freundlich, grüßten auf der Straße und sprachen miteinander; aber das kann man nicht Freundschaft nennen". Sie erinnerte sich, in einem jüdischen Geschäft in Sobernheim mit verschiedenen nichtjüdischen Mädchen zusammengearbeitet zu haben: „Wir waren freundlich zueinander, aber nur im Geschäft". Meine eigenen Großeltern waren befreundet mit anderen Juden, mit vielen Nichtjuden waren sie gut bekannt. Emma Hesse und ihre Eltern waren eine interessante Ausnahme. Sie und auch ihre Eltern hatten mehr nicht-jüdische als jüdische Freunde; im Fall ihrer Eltern hatte das damit zu tun, daß die engen und guten Beziehungen ihres Vaters Folge seiner kulturellen Talente und Interessen waren. Alles in allem gab es nur wenig echte Freundschaften zwischen erwachsenen Juden und Nicht-Juden.

Jüdische und nicht-jüdische Befragte beschreiben das Leben in Sobernheim in der Zeit vor Hitler als fast ideal – „ein kleines Paradies", wie es ein älterer Jude ausdrückte. Allerdings schilderte derselbe Mann (und natürlich auch andere) ganz unverblümt den Antisemitismus gewisser

Elemente in dieser kleinen Gemeinde. Aber war Sobernheims Gesellschaft nicht schon früh in diesem Jahrhundert durch die Wiederkehr des Antisemitismus verdorben worden? Dennoch scheint es, daß sich die Juden als Gruppe wohl fühlten; sie erfreuten sich eines gewissen Wohlstandes, waren von den meisten ihrer Nachbarn geachtet und lebten in einem wunderschönen Teil Deutschlands. Vor allem anderen verstanden sie sich als Deutsche, sie lebten und glaubten an dieselben Werte wie die anderen Deutschen. Vereinzelte antisemitische Vorfälle waren offenbar nicht geeignet, Wohlbehagen und Zufriedenheit zu stören. In den frühen dreißiger Jahren jedoch wurde ihre Zufriedenheit auf brutale Weise zerstört, und sie wurden zu grundlegenden Änderungen ihrer Lebenspläne gezwungen. Wie reagierten diese Juden, die seit Generationen in Deutschland gelebt hatten, auf das Anwachsen des Nazismus und die anschließende Verfolgung ihres Volkes?

Schülerinnen und Schüler der jüdischen Schule in Bad Kreuznach, Ende der dreißiger Jahre. In der ersten Reihe (mit Schultasche) die Autorin, links der Lehrer, Herr Mannes

4. Jüdische Reaktionen auf Terrormaßnahmen der Nazis

Einführung: Der Zusammenhang

„Die nationalsozialistische Machtübernahme verbreitete Schauer der Furcht in der jüdischen Bevölkerung von rechts bis links."[1] Einige begingen Selbstmord, andere begaben sich auf die Flucht oder ergaben sich der Verzweiflung, während wieder andere erst recht ausharren wollten, um für ihre Rechte als deutsche Staatsbürger zu kämpfen. Dawidowicz schreibt, daß „alle Gruppen innerhalb der jüdischen Gemeinschaft auf den Nationalsozialismus antworteten, indem sie lauthals das Recht der Juden, Deutsche zu sein, in Deutschland zu leben und Deutschland zu lieben, einforderten. *Daseinsrecht,* das Recht der weiteren jüdischen Anwesenheit in Deutschland, wurde von allen jüdischen Organisationen als ein gesetzlich verankertes Recht, eine moralische Notwendigkeit und ein religiöses Gebot ausgelegt." Dennoch flohen in den Jahren 1933 und 1934 etwa 37.000 zumeist vor nicht allzu langer Zeit aus Osteuropa eingewanderte Juden aus Deutschland vorwiegend in andere europäische Länder; viele von ihnen kehrten in ihre Heimatländer Polen und Tschechoslowakei zurück, obwohl führende Juden und Rabbiner die Bevölkerung immer wieder aufforderten, im Land zu bleiben und für ihre Rechte zu kämpfen. Eine führende jüdische Zeitung schrieb 1933, daß „Deutschland Deutschland bleibe und daß niemand uns unser Heimat- und Vaterland rauben kann". Ein prominenter Vertreter der Juden schrieb, daß „es unser Ziel ist, eine seelisch, geistig und finanziell ungebrochene deutsch-jüdische Gemeinde zu erhalten."[2] Die Zeitung des Centralvereins, der größten und einflußreichsten jüdischen Organisation, schrieb 1934, daß „wir das Ideal der deutschen Zivilisation und des deutschen Geistes nicht aufgeben können". Ähnlich äußerte sich im gleichen Jahr der Zentralausschuß der deutschen Juden für Hilfe und Aufbau: „Unser Land kann das jüdische Problem unter der Voraussetzung lösen, daß rassische Benachteiligung nicht zu rassischer Verleumdung führt; dies wäre nach unserer Meinung unakzeptabel und im Hinblick auf unsere Leistungen in der Vergangenheit ungerecht."[3]

Der berühmte Philosoph Martin Buber rief zur Rückbesinnung auf jüdisches Selbstbewußtsein und jüdische Werte auf – die Wiederherstellung des individuellen und gemeinschaftlichen Glaubens in der Totalität jüdischer Erkenntnisse und Erfahrungen. Der angesehene Rabbiner Leo Baeck betonte immer wieder, daß das Judentum „ein lebendiges, wirkliches Subjekt der Geschichte" sei und daß „jeder Jude sich selbst zu entdecken und so seine Geschichte zu erneuern" habe. Die Juden kehrten in Massen in die Synagogen zurück und suchten Trost in der Befolgung ihrer religiösen Gesetze. Starke Vertretungen der jüdischen Gemeinschaft wurden dringend gebraucht, um die Bedrohungen durch den Nazismus zu bekämpfen, umso mehr, als die jüdische Gemeinschaft religiös, politisch und geographisch gespalten war. Nach mehreren Anläufen kam acht Monate nach der Machtübernahme der Nazis die Reichsvertretung der deutschen Juden zustande.[4] Ihr Ziel war es, bei der Sicherung der wirtschaftlichen Existenz zu helfen, Ausreisewillige zu unterstützen und die Juden gegen Verleumdungen zu verteidigen. Später zählte auch die Unterstützung und Fürsorge für verarmte Juden zu ihren Aufgaben. Außerdem sorgte sie für die schulische Ausbildung von Kindern, die 1933 nach Inkrafttreten des Gesetzes gegen die Überfüllung deutscher Schulen aus dem Schulsystem ausgesperrt worden waren. Auch wurden Schulungsprogramme in handwerklichen Berufen für Beamte, Freiberufler und Geschäftsleute, die ihre Arbeitsplätze verloren hatten, durchgeführt.

Von 1933 bis 1935, als die Nürnberger Rassengesetze verabschiedet wurden, antwortete die deutsch-jüdische Gemeinschaft auf den Nazismus mit großen Anstrengungen, sich in Deutschland zu behaupten. Ab 1935, als Überwachung und Unterdrückung der Juden stetig zunahmen, ließen diese Bemühungen, die sich in den Aufrufen führender Juden und in den Anstrengungen der Bevölkerung widerspiegelten, nach. Im Jahre 1938 sagte Heinrich Stahl, der sehr offen das *Daseinsrecht* verteidigende Präsident der jüdischen Gemeinde von Berlin: „Zu jenen unter unseren jungen Leuten, die sich noch nicht zur Auswanderung entschlossen haben, sage ich: Es gibt keine Zukunft für Juden in diesem Land."[5]

Zu diesem Zeitpunkt traten die Nazis in die Endphase ihres Programms zur Unterdrückung der Juden ein, da frühere Maßnahmen, alle Juden aus Deutschland zu vertreiben, nicht zum gewünschten Erfolg geführt hatten. Gegen Ende 1937 brachte eine SS-Zeitschrift einen Artikel, der den „Widerspruch zwischen dem gesellschaftlichen und dem wirtschaftlichen Status der Juden im Reich" zum Thema hatte. Es hieß in diesem Artikel, daß, obwohl die Juden fast von allen Bereichen des täglichen Lebens einschließlich Mischehen mit Nichtjuden ausgeschlossen seien, sie immer noch Macht in Industrie und Handel ausübten; der Autor argumentierte, daß „wir heute keine jüdischen Geschäfte mehr brauchen."[6] Die Regierung drängte darauf, daß alle noch verbliebenen jüdischen Unternehmen an Nichtjuden verkauft würden, um die Juden voll und ganz aus dem Bereich der Wirtschaft auszuschließen.

Die Wirkung dieser Maßnahmen auf die jüdische Beschäftigungsstruktur läßt sich an ihren Veränderungen zwischen 1933 und 1939 ablesen.

Tabelle 1:

Veränderungen in der Beschäftigungsstruktur zwischen 1933 und 1939
(Angaben in Prozent der beschäftigten Juden)

Beschäftigung	% der 1933 beschäft. Juden	% der 1939 beschäft. Juden
Land- und Forstwirtschaft	1,7	8,9
Industrie und Handwerk	23,1	33,8
Handel und Verkehr	61,3	18,9
Öffentl. und private Dienste	12,5	25,3
Hauswirtschaftl. Dienste	1,4	13,1

Demzufolge wurde im Handelssektor ein Rückgang von 42,4 % registriert, während Land- und Forstwirtschaft sowie Hauswirtschaftsdienste eine Zunahme von 18,9 % verzeichneten. Der Anteil der Selbständigen und Unabhängigen ging von 46,8 % auf 15,7 % zurück, ein Verlust von 31,1 %. Der Anteil der in Handwerk und Industrie Beschäftigten nahm um fast 48 % zu. Ein beträchtlicher Teil derjenigen, die früher selbständig oder Beamte und Angestellte gewesen waren, wurde jetzt Handwerker und Arbeiter.[8]

In Sobernheim schlossen die meisten selbständigen Ladenbesitzer ihre Geschäfte in den Jahren 1935 und 1936, und diejenigen, die nicht sofort emigrierten, blieben arbeitslos. Es gab nur wenige, die am gesamten Arbeitsaufkommen in dieser kleinen Gemeinde noch teilhatten. Einer der von mir Befragten, Albert, berichtete, daß er, nachdem er in einer anderen Stadt 1933 seinen Arbeitsplatz verloren hatte, vor seiner Auswanderung „alle Stellen, die ich kriegen konnte", angenommen habe. Drei jüngere Leute hatten in der Fabrik der Marums gearbeitet und blieben dort, bis die Fabrik 1938 verkauft wurde. Emma Hesse, die im Kaufhaus Wolf gearbeitet hatte, wechselte zu den Marums, die sie gegen eine Nichtjüdin für das Kaufhaus Wolf 'austauschten'. Alice arbeitete weiter für die noch verbliebenen Jüdinnen, jedoch waren Mitte der dreißiger Jahre nur noch wenige finanziell in der Lage, ihre Haarpflegedienste in Anspruch zu nehmen.

1938 wurde der körperschaftliche Status der noch existierenden jüdischen Institutionen, wie z. B. der der *Gemeinde,* aufgehoben. Im selben Jahr fand die Annexion Österreichs statt, die von der grauenvollen Verfolgung der großen jüdischen Gemeinde in Wien begleitet war. Da die österreichischen Nazis eifrig jüdisches Eigentum in Besitz nahmen, wurden 1938 neue Verordnungen erlassen, die die Verfügung über jüdisches Eigentum „den Bedürfnissen der deutschen Wirtschaft entsprechend" legalisierten.[9] Die Juden wurden in großen Mengen zusammengetrieben und interniert; in den Jüdischen Gemeinden von München, Nürnberg und Dortmund wurden die Synagogengemeinden vollständig zerschlagen und ihre Besitztümer von den Nazis übernommen.

Zu dieser Zeit wuchs der Strom der Emigranten an, jedoch bestand die größte Schwierigkeit darin, Länder zu finden, die Juden aufnahmen. 1938 berief der amerikanische Präsident Roosevelt die Konferenz von Evian ein, um den Problemen der deutschen und österreichischen Juden infolge der Annexion Österreichs durch Hitler wirkungsvoll zu begegnen. Der Einmarsch Hitlers hatte einen Sturm der Entrüstung unter den Liberalen in den Vereinigten Staaten hervorgerufen. Dreiunddreißig Nationen wurden zu dieser Konferenz eingeladen, um Lösungsmöglichkeiten für diese Krise zu diskutieren. Jedoch hatten die amerikanischen Delegierten offenbar nicht die Absicht, den Juden weitere Hilfe zu gewähren, da sie auf dieser Konferenz lediglich bekanntgaben, daß an der Einwanderungsquote für deutsche und österreichische Juden festgehalten werde. (In den vorangegangenen Jahren war diese Quote nie voll ausgeschöpft worden.) Deutschland erlaubte jüdischen Sprechern, an dieser Konferenz teilzunehmen; außerdem erschienen Vertreter von fast vierzig jüdischen Organisationen aus vielen Teilen der Welt. Alle diese Gruppen wurden während eines Nachmittags gehört. Der jüdische Weltkongreß, der sieben Millionen Menschen vertrat, erhielt ganze fünf Minuten Redezeit, während die Gruppen aus Deutschland überhaupt nicht angehört wurden. Sie wurden stattdessen angewiesen, eine kurze schriftliche Darstellung zum Zweck der Aufnahme in das Sitzungsprotokoll vorzulegen. Die Konferenz schloß mit der Resolution, daß die Nationen der Welt „nicht gewillt sind, irgendwelche Verpflichtungen zur Finanzierung unfreiwilliger Einwanderungen zu übernehmen."[10] Ein kürzlich erschienes Buch resümiert, daß „Evian ganz deutlich gezeigt hat, daß Juden nirgendwo erwünscht waren."

In Deutschland konnten die Naziführer nun genügend Beweise vorzeigen, daß kein Land im Namen der Juden intervenieren würde. Eine führende Zeitung erschien mit der Schlagzeile „JUDEN ZU VERKAUFEN – WER MÖCHTE SIE HABEN ? N I E M A N D." Eine andere Zeitung schrieb: „Wir stellen fest, daß man den Juden so lange Sympathie zeigt, wie dies zur Hetze gegen Deutschland dienlich ist. Allerdings ist kein Land bereit, Mitteleuropas Kulturmängel durch Aufnahme einiger tausend Juden zu beheben. Die Konferenz hat deshalb die deutsche Politik gegenüber den Juden gerechtfertigt."[12]

Bis zu diesem Zeitpunkt war die Unterdrückung der Juden Sache von Vertretern der Legislative und der Exekutive gewesen. Die Ausschreitungen und Verwüstungen während der Nacht des 9. November 1938 gegen jüdische Wohnungen, Geschäfte, Synagogen und Friedhöfe wurden jedoch als das Werk der deutschen Bevölkerung dargestellt, als „eine spontane Welle der gerechten Empörung in ganz Deutschland, als Antwort auf die feige jüdische Ermordung des Dritten Sekretärs von Rath in der deutschen Botschaft in Paris."[13] In Wirklichkeit war die 'Reichskristallnacht' das sorgfältig geplante Werk von SA und SS, und diese gesetzwidrigen Handlungen empörten und schockierten die Mehrzahl der deutschen Bevölkerung. Die Schrecken dieses landesweiten Pogroms gegen die Juden und der Beginn der Deportationen in die Konzentrations- und späteren Todeslager vernichtete alles, was noch von der jüdischen Gemeinschaft in Deutschland übriggeblieben war.

Reaktionen auf den Nazismus in Sobernheim

Wie überall waren auch in Sobernheim die jüdischen Reaktionen auf den Nazismus sehr unterschiedlich, und zwar entsprechend dem Alter der Betroffenen. Juden zwischen zwanzig und dreißig Jahren glaubten viel häufiger an eine Bedrohung und trafen Vorbereitungen, das Land so schnell wie möglich verlassen zu können. Ihre Eltern, die schon wesentlich länger in Sobernheim gelebt und es in Geschäft und Beruf zu etwas gebracht hatten, konnten einfach nicht glauben, daß die Juden vernichtet werden sollten. Die meisten älteren Juden waren fest davon überzeugt, daß dies alles bald vorüber sei, und daß sich das Nazi-Regime auflösen würde, weil es einen Irrweg einer ansonsten geordnet ablaufenden Geschichte verkörpere. Auch glaubte man bis da-hin nicht, daß Hitler einen Krieg solchen Ausmaßes anzetteln oder einen derartig systematischen Völkermord an den Juden beginnen würde. Die meisten vertrauten darauf, daß die guten und anständigen Deutschen bei der nächsten Wahl – obwohl nach 1933 keine mehr geplant war – das Regime abwählen würden. Martha, eine der von mir Befragten, erklärte mir, während sie zur Bekräftigung mit der Faust auf den Tisch schlug: „Ich würde nie geglaubt haben, daß so etwas geschehen könnte, niemals, niemals, niemals!" Obwohl sie etwas optimistischer waren, drängten die Älteren ihre Kinder doch zum Verlassen des Landes, und 1934 waren bereits einige der jüngeren Mitglieder der Familien gegangen. Schon 1936 waren wesentlich mehr Juden ausgewandert, und zwar hauptsächlich nach den Vereinigten Staaten via England, Holland und Frankreich.

Bis 1939 bzw. bis zum Beginn der 'Endlösung' versuchte das Nazi-Regime die Juden durch gesetzliche Verordnungen und Schikanen aus Deutschland herauszudrängen. Obwohl die Behörden die Auswanderung förderten, war das Verfahren langwierig, mühsam und kostspielig und wurde in den letzten Jahren noch schwieriger. 1938 und 1939, nach der 'Reichskristallnacht' und der Konferenz von Evian, als schließlich Juden in großer Zahl in die Vereinigten Staaten auszureisen versuchten, überstieg ihre Zahl die von den Amerikanern im Rahmen ihrer restriktiven Einwanderungspolitik festgelegten Quoten, und die Menschen mußten warten, bis ihre Nummer an die Reihe kam. Noch heute erinnern sich die Leute ihrer Quotennummer. Eine Frau erinnerte sich, daß die ihre genau 11.000, eine andere, daß ihre 19.480 war. Wegen der großen Zahl der Ausreisewilligen wurden manche Nummern nicht vor 1940 oder sogar erst im Krieg fällig. Auch Juden, die darauf warteten, nach England, Frankreich oder Holland ausreisen zu können, benötigten eine Bürgschaft zum Betreten dieser Länder, und nur diejenigen, die das Glück hatten, dort Kontakte zu haben, waren in der Lage, derartige Arrangements zu treffen. Emma Hesse, deren amerikanische Quotennummer im Jahre 1940 an die Reihe kommen sollte, beschrieb, wie sie und ihre Eltern im April und Mai 1939 Deutschland verließen, um nach England zu gehen:

> Ich ging nicht gleich nach Amerika. Nachdem unser Haus verkauft und die Möbel verschickt waren, fuhr ich nach England und brachte fünf Wochen später auch meine Eltern dort unter. Als ich sie verließ, sagte ich zu ihnen: „Ich werde Euch 'rüber bringen." Mein Vater antwortete: „Du wirst uns niemals wiedersehen." Ich sagte: „Ich werde Euch 'rüberbringen, ich gebe Euch mein Wort! Und ehe ich einen Job annehme (ich hätte als Hausangestellte arbeiten können), werde ich alles tun, um Euch 'rüberzuholen." Ich kam mit einer Bürgschaft

meiner Kusine, die einen Engländer geheiratet hatte, 'rüber; da der mir nicht helfen konnte, schickte er mich zu den Quäkern. Ich erzählte dem Mann bei dieser Gesellschaft, daß wir bereits unsere Schiffskarten für Amerika hätten, daß mein Bruder schon in Amerika sei und daß wir dort einen Bürgen hätten. Wir würden für unsere Eltern sorgen, wenn jemand mir helfen würde, sie nach England zu bringen; ich bräuchte keine finanzielle Hilfe, nur einen Bürgen. Während ich mein Anliegen vorbrachte – ich werde es nie vergessen –, sagte Mr. Howard, so hieß er, daß ich etwas warten solle. Dann sprach er mit einer Dame. Als er zurückkam, sagte er: „Die Dame, die gerade wegging, wird die Bürgschaft für Ihre Eltern übernehmen." Ich bat ihn um die Adresse der Dame, nur damit ich ihr danken könne, aber er sagte: „Wir wollen keinen Dank, wir tun es aus Menschenliebe."

Kurz darauf erhielt Emma Hesse ein Schreiben von Mr. Howard, mit dem ihr mitgeteilt wurde, daß ihre Eltern nach England kommen könnten; alles, was sie zu tun hätten, sei, wegen der nötigen Papiere zum englischen Konsulat zu gehen. Emma Hesses Vater war zu dieser Zeit sehr verwirrt und verzweifelt, und „anstatt das Konsulat erst anzurufen, ging er hin, und sie sagten ihm, daß keine Papiere für ihn da seien. Er schickte mir ein Telegramm: 'Es sind keine Papiere da, und ich bin sicher, daß wir nicht kommen können.' Daraufhin schickte ich ein Telegramm an die Britische Botschaft in Berlin und erhielt fünf Tage später die Antwort, daß die Papiere nach Frankfurt geschickt worden seien. Ich telegrafierte meinem Vater: 'Fahre noch einmal nach Frankfurt, die Papiere sind da'. Am 22. Mai 1939 kamen meine Eltern nach England."

Trotz all dieser Schwierigkeiten beschleunigte die Großzügigkeit der Quäker die Ausreise; aber ihre Erleichterung über die Ankunft in England wurde beeinträchtigt durch die Internierung des Vaters: „Mein Vater wurde in England interniert; das geschah nach Dünkirchen. Sie setzten die Männer ohne Rücksicht auf ihr Alter fest, weil sie fürchteten, daß einige Nazis eingeschmuggelt worden sein könnten. Das hätte passieren können, wissen Sie, – ihnen einfach jüdische Namen geben und sie 'rüberschicken." Schließlich wurde Emma Hesses Vater entlassen, und kurz darauf emigrierte die Familie in die Vereinigten Staaten.[14]

Herr Martin erinnert sich, daß er nach der 'Kristallnacht' seine Wohnung verlassen habe und zu seiner Schwester nach Mainz gegangen sei. Von diesem Punkt an

> habe ich mich mit aller Macht darum bemüht, dieses Land verlassen zu können. Ich hätte es schon früher getan, aber meine Mutter wollte

nicht gehen. Sie war hier geboren und ihr Mann hier gestorben. Nach der Kristallnacht war sie schließlich auch überzeugt. Zu dieser Zeit gab es einen solchen Strom von Leuten, die alle versuchten, nach Amerika zu gehen, daß sie dort Nummern ausgaben. Unsere Nummer war 12.345. Wir mußten warten, bis wir aufgerufen wurden. Meine Schwester war schon drüben; sie mußte sich tausend Dollar borgen, damit sie uns das Geld für die Tickets schicken konnte. Wir kamen praktisch mit nichts als dem, was wir auf dem Leib trugen, owohl wir nicht arm waren – wir gehörten zum Mittelstand. Erst fuhren wir nach Frankfurt, dort sagte man uns, daß wir nach Berlin müßten. In Berlin versuchte die Reichsvertretung, eine Passage für uns zu bekommen, erst mußten wir jedoch noch nach Wien. Schließlich konnten wir per Schiff von Spanien reisen und kamen 1939 in New York an.

Für viele andere war die Prozedur der Auswanderung noch qualvoller. Eine Familie ging zuerst nach Holland, von da nach England und von dort in die Vereinigten Staaten. In einem anderen Fall hatte eine Familie bereits ihr bestätigtes Affidavit und eine Quotennummer für die Vereinigten Staaten, mußte jedoch auf einen Schiffsplatz warten. Das nächste Schiff ging von Frankreich ab, jedoch war eine Einreiseerlaubnis für Frankreich sehr schwierig zu erhalten und erforderte mehr Zeit, Anstrengungen und vor allem Bestechungsgelder, weil Frankreich bereits – wie andere europäische Länder auch – seine Grenzen für Juden geschlossen hatte. Beamtenbestechung war eine alltägliche Erfahrung für viele Menschen, die ihre Abreise zu beschleunigen versuchten. Es gab sogar Fälle von Bestechung jüdischer Beamter, die für jüdische Selbsthilfe-Organisationen arbeiteten.

Während dieser Zeit war der Bedarf an Geld äußerst groß, und diejenigen, die Ersparnisse hatten, konnten sich glücklich schätzen. Ein Mann berichtete, daß er während dieses Jahres mehr Geld ausgegeben habe als sonst in drei Jahren normalen Lebens. Emma Hesse und ihren Eltern gelang es, ihr Haus in Sobernheim zu verkaufen, und sie hatten deshalb genug Geld für die Emigration. Weil sie selbst viele Jahre im Kaufhaus Wolf gearbeitet hatte, verfügte sie auch über eigene Ersparnisse. Jüngere Leute benutzten Geld, das sie von ihren Eltern bekommen hatten, die selbst noch zurückblieben. Familien legten ihre gesamten Ersparnisse zusammen, um jüngeren Mitgliedern die Auswanderung zu ermöglichen. Wenn sie endlich die erforderliche Quotennummer und die beeidigte Bürgschaftserklärung eines amerikanischen Verwandten hatten, mußten sie die Schiffsreise arrangieren, die gewöhnlich von Frankreich (über Holland) und Spanien oder via Holland nach England und von dort nach New York führte. Einigen Familien gelang es, nach England zu kommen, um dort auf die Bürgschaftserklärungen zu warten. In mindestens zwei Fällen aus dieser Gemeinde (Emma Hesses Geschichte wurde bereits geschildert) wurden die erwachsenen männlichen Mitglieder der Familie von britischen Behörden aus Furcht vor deutschen Spionen in Haft genommen. Martha, zu dieser Zeit ein Mädchen von achtzehn Jahren, beschreibt das Gefühl der Erleichterung beim Betreten Englands:

> Als wir endlich, nach acht Monaten Wartens auf unsere Quote, englischen Boden betraten und nachdem die Zoll- und Einreiseformalitäten erledigt waren, weinten meine Mutter und ich vor Erleichterung. Wir lösten unser Gepäck ein und gingen zum Einreiseschalter. Plötzlich forderte ein Beamter meinen Vater auf, mit ihm in einen anderen Raum zu gehen. Etwas später kam er dann zurück und erzählte meiner Mutter und mir, daß Vater unter dem Verdacht der Spionage in Haft genommen werde. Er wurde vier Monate dort festgehalten – ich besuchte ihn jede Woche und versuchte, ihm Mut zu machen. Endlich kam unser Affidavit; er wurde entlassen und von einem Vollzugsbeamten vom Gefängnis direkt zum Schiff gebracht.

Mein Vater wurde am Morgen nach der 'Kristallnacht' verhaftet und nach Dachau gebracht. Meine Mutter und ich blieben ohne die geringsten Geldmittel zurück, da wir unsere geringen Ersparnisse schon längst für das tägliche Leben aufgebraucht hatten. Wie ich schon in der Einführung berichtet habe, erhielten wir glücklicherweise von einem nichtjüdischen Schwager einen größeren Geldbetrag. Von diesem Geld lebten wir während dieser Zeit; meine Mutter nutzte es auch, um verschiedene Beamte zu bestechen und so die Entlassung meines Vaters zu erreichen. Sie wurde von einem befreundeten Stadtrat, der unsere Familie schon lange kannte und uns schnellstens außer Landes sehen wollte, genauestens unterrichtet, wie sie vorgehen müsse, um Vaters Entlassung sicherzustellen. Wir brauchten eine Einreiseerlaubnis für Frankreich, und sie berichtet, wie sie diese erhielt:

> Ich fuhr zum französischen Konsulat in Stuttgart. Dort sagte mir der Sekretär, daß keine Einreisebewilligungen für Frankreich mehr ausgegeben würden. Ich wußte nicht, was tun und hielt mich einfach weiter in der Nähe des Konsulats auf. Um fünf Uhr sah ich einen großen, vornehm aussehenden Herrn aus dem Büro kommen, und ich dachte, daß dies der Konsul sein müsse. Ich lief auf ihn zu und erklärte ihm unsere verzweifelte Situation, daß wir ein Visum bräuchten und daß mein Mann ohne ein solches Visum nicht aus Dachau entlassen würde. Er sah mich an und sagte: „Treffen Sie mich morgen

zum Abendessen im Hotel." Ich war zu allem bereit. Ich bügelte mein bestes Kleid und kaufte mir neues Make-up. Ich wusch und frisierte mein Haar. Wenn er mit mir ins Bett gehen wollte, so würde ich auch das tun. Für dieses Stück Papier hätte ich alles getan. Wir trafen uns, er bestellte Wein und ein sehr teures Essen – das beste, das ich seit einem Jahr gehabt hatte –, wir sprachen über alles mögliche, außer über diese Situation und Politik. Er zahlte die Rechnung, und ich dachte, „jetzt kommt's, jetzt wird er vorschlagen, nach oben zu gehen". Als wir die Tür erreichten, stoppte er, griff in seine Brusttasche, gab mir die Visa und sagte: „Sie sind eine mutige Frau, viel Glück für Sie und Ihre Familie." Eine Woche später kam mein Mann, dünn und verhärmt, mit dem Zug aus Dachau zurück; drei Tage später bestiegen wir einen Zug nach Frankreich, und als ich die französische Trikolore vor mir sah, wurde ich hysterisch.

Für viele andere war das Ausreiseverfahren ebenso schwierig. Die Menschen wurden unter fadenscheinigen Vorwänden von einer Dienststelle zur anderen geschickt, und da diese sehr oft auch noch in verschiedenen Städten lagen, bedeutete dies viele Reisen und erhebliche Ausgaben. Rechtsgültige Papiere, Pässe, Auslösungen von Bank-Guthaben, Unbedenklichkeitserklärungen des Finanzamts etc. wurden für die Ausreise benötigt. Die meisten Emigranten aus dem Mittelstand mußten, da sie häufig arbeitslos waren, Geld borgen, ihre Besitztümer verkaufen oder ihre bescheidenen Ersparnisse zur Finanzierung dieser Reisen verwenden. Herr Martin mußte einen jüdischen Rechtsanwalt bestechen, der ihm eine Schiffspassage von Spanien besorgte. Er erinnerte sich: „Ich mußte einen Anwalt der jüdischen Reichsvertretung in Berlin mit 500 Mark bestechen (in jenen Tagen eine beachtliche Summe), damit sie mich in einen Zug setzten, und zwar weil alle zur gleichen Zeit weg wollten. In Berlin schliefen wir in den Büros der Reichsvertretung auf dem Fußboden, und sie erklärten mir, dafür hätte ich die 500 Mark zu zahlen." Herr Martin und seine Mutter erreichten die Vereinigten Staaten mit nichts als einem Koffer voll Kleidung. Andere hatten mehr Glück. Trotz der vielen Hürden, die sie im Laufe des Ausreiseverfahrens zu überwinden hatten, gelang es doch einer beträchtlichen Zahl, zumindest Teile ihres Besitzes ins Ausland mitzunehmen, sogar noch zwischen 1938 und 1940. Das Regime verlangte von Juden die Deklaration von Geld und Wertsachen, insbesondere Gold und Silber, derartige Gegenstände durften nicht ausgeführt werden. Möbel, Haushaltsgegenstände und Kleidung durften mitgenommen werden. Die jüngeren Mitglieder der Familie Marum nahmen viele Schrankkoffer mit, wie dies fast alle taten, die schon Mitte der dreißiger Jahre ausreisten. Auch später wurde alles ausgeführt, was verpackt und transportiert werden konnte. Meinen Eltern gelang es zusammen mit meiner Tante und meinem Onkel, ein großes Porzellan-Service zu transportieren. In einigen Fällen wurden Wertsachen herausgeschmuggelt, manchmal mit Hilfe eines freundlichen Zollbeamten. Hans Marum erinnerte sich, daß er einen Nichtjuden kannte, der falsche Absätze an Schuhen und Stiefeln anbrachte, in denen kleine Wertsachen versteckt werden konnten. Emma Hesse erinnerte sich, wie sie es fertigbrachte, ein ganzes Eßbesteck aus Silber herauszuschmuggeln:

> Als ich eine Liste aufstellte von allem, was wir hatten, und sie mich anwiesen, alles aufzuschreiben, gab ich an, daß ich ein silbernes Eßbesteck für achtzehn Personen habe. Es gab einen Beamten beim Finanzamt in Bad Kreuznach, der hörte, daß man Juden Gold und Silber abnahm. Er besuchte Freunde in Sobernheim und rief mich an, er habe mir etwas zu sagen. Wir trafen uns und standen vor einem Schaufenster, als schauten wir uns die Auslagen an, und er sagte: „Emma, ich weiß, daß Du weggehen möchtest, und ich bin froh, daß Du das tust; aber hast Du alles Silber auf den amtlichen Dokumenten eingetragen?" Ich sagte: „Ja, ich habe silberne Eßbestecke für achtzehn Personen angegeben." Darauf sagte er: „Geh' und kaufe plattiertes Silber. Sie werden kommen und nachschauen, und dann zeigst Du ihnen das plattierte Silber", was ich dann auch tat. Als sie kamen, sagten sie: „Sie haben doch Sterling-Silber angegeben." Ich sagte: „Ist das denn kein Sterling-Silber?" „Nein, das ist nur Auflage." „Na gut, aber das ist alles, was ich habe". Daraufhin gingen sie. Als wir dann packten, legte ich das echte Silber zwischen meine Kleidung. Beim Zoll gab ich dem Mann das große Paket und sagte: „Helfen Sie mir, geben Sie es dem Spediteur". So half er mir, ohne es zu wissen, das Silber herauszuschmuggeln.

Sie wußte, daß sie ein großes Risiko auf sich nahm, aber ihr Vater ging sogar noch weiter:

> Mein Vater nahm seine Briefmarkensammlung mit. Er nahm Marke für Marke aus den Alben und legte sie zwischen Glas und Rückseite eines Spiegels. Der Spiegel war zu schwer für uns, und ich bat den Zollbeamten: „Dieser Spiegel ist zu schwer, würden Sie ihn den Packern bringen?" Er nahm ihn und sagte: „Mein Gott, ist der schwer! Gut, daß ich da bin!" Auf diese Weise gingen mit seiner Hilfe Silber und Marken hinaus. Aber wenn dieser Mann aus Bad Kreuznach mir nicht geraten hätte, so vorzugehen – Sie sehen, es gab immer jemanden, der einen Weg wußte.

Juden durften nur einen kleinen Geldbetrag mit ins Ausland nehmen, deshalb versuchten viele, wenn auch mit großem Risiko, einzupacken und, wenn nötig, auch zu schmuggeln, was immer sie hatten. Einige Leute, wie z. B. Emma Hesse, behaupteten, daß ihnen von deutschen Beamten bei der Durchsetzung ihrer Emigration geholfen worden sei. In meinem eigenen Fall wurde meine Mutter von einem Stadtrat, einem früheren Freund der Familie, beraten, wie sie die Entlassung meines Vaters aus Dachau erreichen könne. Sein Rat enthielt auch den Namen der Person und die Summe, mit der er zu bestechen sei.

Diese Fälle illustrieren die Schwierigkeiten der Juden, die Deutschland in den späten dreißiger Jahren verließen. Vorher war natürlich das Verfahren etwas einfacher, alle Auswanderungswilligen hatten mit der Bürokratie zu kämpfen, um – in Deutschland – Pässe, Unbedenklichkeitsbescheinigungen von Banken und Finanzämtern und andere Urkunden zu erhalten und – im Ausland – Bürgschaften und Visa für andere europäische Länder, die Vereinigten Staaten etc. zu bekommen. Viele hätten sich alle diese Schwierigkeiten ersparen können, wenn sie früher ausgewandert wären. Einer solchen Entscheidung standen jedoch sowohl die erforderlichen Bürgschaften wie auch die Unwilligkeit eines Teils der Juden, ihr Land zu verlassen, entgegen. Nach 1938/39 sollte die Weigerung fremder Länder, Juden die Einreise zu gestatten, viele Menschen das Leben kosten.

Auswanderung aus Sobernheim (und Deutschland)

Vor 1933 gab es 150 Juden in Sobernheim. Wie man der folgenden Tabelle entnehmen kann, gelang etwa der Hälfte die Auswanderung.

Tabelle 2:

Das Schicksal der Sobernheimer Juden	
Es starben eines natürlichen Todes in den 30er Jahren oder früher	32
Es emigrierten von Sobernheim direkt in die USA	38
Es emigrierten über andere deutsche Städte in die USA	8
Es emigrierten nach England (davon emigrierten 7 später in die USA)	13
Es emigrierten nach Frankreich (davon ging einer in die USA, einer kehrte nach Deutschland zurück)	10
Es wanderten nach Israel aus	4
Es emigrierten in andere Länder (Holland, Kanada)	3
Es zogen in andere deutsche Städte (Aufenthalt danach unbekannt)	21

Es wechselten die Religion und zogen weg	2
Deportiert wurden aus Sobernheim	12
Deportiert wurden aus anderen Städten	7
	150

Demzufolge gelang es 76 Personen, das sind mehr als 50%, in andere Länder zu emigrieren. Von den 21 Juden, die Sobernheim verließen, um in andere Städte zu ziehen, wurden wahrscheinlich viele, wenn nicht alle, in Todeslager deportiert; wir können deshalb annehmen, daß zwischen dreißig und vierzig Sobernheimer Juden (oder ungefähr 23 % der jüdischen Gemeinde) ihr Leben in den Todeslagern verloren haben. Diese Zahl liegt wohl leicht unter dem nationalen Durchschnitt, nach dem vermutlich fast 40% der deutschen Juden ihr Leben in den Todeslagern verloren. Es konnten andererseits aber auch mehr Sobernheimer Juden als im Reichs-Durchschnitt das Land verlassen.

Aus den Auswanderungsstatistiken dieser Jahre ergibt sich, daß die Sobernheimer Juden im Reichsdurchschnitt lagen. Tabelle 3 zeigt die Abnahme der jüdische Bevölkerung zwischen 1933 und 1944:

Tabelle 3:

Juden in Deutschland 1933, 1939, 1944

Jahr	Gläubige Juden*	Gebürtige Juden	Personen mit zwei jüdischen Großeltern**	Personen mit einem jüdischen Großeltern-Paar	Gesamt
1933	499.682	40.000			539.682
1939	213.930	19.716	52.005	32.669	318.320
1944				(versteckt)	14.574
				(Überlebende der Lager)	5.000

* Die Volkszählung unterschied zwischen praktizierenden Juden und solchen, die in jüdische Familien geboren wurden, das Judentum aber nicht lebten oder zum Christentum übergetreten waren.
** Die Nürnberger Gesetze von 1935 klassifizierten als Juden diejenigen, die ein oder zwei jüdische Großeltern hatten.

Diese Zahlen zeigen, daß die jüdische Bevölkerung in Deutschland von etwa 540.000 im Jahre 1933 bis 1944 um 520.000, d. h. mehr als 96 % zurückgegangen war. Dieser Rückgang war verursacht durch „natürliche" Todesfälle (68.000), Deportationen in Lager (135.000) und Auswanderung (317.000). Von denen, die emigrierten, gingen etwa 30.000 in andere Länder des später besetzten Europa, wo ein großer Teil in den dortigen Lagern ums Leben kam. Ungefähr 20.000 Juden überlebten die Konzentrationslager oder waren während des Krieges mit Erfolg untergetaucht.

Die Mehrzahl der aus Deutschland flüchtenden Juden versuchte, in die Vereinigten Staaten zu gelangen. Von Herbert A. Strauss zusammengetragene Zahlen enthüllen, daß bis zum Jahre 1939 die für Deutschland festgelegte amerikanische Quote durchweg nicht in voller Höhe in Anspruch genommen wurde. Die Vereinigten Staaten hatten im Jahre 1925 ein Quotensystem eingerichtet, das jährlich 25.000 Deutschen und 2.000 Österreichern die Einwanderung erlaubte. Die folgende Tabelle zeigt die Zahl der tatsächlichen Auswanderer:

Tabelle 4:

Auswanderung deutscher Juden nach den Vereinigten Staaten 1933 bis 1940

Jahr	1933	1934	1935	1936	1937	1938*	1939	1940
absolut	1.450	3.740	5.530	6.650	11.520	17.870	27.370	26.080
in % der Quote	5,5	13,7	20,2	24,3	42,1	65,3	100	95,3
Anteil der Deutschen in % aller Einwanderer	6,2	12,6	15,8	18,3	23,0	26,3	33	36,8

* ab 1938 einschließlich Österreich

Erst 1939 wurde die Quote voll ausgenutzt, und nur zweimal während dieser Periode – 1939 und 1940 – stellten die deutsch-jüdischen Emigranten ein Drittel oder mehr aller Auswanderer in die Vereinigten Staaten. Strauss führt die niedrigen Zahlen auf die Tatsache zurück, daß nach amerikanischem Recht der Unterhaltsnachweis erbracht werden mußte und viele Juden Schwierigkeiten hatten, Bürgen zu finden, die bereit waren, das Affidavit, die verlangte eidesstattliche Versicherung, zu unterschreiben. Diejenigen, die bereits Angehörige in den Vereinigten Staaten hatten, konnten im Gegensatz zu weniger Glücklichen die Bürgschaft leichter erbringen.

Wie auch in Sobernheim erreichte die Auswanderung ihren Höhepunkt im Jahre 1938, als 40.000 Juden auswanderten, und im folgenden Jahr, als 78.000 Juden Deutschland verließen. Die Sobernheimer Zahlen unterscheiden sich nur insoweit, als mehr als 60% der jüdischen Bevölkerung auswandern konnten und die Zahl der in den Lagern Ermordeten unter dem nationalen Durchschnitt lag. Der langwierige, mühsame und spannungsvolle Auswanderungsprozeß wurde für die Menschen in Sobernheim dadurch ein wenig erleichtert, daß viele von ihnen bereits Verwandte in den Vereinigten Staaten hatten, die für sie bürgen konnten. Andernfalls wäre für viele die Einreise unmöglich gewesen. Glücklicherweise waren viele Sobernheimer Juden bereits Anfang dieses Jahrhunderts nach den Vereinigten Staaten ausgewandert. In einer Familie war eine Großtante schon 1911 im Alter von 17 Jahren ausgewandert. Sie heiratete einen Amerikaner und erzog als Amerikaner geborene Kinder, die nun die Bürgschaften für ihre zwei Brüder und eine Schwester übernehmen konnten. Für die Familie Martin bürgte ein Onkel, der 1919 ausgewandert war. Die Bürgschaften für alle Angehörigen der großen Familie Marum wurden von einem Onkel übernommen, der bereits viele Jahre in den Vereinigten Staaten lebte. In einigen Fällen, in denen Familienangehörige in den frühen dreißiger Jahren ausgewandert waren und noch nicht die amerikanische Staatsangehörigkeit erhalten hatten, gewährten sie ihren Verwandten doch finanzielle Hilfe, insbesondere Geld für die Überfahrt und die damit zusammenhängenden Ausgaben. Familien ohne amerikanische Verwandtschaft hatten große Schwierigkeiten, Deutschland zu verlassen; diejenigen, denen es trotzdem gelang, gingen hauptsächlich nach England und Holland. Verwandte in Amerika waren also von lebensentscheidender Bedeutung für den Auswanderungsprozeß. Ironischerweise gab es zwei Fälle, in denen Sobernheimer Familien schon viele Jahre vor der Nazizeit in die Vereinigten Staaten ausgewandert waren, sich jedoch später entschlossen, nach Deutschland zurückzukehren. Von einer Familie weiß man, daß der Mann im Jahre 1920 einige schwere geschäftliche Rückschläge einstecken mußte; er war Ende zwanzig, verlobt, aber noch nicht verheiratet. Da sich die Schwester seiner Braut bereits in den Vereinigten Staaten eingelebt hatte, stattete er ihr einen Besuch ab, um zu sehen, ob er sich auch in New York niederlassen solle. Er verbrachte mehrere Monate in Amerika, um dann festzustellen, daß er das Land doch nicht so recht mochte, die Kultur der alten Welt doch vorziehe, und kehrte zurück. Er eröffnete ein neues Geschäft, heiratete, hatte vier Kinder und wurde schließlich nach Theresienstadt, ein Konzentrationslager in der Tschechoslowakei, deportiert, wo er ums Leben kam.

Nach seinen anfänglich erheblichen Anstrengungen, seine Existenz in Deutschland zu sichern, war die unmittelbare Reaktion des deutschen Judentums auf die zunehmende Verfolgung, das Land zu verlassen, sobald die Umstände es erlaubten. Das Dutzend Juden, das in Sobernheim zurückblieb, waren ältere Leute, die ihren Kindern die erste Chance zur Auswanderung geben wollten. Meine eigenen Großeltern, die zur Auswanderung entschlossen waren, sobald sich meine Eltern in den Vereinigten Staaten sicher niedergelassen hatten, gaben ihre amerikanischen Quotennummern den jugendlichen Kindern einer entfernten Kusine, die sie in ihrer Verzweiflung aufgesucht hatte, weil sie damals keine Quote mehr hatte bekommen können. Meine Großeltern entschieden, daß sie ihr Leben gelebt hätten und den Jugendlichen eine Lebenschance in einem neuen Land geben wollten. Trotz vieler Bemühungen meiner Großeltern, das Auswanderungsverfahren noch einmal von vorn beginnen zu können, hatten sie keinen Erfolg und wurden 1942 deportiert.

Das Leben in Sobernheim in den dreißiger Jahren

Wie sah das Leben der Sobernheimer Juden in den dreißiger Jahren aus? Auch wenn viele ihre Auswanderung betrieben, mußten sie doch weiterhin das alltägliche Leben in ihrer Stadt fortführen. Ein sichtbarer Ausdruck ihrer Verfolgung, die Anfang 1933 begann, war ihre zunehmende Isolation von allen Facetten des Sobernheimer Lebens. (Das Scheitern der Beziehungen zu nicht-jüdischen Freunden und Mitarbeitern wird im nächsten Kapitel näher beschrieben.) Merkwürdigerweise war ihr gesellschaftliches Leben trotz allem nicht vollkommen beschnitten, da sie immer noch in größere Städte fahren konnten, wo sie nicht als Juden bekannt waren. Das war allerdings nur bis November 1941 möglich, als alle Juden per Gesetz in ihrer Bewegungsfreiheit eingeschränkt wurden und nicht mehr unkontrolliert reisen durften.

Schon immer hatte das Leben der Sobernheimer Juden und Nichtjuden der Mittel- und Oberschicht Reisen und Besuche der größeren Städte in der Umgebung enthalten. Viele nahmen an besonderen Einkaufsreisen teil oder besuchten Freunde und Verwandte in der Stadt. Wohlhabende Juden und Nichtjuden fuhren regelmäßig nach Bad Kreuznach oder sogar Frankfurt, um Filme zu sehen oder Theater, Konzerte und Opern zu besuchen. Auch verbrachten viele ihre Ferien im Ausland, in Frankreich oder in der Schweiz. Obwohl Sobernheim nicht sehr groß war, hatte es doch sehr günstige Eisenbahnverbindungen, so daß es schon früh kaum Beförderungsschwierigkeiten gab. Diese Verhaltensmuster setzten sich bis in die dreißiger Jahre fort. Während ein gesellschaftliches Leben in Sobernheim unmöglich wurde, fanden Reisen und Besuche anderer Städte auch weiterhin statt. Kleine Gruppen jüngerer Juden unternahmen auch weiterhin Ausflüge aufs Land, wie sie dies auch früher getan hatten. Ich besitze verschiedene Fotos von meinem Vater und anderen jungen Juden aus Sobernheim, die aufgenommen wurden, als sie sich bei Bootsfahrten oder Picknicks auf dem Lande vergnügten – und das auch noch 1936/37. Einige fuhren auch weiter nach Frankfurt, um sich Filme anzusehen oder Restaurants zu besuchen. Ein junger Mann verbrachte erhebliche Zeit in Frankfurt, wo er zur Schule gegangen war und viele jüdische und 'halbjüdische' Freunde hatte. Da er durch die politische Situation seine nicht-jüdischen Freunde in Sobernheim verloren hatte, verbrachte er seine Freizeit mit dem Besuch früherer Schulfreunde in Frankfurt. Ein anderer Mann, der während seiner Schulzeit im Ausland Tennis spielen gelernt hatte, spielte auch weiterhin regelmäßig, aber nur in jüdischen Klubs und in anderen Städten. Einige Juden besuchten sogar Naziversammlungen in anderen Städten, um sich zu informieren. So fuhren z. B. Albert und zwei jüdische Freunde in Begleitung von Herrn Glockner und einigen anderen Nichtjuden in das etwa dreißig Kilometer entfernte Idar-Oberstein. Sie wurden nicht als Juden erkannt, und keiner aus der kleinen Gruppe, weder Juden noch Nichtjuden, grüßte mit „Heil Hitler".

In seiner Autobiographie schildert der Rabbiner Gunther Plaut, wie sich die Verhaltensmuster des jüdischen Lebens änderten. Seine Schilderung kann auch auf die Erfahrungen der Juden in Sobernheim angewandt werden:

> Gefühlsmäßig befand ich mich in einem Halbschlaf, eingelullt in eine falsche Sicherheit durch die nur allmähliche Zunahme der offiziellen antisemitischen Maßnahmen. Unser Ghetto war ein soziales und intellektuelles, kein physisches. Wir verlagerten unsere Schwerpunkte aus einem Deutschland, in welchem wir gelebt hatten, in ein ausschließlich jüdisches Ambiente; in Theater, Musik und Sport... Ich spielte Fußball im ersten Hakoah-Team, das gegen andere jüdische Vereine aus verschiedenen Städten, sogar aus Wien, antrat; ich spielte Tennis bei Bar Kochba... Anstatt uns mit den Deutschen zu messen, spielten wir jetzt gegen Juden; ansonsten waren die Turniere wie alle anderen; die Begeisterung, der Wunsch zu gewinnen – da war kein Unterschied. Kurz vor Beginn meiner schriftlichen Prüfungen gewann ich die Deutsch-Jüdischen Meisterschaften im Tennis-Einzel... Wir nahmen an Turnieren in verschiedenen deutschen Städten teil, so als ob die Nazis gar nicht existierten. Wir wurden bei den besten jüdischen Familien einquartiert und verlebten eine wunder-

bare Zeit. Es war eine neue Scheinwelt, wir waren halbtot, glaubten aber, daß wir lebten; wir glaubten, daß der Spuk nach einiger Zeit vorüber sein würde.[17]

Auf diese Weise führten die meisten Sobernheimer Juden ihr gesellschaftliches Leben nach 1933 außerhalb Sobernheims. Innerhalb der Stadt besuchten sie sich zwar gegenseitig in ihren Häusern, doch wurden Begegnungen außerhalb der Privatsphäre ihrer Wohnungen nicht unbedingt angestrebt. Die Leute grüßten sich auf der Straße und an anderen öffentlichen Orten, gingen aber möglichst schnell auseinander, denn, wie Herr Abraham berichtete, „wenn zwei oder drei Juden an einer Straßenecke zusammenstanden, mußten sie jederzeit damit rechnen, von SA-Männern belästigt oder verprügelt zu werden." Wenn sich die Leute gegenseitig besuchten, konzentrierte sich die Unterhaltung immer auf Fragen der Strategie. Martha erinnerte sich: „Wir sprachen über Leute, die auswanderten, wohin sie gingen und was *wir* tun könnten." Abgesehen von der Auswanderung war eine der Hauptfragen, was, wo und wie man über sein Vermögen verfügen sollte, um Geld zur Bestreitung des einfachsten Lebensunterhalts, aber auch für Bestechungen sowie Reisen zu den einzelnen Verwaltungsstellen zur Hand zu haben. Juden, die auswandern wollten, mußten auch Vorkehrungen für den Verkauf ihrer Häuser und Geschäfte treffen. Obwohl das Gesetz den Betrieb jüdischer Geschäfte bis in die späten dreißiger Jahre erlaubte, begannen kleine Geschäftsleute und Einzelhändler bereits viel früher damit, ihre Geschäfte zu schließen und zu verkaufen.[18] In Sobernheim blieb lediglich die Fabrik Marum bis Ende 1938 in jüdischer Hand. Mitte 1938 hatten bereits die meisten Kaufleute ihre Geschäfte geschlossen, da die geringen Umsätze – es durfte jetzt nur noch an Juden verkauft werden – eine Weiterführung unmöglich machten. Kurz vor ihrer Auswanderung verkauften die Juden dann auch ihre Häuser.

Diese Transaktionen wurden hauptsächlich im Ort selbst abgewickelt. Die Verpachtung des Kaufhauses Wolf an einen Kaufmann einer Nachbarstadt wurde perfekt, nachdem bekannt geworden war, daß sich Wolf und sein Schwager sehr um die Auswanderung nach Frankreich bemühten. Einer ihrer Angestellten wurde Geschäftsführer; später kaufte er das Geschäft von Wolf, der dann nach dem Krieg zurückkehrte, um seine Angelegenheiten zu regeln. Wie schon im ersten Kapitel berichtet, sollte die Fabrik Marum bereits 1936 fast zum Marktpreis an eine große Firma verkauft werden; Herr Marum änderte jedoch seine Meinung und verkaufte dann zwei Jahre später die Fabrik für einen wesentlich geringeren Betrag an dieselbe Firma. Dr. Stern, sein Ge-

Dieses Haus wirbt
mit Qualität um Ihr Vertrauen!

Das frühere Kaufhaus J. Wolf jr., welches in ein rein **deutsches Textil- und Möbelhaus** übergegangen ist, bietet eine neue

Grundlage des Einkaufs

für weite Kreise unserer Volksgenossen.

Es ist mein Bestreben das **Vertrauen** das mir die **Bevölkerung** von **Sobernheim u. Umgebung** entgegenbringt durch **wahrheitsgetreue Angebote** und äußerst **vorteilhafte Preise** bei denkbar besten **Qualitäten zu beweisen.**

Bitte machen Sie einen unverbindlichen Besuch der durch große Auswahl und zuvorkommende Bedienung belohnt wird.

Das deutsche Textil- und Möbelhaus Sobernheims.

Arisierungsanzeige im „Sobernheimer Intelligenzblatt" vom 15. November 1935

schäftsführer, ging noch seiner Arbeit nach; bis einige Wochen vor seiner Auswanderung in die Vereinigten Staaten im Jahre 1939 besuchte er noch Kunden im Ausland, um Aufträge zu akquirieren. Die Familie Feibelmann verkaufte ihr Manufakturwarengeschäft an einen Nachbarn, der schon lange daran interessiert war, Einzelhandelskaufmann zu werden. Auch in diesem Fall lag der Kaufpreis weit unter dem tatsächlichen Wert. Die Nichtjuden im Ort ergriffen sehr schnell die Gelegenheit, wenn sie feststellten, daß einige der besten Geschäfte sowie Haus- und Grundbesitz in Sobernheim zu einem Bruchteil des tatsächlichen Wertes zu erwerben waren. So verkaufte z. B. Emma Hesses Vater den Familienbesitz an einen seiner früheren Schulfreunde, „der hörte, daß wir weggingen. Er kam eines Abends zu uns 'rüber und sagte, daß er kaufen wolle. Das Haus hatte einen Wert von 21.000 Mark. Er sagte Vater, daß er nur 13.000 Mark bezahlen müsse, weil es sich um ein jüdisches Haus handele." Einige Juden ließen ihre Häuser einfach zurück, weil ihre Visa und andere Reise-Dokumente inkrafttraten, ehe sie ihr Eigentum verkaufen konnten. Und schließlich gingen die Häuser einiger älterer Juden, die man deportierte, in den Besitz der zu diesem Zeitpunkt schon unter Gestapo-Kontrolle stehenden Reichsvereinigung der Juden in Deutschland über und wurden nach dem Krieg verkauft. Eine Ausnahme war das Haus des alten Herrn Marum, das testamentarisch der nichtjüdischen Haushälterin vermacht worden war. Herr Heimer erwarb das Haus meiner Großeltern Anfang 1950. Seine Familie hatte im Nachbarhaus gewohnt, in dem seine Eltern ein kleines Geschäft hatten. Herr Heimer sagte mir, daß sein Vater, hätte er gewußt, daß die Juden deportiert wurden und auch die Ostermanns dieses Schicksal treffen würde, ihnen „ein großzügigeres Angebot gemacht hätte, auch noch zu diesem Zeitpunkt." Tatsächlich hat sein Sohn das Haus schließlich durch einen deutschen Rechtsanwalt von meiner Familie kaufen lassen, als er sein Geschäft vergrößern wollte.

Die Juden mußten in den dreißiger Jahren erhebliche Zeit und Anstrengungen aufwenden, um die verschiedenen finanziellen Transaktionen einschließlich der Verkäufe ihres Eigentums zu bewerkstelligen. Dennoch blieben sie, so weit dies möglich war, bei ihrer Arbeit. Die Ladeninhaber arbeiteten bis Mitte der Dreißiger, als die meisten ihre Geschäfte schließen mußten. Marum Senior, sein Schwiegersohn und andere an der Firma Beteiligte setzten ihre Arbeit fort. Es gab nur noch wenige Juden im Arbeitsprozeß, und diese wenigen versuchten, ihre Arbeitsplätze so lange wie möglich zu behalten. Einige, wie z. B. Albert, der in einer nicht-jüdischen Firma in einer anderen Stadt arbeitete, verloren früh ihre Arbeitsstelle, während vier jüngere Juden bis 1938 in der Firma Marum arbeiten konnten.

Man könnte annehmen, daß religiöse Vorschriften während dieser Zeit wie im übrigen Deutschland auch in Sobernheim in höherem Maße befolgt worden seien. Das war jedoch nicht der Fall. Die Menschen gingen auch weiterhin am Sabbath und an den Feiertagen in die Synagoge, es war jedoch keine besondere Zunahme religiöser Aktivitäten zu bemerken. Natürlich endeten Gottesdienst- und Synagogenbesuche mit der 'Kristallnacht', als das Gebäude niedergebrannt und teilweise zerstört wurde.

Im Jahre 1939 lebten nur noch zwölf Juden in Sobernheim, die schließlich 1942 deportiert wurden. Wie sah das Leben für diese zwölf alten, gestrandeten Leute aus, die ohne jede Hoffnung auf Ausreise dahinvegetierten und zum Sterben zurückgelassen worden waren? Nach außen hatten sie sich in die Unvermeidlichkeit ihres Schicksals ergeben. Die meisten blieben in ihren Häusern, da sie die Feindseligkeit fürchteten, die ihnen möglicherweise auf den Straßen begegnete. Sie lebten in einem oder zwei Räumen, da sie gezwungen worden waren, die übrigen Räume an deutsche Familien zu vermieten. Ihre kleinen Kammern waren armselig möbliert, ihr Besitz war zum großen Teil in der 'Kristallnacht' vernichtet worden. Sie konnten nicht länger in den Geschäften einkaufen, obgleich freundliche Nachbarn ihnen heimlich des Nachts Nahrungsmittel brachten, Die damals siebzehnjährige Nichtjüdin Irmgard, Tochter eines Tischlers, lebte gegenüber einer aus zwei Erwachsenen bestehenden jüdischen Familie und einem Witwer, der zu ihnen hatte ziehen müssen, weil sein eigenes Haus vollständig zerstört worden war. Sie erinnert sich: „Wir waren auch in den frühen vierziger Jahren noch recht gut mit Lebensmitteln versorgt, weil meine Mutter von einem Bauernhof stammte und auch sonst gute Beziehungen zum Land hatte. Wir bekamen frisches Gemüse, Kartoffeln und Getreide und gelegentlich sogar frisches Fleisch von den Bauern. Jeden Morgen legte meine Mutter eine Portion zur Seite und sagte, daß dies 'für sie' sei. Am späten Abend eilte sie dann über die Straße und brachte es ihnen. Sie gingen fast nicht mehr aus." In diesen letzten Jahren wurden die zwölf Juden auf fünf Wohnungen verteilt (eine Frau war wegen geistiger Verwirrung in einer Klinik gewesen, wurde dann aber zu zwei alten Leuten einquartiert, die für sie sorgten). Alle fünf Wohnungen wurden regelmäßig am späten Abend von freundlichen Nachbarn aufgesucht, die Lebensmittel brachten und manchmal auch ein Weilchen blieben, weil sie wußten, wie isoliert und einsam die Juden waren. Irmgard berichtet, daß ihre Mutter oft bei den jüdischen Nachbarn blieb, „nur für eine halbe Stunde, um mit ihnen zu plaudern. Sie waren so allein." Am deutlichsten wird die Isolation der Juden in ihren Briefen, die sie ihren Familien in die Vereinigten Staaten schrieben. Ich hatte das Glück, einige von der Familie Marum aufbewahrte Briefe zu erhalten. Sie waren von ihrem Großonkel geschrieben worden, der sich entschlossen hatte, in Deutschland zu bleiben, weil er sich zu alt glaubte, um ein neues Leben in einem anderen Land zu beginnen. Aus seinen Briefen spricht eine unsagbare Einsamkeit und Isolation. Als kennzeichnend für diese Periode sei noch erwähnt, daß Herr Marum als Absender seinen Namen mit Henning „Israel" Marum angeben mußte, da ab 1938 allen Juden durch Gesetz befohlen war, ihr Jüdischsein durch Hinzufügen der Namen „Israel" oder „Sara" anzuzeigen. Diese Auszüge sind seinen Briefen von 1940 entnommen:

> Euer Brief hat acht Wochen gebraucht, um mich zu erreichen – er mußte durch die englische und deutsche Zensur. Ich bin überglücklich, etwas von Euch zu hören und daß es Euch gut geht. Ihr könnt stolz darauf sein, in so kurzer Zeit so viel erreicht zu haben. Ich wünschte, ich könnte Euer Geschäft sehen. Ich habe Heimweh nach Euch allen, da ich die meiste Zeit Eures Lebens bei Euch war. Ich hoffe, daß ich bald zur großen Armee da oben einberufen werde. Weder Purim noch Passah – nichts passiert hier; ein Tag vergeht wie der andere. Von hier gibt's nichts Neues. Das Wetter ist schön geworden ...

> Ihr lebt als freie Menschen, für mich auf meine alten Tagen ist ein Wechsel schwierig. Meine Beine lassen mich im Stich, und meine Augen werden schwächer, so daß ich nachts nicht mehr lesen kann. Manchmal spiele ich Karten mit Marie, um die Zeit totzuschlagen. Ich habe die Feiertage nicht eingehalten... Du hast Deinen Geburtstag mit der Familie gefeiert, ich wäre auch gerne da, aber das bleibt eine kühne Hoffnung. Von hier gibt's nicht viel zu berichten. Die Familie Landau lebt jetzt im jüdischen Gemeindehaus in der Neugasse. Familie Wolf ist auch da. Jeder hat ein Zimmer und eine Küche, und im ersten Stock leben die Heymanns.

> Hier vergeht ein Tag wie der andere. Nichts ändert sich. Ich hoffe, daß diese Existenz bald zu Ende sein wird. Hier sind vier Leute gestorben... (es folgen Namen von vier Nichtjuden). Frau Diego erzählte Marie, daß sie am 20. April via Genua nach den U.S.A. fährt. „Das ist eine nicht-jüdische Familie". Ich habe für 7.000 Mark Aktien verkauft; ich denke, daß das reicht, weil ich hoffe, nicht mehr allzu lange zu leben.

Ich habe in der Zeitung gelesen, daß es bei Euch sehr heiß ist. Hier ist es sehr kalt. Es geht mir gut, aber ich bin des Lebens müde, ich bin alt genug. Albert und Loeb (von Köln) waren hier zu Besuch, und ich hatte ein wenig Abwechslung. Er geht von hier nach Wiesbaden, aber er hat keine Arbeit. Luis hatte eine Blinddarm-Operation. Emil Wolf hat kürzlich seine Frau verloren (das sind alles Nichtjuden). Die Beerdigung ist in Bad Kreuznach, aber ich werde nicht hingehen, Reisen macht mir keinen Spaß mehr.

Ich bin noch einigermaßen zufrieden, aber niemand kommt zu mir, und ich gehe nicht aus. Marie ist meine einzige Gesellschaft. Gestern kam Herr Gottschalk aus Kirn vorbei und besuchte mich. Wir warten auf frisches Gemüse nach dem Winter. Noch kein Spinat, aber jetzt ist Spargelzeit. Die Kartoffeln sind dieses Jahr besonders gut. Wir kriegen noch genug zu essen.

Später im Jahre 1941 schrieb Herr Marum:

Ich danke Euch für Eure guten Wünsche. Ich hoffe, daß dies mein letzter Geburtstag ist. Marie kauft manchmal Wein vom Winzer Hartmann; es war naß, und der Wein ist dieses Jahr nicht gut.

Der letzte Brief, den die Familie im August 1941 erhielt, enthält diese Worte:

Wir freuen uns über Eure Briefe, sie sind die einzige Abwechslung, das einzig Neue in unserem Leben. Viele Leute fragen noch nach Euch; heute sprach Marie mit Frau Lentner, sie hofft, daß es Euch gut geht.

Der irdische Inhalt dieser Briefe macht deutlich, daß Herr Marum wußte, daß die Briefe geöffnet wurden. Deshalb schilderte er niemals die Nöte seines Lebens unter dem Regime. Auch erwähnte er niemals irgendwelche politischen Tagesereignisse in Deutschland, obwohl er als eifriger Zeitungsleser durchaus informiert war. Er schrieb nur über Alltägliches, seine Gesundheit und Lebensmittel, die er sich noch kaufen konnte. Es ging ihm noch recht gut, wahrscheinlich besser als irgend einem der noch in Sobernheim lebenden Juden, weil er Geld hatte und von einer nicht-jüdischen Haushälterin versorgt wurde, die bis zu seiner Deportation bei ihm blieb. Sie konnte ohne Behinderung die nötigen Lebensmittel und andere Sachen einkaufen. Er hatte nur wenig Kontakt zu den übrigen Juden, und nur in einem Brief erwähnt er eine Begegnung mit einem anderen Juden, der ihm half, eine Bescheinigung zu tippen, die ein Vetter für seine Emigration benötigte. Die wenigen Leute, die er in seinen Briefen erwähnte, waren Nichtjuden – ausgenommen die beiden Juden aus Köln, und diese Information hatte er von seiner Haushälterin Marie erhalten. Was der alte Herr Marum in seinen Briefen nicht erwähnte, waren seine beiden Selbstmordversuche. Einige Zeit vor seiner Deportation bat er seine Haushälterin, alle Dokumente und Familienbilder zu verbrennen, da er nicht wünsche, daß sie in falsche Hände fielen. Einmal suchte er einen Arzt auf, den er um eine Spritze bat, die ihn töten sollte; der Arzt lehnte ab. Ein anderes Mal ging er zum Fluß und versuchte, sich zu ertränken; er wurde von jemandem zurückgehalten und nach Hause gebracht.

Eine andere Serie von Briefen, die meine Großeltern ihren Söhnen und Töchtern in die Vereinigten Staaten geschrieben haben, schildern mehr gesellschaftliche Kontake unter den zurückgebliebenen Juden. Zu dieser Zeit waren meine Großeltern in den Sechzigern und bemühten sich, nachdem sie ihre Quotennummer an entfernte Verwandte abgegeben hatten, doch noch emigrieren zu können. Ihre Briefe enthalten viele Einzelheiten über Auswanderungsvorschriften, wie dieser Auszug aus ihrem letzten, im November 1941 geschriebenen Brief deutlich zeigt:

> Wir haben Euer Telegramm erhalten, aber es war sechs Wochen unterwegs. Wir können von hier nicht telegraphieren, wenn wir dies wünschen. Ich stehe mit der Reise-Agentur in Essen wegen unseres Kuba-Besuchs in Verbindung, uns fehlt aber das Transitvisum für Spanien und Portugal. Es gibt jedoch keinen Transport von Berlin nach Lissabon zu dieser Zeit. Wir wissen nicht, ob wir von Lissabon ausreisen können, und wissen nichts über das Visum für Kuba.

Im Juli 1941 hatte mein Großvater geschrieben:

> Da wir nicht wissen, ob wir mit dem amerikanischen Schiff von Lissabon kommen können, solltet Ihr vielleicht Euer Geld von denen zurückverlangen. Walter schreibt, daß sein Visum noch nicht angekommen ist. Im Augenblick werden Vorkehrungen mit der Selbsthilfeorganisation in Köln getroffen. Sollte etwas Gutes daraus hervorgehen, werde ich sofort telegraphieren.

Im August 1941 schickte er uns die folgende Nachricht:

> Wir senden Euch unsere Bescheinigungen und auch einige Abschriften sowie die Wartenummern. Vielleicht könnt Ihr dort etwas damit tun. Zu unserer Abreise gibt es nichts Neues. Wir hörten, daß Leute mit Bescheinigungen noch ein Visum bekommen und raus könnten. Für morgen sind wir nach Bad Kreuznach bestellt, um dort einen weiteren Fragebogen auszufüllen. Alles ist noch in Ordnung mit uns.

Andere Passagen dieser Briefe schildern ausführlich die Schikanen der Verwaltung, die meine Großeltern ertragen mußten. Es scheint, daß ihre

Zeit ausgefüllt war mit immer neuen – letztlich aber aussichtslosen – Versuchen, nach den Vereinigten Staaten zu emigrieren. In ihren Briefen erwähnen sie auch andere Sobernheimer Juden und noch in Deutschland lebende Familienangehörige, mit denen sie in regelmäßigem Kontakt standen. Im Mai 1941 hatten sie folgende Neuigkeiten für die Familie: „Frau Haas ist noch im Krankenhaus in Frankfurt; die letzte Diagnose ist Leukämie – so sagte uns Dr. Hoenich. Vor zwei Wochen haben wir Frau Wolf ins gleiche Krankenhaus nach Frankfurt gebracht; bei dieser Gelegenheit haben wir dann auch Frau Haas besucht." In einem anderen Brief schrieb mein Großvater, daß auch Frau Metzler im Krankenhaus sei und daß sie vor kurzem alle drei Sobernheimer Patienten besucht hätten. Es war ein jüdisches Krankenhaus – das einzige, in dem Juden auch noch zu dieser Zeit zur Behandlung aufgenommen wurden. In einem anderen Brief erwähnt er, daß „Milton Hardt letzte Woche vier Briefe aus den Vereinigten Staaten bekommen hat. Wir haben nichts von Euch gehört." In einem anderen Brief schreibt er, daß er „im Auftrag von Frau Marx aus Sobernheim" nach Stuttgart fahre, um etwas über ihre mögliche Abreise zu erfahren. Bezogen auf die Familie erwähnen seine Briefe immer wieder, daß er von Erich in Schweden gehört habe, der seinerseits von seiner Tante und seinem Onkel in Israel gehört hatte; „auch die Bochumer Familie schreibt regelmäßig." Außerdem standen sie in ständiger Verbindung mit Walter, einem Vetter, der „besser informiert ist als wir". In einem Brief schreiben sie, daß sie gerade aus Staudernheim, einem benachbarten Dorf, zurückgekommen seien, wo sie Großmutters Schwester und ihren nichtjüdischen Ehemann besucht hätten, die beide noch lebten und gesund seien. Meine Großeltern berichteten niemals etwas über häusliche Begebenheiten, sie schrieben immer nur, daß „alles mit uns in Ordnung ist, wir sind gesund." Mit anderen Worten: Das tägliche Leben ging seinen normalen Gang, auch noch im letzten Jahr. Jedoch kann man ihre Trauer und Verlassenheit spüren, wenn sie immer wieder den Wunsch aussprechen, wieder mit ihrer Familie vereint zu sein. In einem Brief schrieb meine Großmutter: „Das lange Warten ist schrecklich, wenn wir nur bei Euch wären, aber das wird noch lange dauern," und „ich hoffe, daß wir den nächsten Sommer mit Euch verbringen können." Die Briefe sind auch gekennzeichnet durch eine niemals aufgegebene Hoffnung, daß Emigration doch noch möglich sei; das macht die Deportation meiner Großeltern in ein Konzentrationslager für uns noch trauriger. Die letzten Briefe kamen im November 1941. Amerikas Eintritt in den Zweiten Weltkrieg im Dezember 1941 machte jeden weiteren Briefverkehr unmöglich.

Meine Großeltern und die anderen in Sobernheim gebliebenen Juden verbrachten ihre letzten Jahre in Einsamkeit, vollkommen isoliert von der Gemeinde, in der sie geboren und aufgewachsen waren. Sie hatten ein ziemlich wohlhabendes und angenehmes Leben in Sobernheim geführt, Geschäfte gegründet, Kinder erzogen und ihr Leben wie alle anderen in der Stadt verbracht. Ab 1939 waren sie fast Gefangene in ihren Häusern, ihr Leben vollständig eingeengt durch Furcht und Isolation. Dickinson, der das Leben eines jüdischen Rechtsanwalts in einer kleinen Gemeinde namens Hochberg beschreibt, kommentiert: „Die Juden waren die offiziellen Parias von Hochberg (lies: Sobernheim) und Deutschland, und Anfang der Vierziger war ihr Paria-Status schließlich allumfassend."

Trotz der Tatsache, daß der Status meines Großvaters der eines Paria war, wurde er in diesen letzten Jahren doch noch gezwungen, an einem Rechtsgeschäft mit dem Nazi-Regime mitzuwirken. Die Angelegenheit betraf den Verkauf einer jüdischen Synagoge im nahegelegenen Dorf Staudernheim.[20] Das Dorf hatte eine winzige jüdische Gemeinde gehabt, die nur aus ganz wenigen Familien bestand. Ende der dreißiger Jahre lebten dort wohl keine Juden mehr, außer der Schwester meiner Großmutter, die viele Jahre zuvor einen Nichtjuden geheiratet hatte. Als einzige Jüdin und zudem mit einem Nichtjuden verheiratet, war sie anscheinend durch ihren Ehemann und Nachbarn geschützt und lebte während dieser ganzen Zeit und auch noch während des Krieges ungestört. 1939 war mein Großvater einer der wenigen noch verbliebenen männlichen Mitglieder der jüdischen Gemeinde Sobernheim und der Einzige, der verwandtschaftliche Beziehungen nach Staudernheim hatte. Vielleicht mußte er deshalb die Rolle des Verkaufsmaklers für den Synagogenbesitz übernehmen. Zu dieser Zeit fielen beachtliche Mengen jüdischen Eigentums in die Zuständigkeit der Reichsvereinigung der Juden in Deutschland, so auch dieser Synagogenbesitz. Ihre Vertreter drängten meinen Großvater, den Verkauf zu beschleunigen („Ich werde ununterbrochen von denen in Berlin gedrängt, die Angelegenheit zu erledigen"), weil die Staudernheimer den Grundbesitz erwerben wollten. Von etwa 1938 an war er an einer Vielzahl von Rechtsverfahren beteiligt, die die Durchführung von Schätzungen, Zahlung von Schätzungsgebühren, Anforderung von Besitznachweisen und andere bürokratische Vorschriften wie auch erheblichen Zeitaufwand für das Verfassen von Schriftsätzen und Reisen umfaßten. Ein Dokument bestimmt das Datum für die Schätzung und stellt kurz und bündig fest, daß „der Jude Jakob Israel Ostermann von dem Datum in Kenntnis zu setzen" ist. Die

Geschäfte gingen langsam und schwerfällig voran und veranlaßten meinen Großvater im Juli 1941 zu schreiben: „Ich arbeite nun schon mehr als vier Jahre in dieser Angelegenheit und würde sie vor meiner Abreise noch gerne erledigt sehen." Diese dringende Bitte hatte einige Tage später ein Schreiben des Magistrats an den Bürgermeister von Sobernheim zur Folge, das mit der Anregung endete, den „Verkauf abzuschließen, da der Jude Ostermann die Angelegenheit vor seiner bevorstehenden Auswanderung zum Abschluß bringen möchte."

Auf diese Weise fand die – niemals erfüllte – Hoffnung meines Großvaters auf Auswanderung ihren Weg in die amtlichen Dokumente. Die für ihn so traurige Beteiligung an einem Rechtsgeschäft mit Vertretern des Regimes, die auf ihn immer nur geringschätzig als den „Juden" oder „den Juden Ostermann" verweisen, war demütigend und erdrückend. Die endgültigen Dokumente datieren vom Frühjahr 1943 und bestätigen, daß der Besitz verkauft war. Ein Schreiben der Kreisleitung der Nazi-Partei vom April 1943 bestätigt ebenfalls den Verkauf und verkündet öffentlich, daß der Besitz gesetzlich „entjudet" ist. Das Geschäft wurde acht Monate nach der Deportation meiner Großeltern und etwa vier Monate nach dem Tod meines Großvaters im Konzentrationslager Theresienstadt abgeschlossen.

Für die emigrierten Juden begann ein neues Leben, während der Tod in den Konzentrationslagern die Schikanen und Verfolgungen der meisten zurückgebliebenen Juden beendete. Wie reagierte die nichtjüdische Bevölkerung, von denen viele mit Juden befreundet gewesen waren, auf die Verfolgung ihrer Freunde?

Die mittlere Großstraße in Sobernheim, links im Hintergrund das Geschäft der Feibelmanns (Aufnahme 1935)

5. Deutsche Reaktionen auf die Verfolgung der Juden

Zerbrochene Freundschaften

Frau von Erden ist eine zarte, gebrechlich aussehende Frau von etwa achtzig Jahren. Sie lebt in einem der ältesten Häuser von Sobernheim, das im Jahre 1784 erbaut wurde. Es ist von einem Hof umgeben, in dem es immer noch Ställe gibt, auch wenn sie und ihre Familie schon lange kein Vieh mehr halten. Als ich mich mit ihr unterhielt, trug sie ein altes bedrucktes Baumwollkleid, eine Schürze und ziemlich abgetragene Baumwollstrümpfe von der Art, wie alte Damen sie zu tragen pflegen. Als sie mir rührende Geschichten aus ihrer Vergangenheit erzählte, verhärtete sich ihr zartes Gesicht, und oft traten Tränen in ihre Augen. Sie freute sich, mich zu sehen, und konnte sich gut an meine Familie und die „guten alten Zeiten" erinnern. Sie schilderte mir ihre frühesten Erinnerungen an jene „bösen Zeiten". Sie hatte eine lebenslange Freundschaft mit einer Jüdin gehabt, die nach ihrer Heirat in eine nahegelegene Stadt zog. Während einer Einkaufsfahrt in diese Stadt faßte Frau von Erden den Entschluß, den restlichen Nachmittag bei ihrer Freundin zu verbringen, bevor sie den Abendzug nach Sobernheim nahm. Es war ein schöner, sonniger Nachmittag im Spätherbst 1933, als sie wie gewohnt unangemeldet an der Tür ihrer Freundin ankam. Die Freundin öffnete die Tür, sah sie ängstlich an, legte ihr die Hände auf die Schultern und sagte: „Um Gottes Willen, Frieda, komm' nicht rein, wir werden schon beobachtet." Sie standen mit Tränen in den Augen an der Tür, und Frau von Erden ging langsam fort. Als sie mir dieses Erlebnis schilderte, sagte sie: „Ich war wie betäubt, ich konnte nicht begreifen, daß es ein Unrecht sein könne, eine alte Freundin zu besuchen." Sie weinte, bis sie wieder zu Hause war. Später hörte sie, daß ihre Freundin nach Amerika ausgewandert sei; es gab nicht mal eine Gelegenheit, Abschied zu nehmen. Sie sahen sich nie mehr.

Während ich mit einer anderen alten Dame über die Straße ging, trafen wir Frau Stefan, die sich, nachdem wir uns vorgestellt hatten, sofort erinnerte, mit meiner jüngeren Tante zur Schule gegangen zu sein. Als wir die Anhöhe zu ihrem schönen Haus hinaufgingen, erzählte sie mir, daß sie und ihre Familie sich vom Kriege erholt hätten und daß ihr Leben jetzt ziemlich glücklich sei. Dann kam sie auf die Vergangenheit zu sprechen; sie sagte, daß sie sich noch gut an diese Zeit erinnern könne, obwohl sie im Jahre 1935 erst zehn Jahre alt gewesen sei. Sie erinnerte sich, mit dem jüdischen Metzger und seiner Frau, die keine Kinder hatten, stets gut befreundet gewesen zu sein. Nach ihrer Darstellung war sie von den Meyers so gut wie adoptiert. Oft habe sie nach Schulschluß das Geschäft der Meyers besucht und Süßigkeiten bekommen. Obwohl das Geschäft zu dieser Zeit noch geöffnet war, durften sie und andere Nichtjuden das Geschäft nicht mehr betreten, sei es zum Einkauf oder Besuch. Im Frühjahr 1935 ging sie eines Tages am geschlossenen Ladenfenster vorbei; der Metzger stand vor dem Geschäft und sah auf die Straße. Als er sie sah, sagte er mit Tränen in den Augen: „Ach, Dutsche (ein Kosename), Du darfst nicht mehr reinkommen." Auf dem Heimweg wunderte sie sich, warum das Ladenfenster geschlossen war und er gesagt hatte, sie dürfe nicht mehr reinkommen. Frau Stefan fragte ihre Mutter, die ihr antwortete: „Ich weiß auch nicht, warum. Herr Meyer ist Jude, und wir sollen die Juden nicht mehr besuchen. Ich weiß nicht warum, aber das haben sie uns gesagt."

Ende 1934 benötigte Frau Karr ein neues Kleid. Sie ging ins Kurzwarengeschäft Feibelmann, wo sie und ihre Mutter immer ihre Stoffe gekauft hatten. Frau Feibelmann war eine Freundin von ihr und hatte sie immer in der Auswahl des richtigen Stoffes, der passenden Farben und sogar des für sie vorteilhaftesten Stils gut beraten. Frau Karr wußte, daß sie nicht in jüdischen Geschäften kaufen sollte, aber sie legte Wert auf die gute Beratung, die Frau Feibelmann ihr immer gegeben hatte. Als sie das Geschäft betrat, sagte sie zu Frau Feibelmann, die sie erstaunt ansah: „Ich kümmere mich nicht darum, was die Leute sagen, ich brauche ein neues Kleid." Frau Feibelmann schob sie aus dem Geschäft und sagte: „Bitte kommen Sie nicht wieder, es wird für uns beide nicht gut sein." Frau Karr fuhr in eine nahegelegene Stadt und kaufte ihren Kleiderstoff dort in einem Kaufhaus; sie fragte sich, warum sie vierzig Kilometer fahren müsse, um in einem fremden Geschäft, in dem die Verkäuferinnen ihre Wünsche nicht kannten, ihre Einkäufe zu machen. Als sie mir den Vorfall beschrieb, erinnerte sie sich, damals gefragt zu haben: „Wo kommen wir denn hin, wenn wir nicht mehr in einem Geschäft kaufen können, das wir unser ganzes Leben regelmäßig besucht haben?"

Für viele Durchschnittsbürger in Sobernheim, die an die vielen Beziehungen mit den Juden in ihrer Gemeinde gewöhnt waren, kamen die Nazi-Verbote gegen gesellschaftlichen Verkehr mit Juden überraschend. Einige versuchten, diese Verbindungen trotz der Verbote fortzusetzen, und zwar wenigstens bis 1935. Für manche war es vielleicht einfach Gewohnheit, eine Art von Tradition, die sie nicht aufgeben wollten. Vor allem viele Frauen konnten die Gründe für die restriktiven Maßnahmen gegen die Juden nicht verstehen. „Sie waren ein Teil von uns, sie hatten immer hier gelebt, wir sind zusammen aufgewachsen"; wie konnte mit diesen Traditionen über Nacht gebrochen werden, nur weil das Regime entschieden hatte, daß sie zu brechen seien? Es war eine unbegreifliche Situation, und „Was haben sie uns jemals getan?" war eine oft wiederholte Frage. Überraschung, Ungläubigkeit und Abscheu waren die Reaktionen *der* Deutschen, die mit dem neuen Regime schon damals nicht glücklich waren. Wie in den Beispielen bereits erwähnt, versuchten einige, eine gewisse Ebene in ihren Beziehungen zu Juden zu erhalten; als jedoch die Ächtung der Juden zunahm, insbesondere nach Schließung der meisten jüdischen Geschäfte im Jahre 1935, hörten die Besuche bei Juden oder der Einkauf in ihren Geschäften endgültig auf. Aber es gab noch Ausnahmen: Herr Glockner und einige andere waren bis Ende 1935 im Kaufhaus Wolf beschäftigt, und zahlreiche nichtjüdischen Arbeiter und Angestellte der Fabrik Marum hatten bis Ende 1938 regelmäßig Kontakt mit ihren jüdischen Chefs. Andererseits beeilten sich auch viele Juden ängstlich, die Vorschriften zu befolgen, und waren es selbst, die jeden Kontakt mit Nichtjuden mißbilligten. Freundschaften zwischen Frauen, insbesondere zwischen Nachbarinnen, waren besonders betroffen und lösten sich im Laufe der Zeit vollständig auf.

Emma Hesse hatte vier sehr gute Schulfreundinnen. Die fünf Mädchen gingen jahrelang in dieselbe Klasse, waren eng befreundet und bildeten eine Art Clique. Von den Vätern der Mädchen waren drei Beamte: einer arbeitete für die Elektrizitätsgesellschaft, einer war bei einer Justizbehörde beschäftigt und einer auf dem Postamt. Alle drei mußten schon früh in die Nazi-Partei eintreten, und es war unvermeidlich, daß die Freundschaft der Töchter zu Emma Hesse endete. Sie schilderte, wie eines der Mädchen, Marie, ihre freundschaftliche Beziehung im Jahre 1933 abbrach:

> Sie kam zu mir, um Lebewohl zu sagen – aber wie sie das tat! Ich war noch bei der Arbeit im Kaufhaus Wolf (wo sie arbeitete, bis es 1935 geschlossen wurde); sie schickte jemanden rein, um mir zu sagen, daß ich rauskommen sollte, sie wolle mit mir sprechen. Sie stand an einem Schaufenster, ich an dem anderen. Sie sagte: „Emma, es tut

mir sehr, sehr leid. Ich kann nicht mehr mit Dir sprechen. Du bist immer noch meine Freundin, aber ich verliere sonst mein Auskommen. Denke einfach, daß ich eine Fremde bin, wenn Du mich auf der Straße siehst; da sind zu viele Leute, die uns sehen würden, und ich würde meinen Job verlieren." Ihre Mutter war schon Witwe und war auf ihre Unterstützung angewiesen.
So ging es, eine nach der anderen. Sie hatten nichts gegen mich, aber sie hatten Angst, daß die SS kommen und ihnen etwas tun könnte. Also blieben sie ruhig und sagten nichts.

Eine Freundin aus Emmas Geschichte blieb in Verbindung mit ihr, weil ihre Eltern ein Café hatten und als selbständige Geschäftsleute nicht in die Partei eintreten mußten. Christina war die einzige, die Kontakt mit ihr hielt; sie hatte keine Angst, und niemand aus ihrer Familie mußte Nazi sein. Dieselbe Christina und ihr Bruder übernahmen später eine Bäckerei und versorgten die verbliebenen jüdischen Familien mit Brot und Brötchen, die Christina nachts heimlich zu ihren Wohnungen brachte.

Jessie erinnerte sich an eine ihrer Lehrerinnen, mit der sie auch lange nach dem Schulabschluß noch befreundet war. Als Jessie Sobernheim verließ, hörte „Frau Müller, daß ich wegging. Am Tag meiner Abreise traf ich sie auf dem Marktplatz; sie sagte mir: 'Jessie, auch wenn sie mich jetzt ins Gefängnis stecken, macht mir das nichts aus. Ich sage Dir doch Auf Wiedersehen. Ich bin froh, daß Du weggehst, und nimm Deine Familie mit. Es ist nicht mehr schön hier.' Sie sagte das mitten auf dem Marktplatz, es war ihr gleichgültig; aber wenn alle so gewesen wären, wären die hundert (überzeugten Nazis in Sobernheim) untergegangen."

Es endeten jedoch nicht nur Freundschaften zwischen Frauen. Joshua Abraham, jetzt über siebzig Jahre alt und in Manhattan lebend, beschreibt sein aktives gesellschaftliches Leben, bevor die Nazis kamen. Wir saßen in seinem großen Wohnzimmer und tranken deutschen Cognac, während er sich wehmütig der Vergnügungen vergangener Zeiten erinnerte:

Wir spielten zweimal die Woche Karten. Ich war der einzige Jude in der Gruppe. Die übrigen waren Kaufleute, einer war ein immer freundlicher, beleibter Lebensmittelhändler, ein anderer war Schneidermeister und hatte eines der besten Geschäfte in der Stadt; wir spielten sogar mit Dhonau, der damals ein Schuhgeschäft hatte und von 1933 bis zum Ende des Krieges einer der führenden Nazis der Stadt war. Wir trafen uns in einem Gasthaus, tranken Bier und spielten ein paar Stunden Skat. Als die Nazis an die Macht kamen, sagten sie mir nicht mehr, wann sie spielten. Alles war zu Ende. Wenn wir uns auf der Straße trafen, taten wir so, als hätten wir uns nicht gesehen. Nicht einer von ihnen sprach noch mit mir.

Manchen dieser Schilderungen könnte man entnehmen, daß Frauen ihre Beziehungen taktvoller und mit ausdrücklichem Bedauern abbrachen, weil ihre Trennungen weit emotionaler waren. Männer wie Joshua Abraham und seine Freunde, die damals alle zwischen zwanzig und dreißig Jahre alt waren, gaben einfach vor, sich nicht mehr zu kennen.

Hans Marum, ein schlanker, gut aussehender Mann in den Sechzigern, jedoch weit jünger aussehend, sprach bewegt davon, wie es war, in Sobernheim aufzuwachsen. Seine Stimme war leise, er sprach zögernd, als ob diese Erinnerungen noch immer schmerzten. Er berichtete, daß er immer mit nicht-jüdischen Kindern gespielt habe, weil es nur wenige jüdische Kinder in seinem Alter und in seiner Schulklasse gab. Er war Mitglied einer Clique, zu der auch die Freunde seiner älteren Schwester gehörten. Die Gruppe spielte immer im Garten der Marums, der ziemlich groß war. Er und Bertrand waren besonders gute Freunde:

> Wir waren fast unzertrennlich, ich ging zu ihm, er kam zu mir, und wir machten unsere Schulaufgaben zusammen. Wir waren damals beide fünfzehn Jahre alt und unternahmen alles gemeinsam. Einmal, im April 1933, sagte ich zu ihm: „Na, komm schon (er hatte gerade Schwierigkeiten mit den Schulaufgaben), wir machen sie zusammen". Genau vor unserem Haus sagte er dann: „Nein, ich darf das nicht mehr, die Hitler-Jugend hat es verboten." Das traf mich sehr hart; ich ging in mein Zimmer und weinte lange. Am nächsten Tag ging ich zur Schule, niemand wußte etwas davon; aber ich glaube, daß meine Eltern mein Problem erkannt hatten, obwohl ich nicht darüber gesprochen hatte. Ich konnte es damals einfach nicht verstehen; ich sprach nie mehr mit diesem Jungen, obwohl ich noch einige Monate an dieser Schule blieb. Nach dem Krieg habe ich ihn gesehen, ich erkannte ihn, und ich nehme an, daß auch er mich erkannte, aber wir taten beide, als hätten wir uns niemals gekannt.

Diese Beispiele zerbrochener Freundschaften zeigen, wie nachdrücklich sich die Maßnahmen auswirkten, die den gesellschaftlichen Verkehr mit Juden verboten. Für diejenigen, die enge Beziehungen zu Juden hatten, insbesondere Schulfreundschaften, waren diese Vorschriften kaum zu begreifen. Natürlich trafen sie die Juden, deren Isolation ständig zunahm, wesentlich härter. Für Schulkinder bedeutete die Notwendigkeit, nun der HJ anzugehören, daß viele der früher mit jüdischen Freunden geteilten Aktivitäten jetzt nur noch mit Nichtjuden möglich waren.

Ein besonders tragischer Fall betrifft den Sohn einer jüdischen Familie, der immer mit nicht-jüdischen Kindern gespielt hatte. Als sie in die HJ eintraten und stolz ihre Uniformen trugen, weinte der Junge und fragte seine Mutter, warum er nicht auch eine solche Uniform haben könne. Seine Mutter hatte solches Mitleid mit ihm, daß sie ihm eine HJ-Uniform kaufte und ihn damit zum Spielen mit seinen Freunden auf die Straße schickte.

Hans Marums Geschichte einer zerbrochenen Freundschaft ist ein besonders gutes Beispiel für diese Isolation. Er konnte seine Einsamkeit einfach nicht mehr ertragen und bat seine wohlhabenden Eltern, ihn auf eine Schule im Ausland zu schicken. Mit sechzehn Jahren wechselte er auf ein Internat in der Schweiz; während der Ferien kam er noch gelegentlich nach Sobernheim, bis er 1936 endgültig in die Vereinigten Staaten emigrierte. Er beschreibt sehr eindringlich seinen letzten Schultag in Sobernheim; trotz des zunehmenden Antisemitismus' und sozialer Isolation von seinen früheren Freunden gaben sie und einige Lehrer ihm noch eine Abschiedsfeier:

> Bevor ich wegging, war es drollig, die ganze Sache war sehr merkwürdig; nichts war logisch, der Antisemitismus, nichts ergab einen Sinn für mich. Als ich ihnen sagte: „Ich gehe weg in eine andere Schule" – das Schuljahr war schon halb um –, sagten sie: „Gut, wir werden eine Feier für Dich veranstalten, eine Abschiedsfeier." Es kamen alle nicht-jüdischen Jungen und Mädchen aus der Klasse, und wir gingen in eine Kneipe, wo sie illegal Alkohol an Jugendliche ausschenkten (in einem etwas heruntergekommenen Viertel der Stadt), und wir tranken einige Gläser Bier. Mein früherer Freund und ich versuchten wieder, freundlich miteinander umzugehen, aber es klappte nicht mehr, es war vorbei. Es war ein merkwürdiges Gefühl, eine Bierparty für einen Jungen, der wegging, weil er so einsam war.

Die wachsende gesellschaftliche und wirtschaftliche Isolation der Juden in Sobernheim polarisierte die deutsche Gemeinde.[1] Einige Nichtjuden befolgten sofort alle Erlasse und stoppten jede Art von Kontakt zu Juden, sogar zu denen, die sie gut kannten. Einige, wie z. B. eine von Emma Hesses Freundinnen, unterhielten noch eine Art Freundschaft, viele jedoch wollten sie einfach nicht mehr kennen, wenn sie an ihren Häusern vorbeigingen oder sie auf der Straße sahen. Der Vorwand des Nichterkennens, d. h. gebeugten Hauptes oder mit plötzlich abgewandtem Gesicht aneinander vorbeizugehen, war eine allgemeine Erfahrung. Joshua Abraham berichtete, wie er sich verhielt, wenn er einen seiner früheren Skatfreunde auf der Straße sah. Eilig überquerte er die Straße, um eine direkte Begegnung zu vermeiden. Er erinnerte sich: „Plötzlich waren wir ein Nichts, ein Niemand, wir existierten nicht mehr." Eine gewisse Anzahl von Leuten aus der Gemeinde beteiligte sich aktiv an der Verfolgung der Juden; es waren hauptsächlich Parteimitglieder und solche, die in die SA und SS eingetreten waren.

Auf der anderen Seite gab es auch eine beachtliche Anzahl von Leuten, die die Verfolgung ihrer Nachbarn nicht begrüßte und versuchte, wenn auch nur auf einfache Art, Freundschaft zu zeigen und Widerstand zu leisten. 1935 hatten alle Geschäfte Schilder in ihren Schaufenstern mit der Aufschrift „Juden unerwünscht", doch konnten Juden in einigen dieser Geschäfte auch weiterhin heimlich und bei Nacht einkaufen. Auch konnten Freunde und Nachbarn für sie einkaufen, und es war gewöhnlich unter allen Beteiligten bekannt, daß diese Einkäufe für jüdische Familien gemacht wurden. Bei diesen Einkäufen handelte es sich fast immer um Lebensmittel, Fleisch und Brot. Zu dieser Zeit kauften Juden nur noch das Nötigste, das sie zum Überleben brauchten. Der Kunde bestellte einfach einige Waren, und es wurde niemals ausdrücklich darüber gesprochen, daß die zusätzlichen Lebensmittel für eine jüdische Familie waren. Es schien eine unausgesprochene Verständigung zwischen Kunde und Ladeninhaber zu bestehen, und Extraeinkäufe wurden niemals infragegestellt. Herr Kappes, ein Mann von achtzig Jahren, arbeitet noch heute in dem familieneigenen Lebensmittelgeschäft in der Hauptstraße der Stadt. Er hatte immer eine große Zahl jüdischer Kunden, eine Familie wohnte direkt neben seinem Geschäft. Da die Häuser alle aneinander gebaut waren und jeder in den Hof des Nachbarn sehen konnte, rief Frau Loeb oft aus ihrem Küchenfenster und bat Herrn Kappes oder dessen Frau um Butter und Milch. Er brachte diese dann selbst hinüber oder schickte einen seiner Jungen mit den gewünschten Waren zu ihr. Wie auch die anderen Geschäftsleute hatte Kappes den Zettel „Juden unerwünscht" in seinem Schaufenster hängen, er verkaufte jedoch nach wie vor an seine direkten Nachbarn oder auch an andere, die bei Nacht kamen. Er wußte auch, wenn nichtjüdische Kunden Extra-Einkäufe machten, darüber wurde kein Wort verloren. „Ich verkaufte ihnen, so viel ich konnte, mehr konnte ich nicht tun," sagte er mir mit vor Alter und Aufregung bebender Stimme.

Frau Schenk, die Inhaberin eines Gemischtwarenladens, berichtete, daß sie Juden zu jeder Zeit erlaubt hatte, in ihrem Geschäft einzukaufen, obwohl es den Verlust ihrer anderen Kunden hätte bedeuten können. Anscheinend war dies jedoch nicht der Fall. Deutsche, die bis zur endgültigen Schließung jüdischer Geschäfte im Jahre 1935 noch dort einkauften, wurden regelmäßig fotografiert. Gelegentlich erschienen in der Lokalzeitung Bilder von Personen mit der Überschrift „Dieser deutsche Staatsbürger wurde beobachtet, wie er (dieses oder jenes) Geschäft betrat." Ein niederträchtiger Vorfall betraf eine alte Frau, die viele Jahre als Reinemachefrau in einem jüdischen Geschäft gearbeitet hatte. Als sie eines Abends im Jahre 1935 das Geschäft mit Herrn Wolf, ihrem jüdischen Arbeitgeber, verließ, wurden sie von einem gegenüber stationierten SS-Mann fotografiert. Als Herr Wolf den SS-Mann bemerkte, legte er der alten Frau den Arm um die Schultern und sagte: „Lächeln Sie, Frau Schmidt, wir werden fotografiert." Nacht für Nacht wurden die Stufen des Geschäfts mit Exkrementen beschmiert, und jeden Morgen erschienen Herr Glockner und einige andere Angestellte, um sie zu entfernen. „Schweine", grollt Herr Glockner noch heute, wenn er sich daran erinnert. Mindestens bis zum Jahre 1935 gab es erheblichen Widerstand gegen solche Maßnahmen unter den Leuten, die immer freundliche Beziehungen zu Juden gehabt hatten.

Die Beziehungen zwischen Juden und Nichtjuden waren in Sobernheim immer relativ eng gewesen. Sie waren zusammen aufgewachsen und hatten in relativer Harmonie gelebt. Es stellt sich die Frage, wie sich diese Beziehungen mit zunehmender Gewalttätigkeit der Nazis gegen die Juden änderten. Das Ende vieler dieser Beziehungen ist bereits beschrieben worden. Zweifellos endeten Freundschaften und andere Beziehungen in der Öffentlichkeit fast vollständig. Doch was geschah im privaten Bereich und bei Nacht?

In Sobernheim wie auch anderswo gab es Deutsche, die den Juden oft mit großem Risiko für sich selbst halfen. Auf der anderen Seite schloß die große Mehrheit der Bevölkerung Augen und Türen vor allem, was jüdisch war. Trotz dieser großen Zahl gleichgültiger Nichtstuer gab es eine bedeutende Minderheit von etwa hundert Menschen, die Hilfe leisteten. Manchmal verhielten sie sich, mit den Worten H. D. Leuners, einfach nur wie „gute Nachbarn, die oftmals Freundlichkeit zeigten, ohne sich selbst damit in irgendeiner Weise in Schwierigkeiten zu bringen."[2]

Hilfe und Unterstützung

Während der frühen dreißiger Jahre wurden immer noch Freundlichkeit und Mitleid mit den Juden in der Stadt gezeigt, und nur in aufsehenerregenden Fällen wurden derartige „Missetäter" bestraft. Wie schon berichtet, wurden Deutsche zusammen mit Juden fotografiert; außerdem gab es auf dem Marktplatz einen Aushang mit den Namen derjenigen, die Juden geholfen hatten. Schlimmer noch war die Tatsache, daß es für Leute, die noch Kontakt zu Juden hatten, fast unmöglich war, Arbeitsplätze oder gar Beförderungen zu erhalten. So wurden bereits in den Anfängen der Nazizeit subtile Mittel und Wege gefunden, um Deutsche, die auch weiterhin Kontakte zu Juden unterhielten, zu demütigen. Später gab es natürlich schwerere Strafen, und jede Hilfe wurde als verräterische Beihilfe gewertet und zum Anlaß genommen, die Helfer und ihre Familien festzunehmen – Überführungen in Konzentrationslager wie z. B. Dachau gehörten zum Alltag in Deutschland. Trotz dieser Strafen gab es immer noch einige wenige, die den Juden auch noch nach 1939 halfen. Dies war mit Gewißheit in Sobernheim der Fall, wo zwölf alte Juden für drei Jahre von deutschen nicht-jüdischen Nachbarn und Freunden am Leben gehalten wurden. Während der ersten Zeit war die gebräuchlichste Art der Hilfe, größere Mengen Nahrungsmittel einzukaufen, da dies den Juden nicht länger erlaubt war. Wie schon erwähnt, wurden diese Extramengen von Butter, Eier, Gemüse und anderer Nahrungsmittel von den Ladeninhabern übersehen; es gab eine stillschweigende Übereinkunft zwischen Geschäftsinhaber und Kunde, daß diese Extras für Juden bestimmt waren. Herr Kappes, auch heute noch Lebensmittelhändler, beschrieb, wie Frau Schmidt, die viele Jahre immer dieselben Waren und immer dieselben Mengen für ihre Familie in seinem Geschäft eingekauft hatte, „plötzlich zwei Pfund Butter statt des üblichen einen Pfunds verlangte. Ich wußte natürlich, daß dieses Extrapfund für die oben wohnenden Feibelmanns war." Herr Kappes selbst brachte Lebensmittel aus seinem Geschäft zur Familie Loeb, die neben ihm wohnte. Die jüdischen Familien mußten auf ihre Ersparnisse zurückgreifen und bezahlten ihre Waren selbst. Als die finanzielle Not zunahm, tauschten sie ihre Haushaltsgegenstände ein und verkauften ihren Besitz. Während der dreißiger Jahre backten Christina und ihr Bruder Robert Heimer, Besitzer einer Bäckerei, auch weiterhin freitags Zopfbrote (Challah), die sie dann nachts heimlich ihren jüdischen Kunden brachten. Sie taten dies bis 1941, nicht regelmäßig jede Woche, aber wann immer es ihnen möglich war, damit „sie auch weiterhin Freitagnacht ihr Sabbathmahl feiern konnten."

Frau Kramer beschrieb, wie ihre Mutter zusätzliche Brötchen kaufte und diese, wenn sie an der Wohnung bestimmter jüdischer Familien vorbeiging, in die zu diesem Zweck offengehaltenen Fenster warf. Solche Handlungen wurden durch die baulichen Verhältnisse dieser kleinen Stadt begünstigt. Die Parterre-Wohnung lag sehr oft mit der Straße auf einer Ebene, so daß Passanten auf gleicher Höhe mit den Fenstern waren. In den älteren Vierteln waren die Häuser terassenförmig gebaut und die Gärten hinter den Häusern nur durch Zäune getrennt; es war daher einfach, Päckchen direkt über den Zaun zu werfen. Eine Person beschrieb, daß ihrer und der Garten ihres Nachbarn nebeneinanderlagen; der Nachbar betrieb eine Bäckerei und hatte das Schild „Juden unerwünscht" gut sichtbar im Fenster ausgestellt. Trotzdem kam die Nachbarin durch das Gartentor und rief: „Brauchen Sie Brot? Ich bringe es Ihnen hinten herum." Frau Bilke wiederum führte jeden Abend ihre blinde Mutter über die Straße, so daß sie die Familie gegenüber besuchen und gleichzeitig Nahrungsmittel bringen konnte.

Eines Morgens traf Frau Kramers Ehemann die Schwestern Marum, die kurz darauf auswanderten. Sie bemühten sich, einen großen Schrankkoffer zu verschnüren; er stoppte höflich, um ihnen zu helfen. Das wurde von Arthur Dhonau, einem führenden Nazi, beobachtet und den Behörden gemeldet. Drei Tage später wurde Herr Kramer zur Wehrmacht eingezogen, obwohl er einige Jahre älter war als die durchschnittlichen Wehrpflichtigen. Herr Glockner wurde festgenommen und drei Tage in Haft gehalten, weil man gehört hatte, wie er abfällige Bemerkungen über das Regime gemacht hatte. Obwohl viele Leute behaupteten, um ihr Leben gefürchtet zu haben, waren dies doch die beiden einzigen Sühnemaßnahmen, die ich in dieser Gemeinde in Erfahrung bringen konnte. Natürlich machten diese geringfügigen Vorfälle schnell die Runde in der verhältnismäßig kleinen Stadt.

Obwohl es den Juden damals noch erlaubt war, Straßen und öffentliche Verkehrsmittel zu benutzen, erinnerte sich Martha, daß ihre Freundin Lotte darauf bestand, mit dem Auto nach Frankfurt gefahren zu werden, als sie emigrierte. Sie verließen Sobernheim spät in der Nacht; weil Lotte es nicht wagte, Martha an ihrem Haus abzuholen, trafen sie sich in einer kleinen Sackgasse. Martha verstaute schnell ihre Sachen im Auto, und im Schutz der Dunkelheit fuhren sie zum etwa zweieinhalb Stunden entfernten Bahnhof in Frankfurt. Lotte hatte das Gefühl, daß dies das Geringste sei, was sie für ihre Freundin tun könne.

Im Jahre 1963 kehrte meine jüngste Tante nach Sobernheim zurück, als sie ihren Mann auf einer Geschäftsreise begleitete. Obwohl sie Sobernheim eigentlich nicht besuchen wollte, entschloß sie sich doch, wenigstens einen Blick auf das Haus und die Stadt zu werfen, in der sie aufgewachsen war. Das Haus war noch immer an dieselben Leute vermietet, die 1936 eingezogen waren, als jüdische Häuser und Wohnungen an Nichtjuden vermietet wurden, während man die jüdischen Besitzer zwang, in einem oder zwei Räumen zu wohnen. Eine der Mieterinnen, schon damals eine alte Frau, begrüßte meine Tante freundlich, bat sie ins Haus, führte sie herum, wobei sie einmal warnte: „Passen Sie auf, hier sind zwei Stufen!", worauf meine Tante erwiderte: „Ich weiß, ich bin ja hier aufgewachsen". Dann brachte die alte Frau einen Karton mit hebräischen Büchern, die mein Großvater in ihrer Obhut gelassen hatte. Am Morgen seiner Deportation hatte er sie gebeten, alle Bücher sicher zu verwahren, da seine Kinder vielleicht eines Tages nach Sobernheim zurückkämen. Meine Tante war sehr bewegt, da es sich um Gebetbücher handelte, die viele Generationen in der Familie gewesen waren. Die Mieterin hatte sie während der ganzen Jahre heimlich aufbewahrt, als allein schon der Besitz hebräischer Bücher eine Anklage gegen sie zur Folge gehabt hätte. Vielleicht war dies nur eine kleine Tat, aber sie führte zur Wiederentdeckung von Büchern, die große emotionale Bedeutung für meine Familie hatten.

Ein anderer Vorfall ähnlicher Art betraf ebenfalls religiöse Bücher. Während des 'Kristallnacht'-Pogroms wurde die Synagoge in Sobernheim niedergebrannt. Einem unbekannten Mann, der für die Stadt arbeitete, war es gelungen, sieben Torah-Rollen aus dem Gebäude zu retten, bevor oder kurz nachdem es niedergebrannt wurde. Er behielt sie anscheinend bis 1945, als Sobernheim von französischen Truppen besetzt wurde, in seinem Besitz. Dann übergab er sie den französischen Militärbehörden. Eine dieser Torah-Rollen wurde von dem Rabbiner der französischen Armee benutzt, die anderen wurden in die Vereinigten Staaten geschickt. Dort gelangten zwei in den Besitz von John Marum, der sie dann einer Synagoge in New York vermachte. Der Mann, der sie versteckt und aufbewahrt hatte, wollte möglicherweise den Juden helfen, aber vielleicht war er auch nur aufgebracht und zornig über die Schändung religiöser Gegenstände. Wenn auch die Synagoge heute als Warenlager genutzt wird, so wurden wenigstens ihre wertvollsten Besitztümer durch die Hochherzigkeit eines Einzelnen gerettet.

Das aufsehenerregendste Beispiel für Unterstützung ist die Hilfe, die den zwölf Juden geleistet wurde, die bis zu ihrer Deportation im Juli 1942 nach Theresienstadt in Sobernheim geblieben waren. Der alte Herr Marum lebte noch verhältnismäßig gut, da seine nicht-jüdische Haushälterin bis zum Ende bei ihm geblieben war. Den elf anderen in beschränkten Verhältnissen lebenden Juden ging es weniger gut. Die meisten durften nur einen oder zwei Räume ihrer Häuser bewohnen, und ihre gesamte Lebensmittelversorgung kam von Freunden und Nachbarn. Päckchen mit Lebensmitteln wurden heimlich auf der Türschwelle abgelegt, durchs Fenster oder über den Zaun geworfen; auf diese Weise konnten sie drei Jahre überleben. (Es soll hier auch erwähnt werden, daß mir die Angehörigen dieser Juden auf meine Frage, wie ihre Eltern denn am Leben bleiben konnten, antworteten: „Nun ja, natürlich, die Leute brachten ihnen Lebensmittel; sie hatten gute Freunde, die sie versorgten", und dieselben Personen kurz zuvor oder kurz danach alle Deutschen verdammten, oft mit der Phrase: „Es waren alles Nazis, jeder Einzelne von ihnen!") Frau Beyers Mutter war anscheinend eine der wenigen, die noch Besuche bei Juden machte. Die anderen Juden hatten sehr selten deutsche Besucher, auch besuchten sie sich gegenseitig nur selten. Informationen gingen in der kleinen Gruppe von Mund zu Mund, drangen jedoch kaum nach außen. Trotz allem wurden sie in der Gemeinde am Leben gehalten, um dann doch einige Jahre später ihr Leben in den Konzentrationslagern zu verlieren.

Man würde von den Kirchen erwartet haben, daß diese den Leiden der Juden einige Beachtung geschenkt hätten. Das war jedoch nicht der Fall. Hilfe wurde eher auf individueller als auf institutioneller Basis geleistet. Als Amtskirche ließen beide, Katholiken und Protestanten, die Juden in ihrer größten Not im Stich. Sie unterließen es, öffentlich gegen Verfolgung und Massenmord zu protestieren, bis es schließlich zu spät war; sie halfen dem Staat sogar, indem sie Auszüge aus den Kirchenbüchern bereitstellten, um deutsche oder jüdische Abstammung nachzuweisen.[3] In Sobernheim konnte ich keinen Beleg dafür finden, daß die protestantische Kirchengemeinde oder die einzige römisch-katholische Gemeinde irgend etwas öffentlich getan hätten, um den Juden zu helfen. (Die einzige Ausnahme war der bereits beschriebene Vorfall, als der Pfarrer den Nazi-Informanten davor warnte, seine Predigt zu bespitzeln.) Die beiden Pfarrer, mit denen ich sprach, waren dort noch nicht sehr lange im Amt und wußten nichts über die frühere Zeit. Nicht einer meiner Gesprächspartner konnte sich an die Rolle der Kirchen erinnern, außer einer alten Dame, die sagte: „Man mußte immer vorsichtig sein – sogar in der Kirche."

Warum haben einige wenige Leute den Juden geholfen und so viele andere nicht? Es ist sehr schwer, diese Frage zu beantworten, denn oberflächlich gesehen unterscheiden sich Christina und Robert Heimer oder Frau Beyers Mutter nicht von den übrigen Bewohnern die Stadt. Sie alle gehörten der unteren Mittelschicht oder der oberen Arbeiterklasse an; ihre Wohnungen, Arbeitsplätze und Einkommen unterschieden sich nicht wesentlich von denen ihrer Nachbarn, noch waren sie religiöser oder weniger religiös als andere. Christina und Emma Hesse waren enge

Freundinnen, doch war Christinas Bruder nicht besonders bekannt mit irgendwelchen Juden. Als ich ihn zum ersten Mal im Speisesaal des Hotels traf, unterschied er sich überhaupt nicht von den anderen Männern am Tisch. Er sah aus wie diese, älter, grauhaarig, ein wenig gebeugt. Er sprach wie die anderen und trank genauso kräftig wie sie. Nur als er mir berichtete, wie er oder seine Schwester Brote an jüdischen Wohnungstüren niedergelegt hatten, bebte seine Stimme. Auf meine Frage, warum er das getan habe, antwortete er nach kurzer Überlegung in fast vorwurfsvollem Ton: „Wir haben doch immer Zopfbrote (Challah) für die Juden gebacken, schon zu Zeiten meiner Eltern. Sie brauchten sie zum Sabbath."

Frau Beyers Mutter war eine gute Freundin der gegenüber wohnenden jüdischen Familie; die meisten Leute, die die Juden mit Lebensmittelpäckchen versorgten, waren mit ihnen nicht besonders befreundet. Es war die Unmenschlichkeit gegenüber den Juden, die ihr Mitleid erregte. Für einige von ihnen galt vielleicht dasselbe wie für den Bäcker Robert Heimer, und die Macht der Tradition („wir haben es immer so gemacht") ließ sie als barmherzige Christen gegenüber ihren jüdischen Nachbarn handeln. Die meisten Leute, die den Juden halfen, hatten für sie gearbeitet oder waren durch lange nachbarschaftliche Beziehungen mit ihnen verbunden. Sie hatten in enger Nachbarschaft mit jüdischen Familien gelebt. Die früheren Angestellten der Juden wußten, daß sie immer gut von ihren jüdischen Arbeitgebern behandelt worden waren. Sie gehörten vorwiegend der unteren Mittel- und Mittelschicht an, ihr sozialer Status ähnelte dem der meisten jüdischen Familien, so daß diese Beziehungen durch die gemeinsame soziale Schicht wie auch durch nachbarschaftliches Nebeneinander gefestigt waren. Diese Leute sympathisierten nicht mit dem Regime und waren gegen die schlechte Behandlung und Mißhandlung der Juden. Deshalb versuchten sie, im Rahmen ihrer Möglichkeiten so viel Hilfe wie möglich zu geben.

Einige Quellen weisen daraufhin, daß es beträchtlichen Widerstand gegen den Nazismus im allgemeinen und gegen die antisemitischen Maßnahmen des Regimes im besonderen gab. So schreibt R. Birley, daß trotz der Tatsache, daß eine organisierte Widerstandsbewegung in einem totalitären Staat nicht möglich war, doch viele Widerstandsgruppen in den Betrieben und unter Gewerkschaftern bestanden.[4] Auch einige Schriftsteller und Journalisten, unter ihnen Rudolf Pechel, der die Gefangenschaft überlebte, leisteten Widerstand. Eine illegale studentische Gruppe an der Universität München, später bekannt unter dem Namen „Weiße Rose", verteilte Anti-Nazi-Flugblätter; die meisten Mitglieder wurden 1943 verhaftet und hingerichtet. Auch an anderen Universitäten gab es kleinere Proteste von Studenten. Einzelne Mitglieder der protestantischen und katholischen Kirche nahmen eine mutige Haltung gegenüber dem Nazi-Regime ein. Einige Beispiele sind der berühmte Bischof von Münster, Clemens August Graf von Galen, und die beiden protestantischen Pfarrer Martin Niemöller und Dietrich Bonhoeffer. Politiker, Intellektuelle und Angehörige des Klerus gehörten zum Kreisauer Kreis, einer Gruppe von Regime-Kritikern, die auf Gut Kreisau in Schlesien zusammentrafen. T. Prittie weist darauf hin, daß es kaum organisierten Widerstand gab und daß diejenigen „Deutschen, die sich Hitler widersetzten, sehr oft nur geringe Hoffnung auf irdischen Lohn und Anerkennung hatten. Was sie taten, war von ihrem Gewissen diktiert."[5] Eine besondere Art des Widerstandes gegen Antisemitismus gab es hauptsächlich in den Großstädten, wo zum Beispiel Juden von ihren nicht-jüdischen Nachbarn versteckt gehalten wurden. In Berlin wurden 50.000 Juden während des Krieges versteckt; es gab hier viel Unterstützung und Hilfe, einschließlich des berühmten „Onkel Emil"-Netzes von Untergrundhelfern.[6] Einige Deutsche wurden in Israel durch Verleihung der Yad Vashem-Medaille geehrt. (Yad Vashem ist ein Denkmal für die Toten des Holocaust. Auf seinem Gelände befindet sich die Allee der Gerechten der Nationen, deren Bäume jeweils einen Christen ehren, der einem Juden geholfen hat. Auch viele deutsche Namen findet man in dieser Allee.) Sarah A. Gordon weist darauf hin, daß sich Antisemitismus und Widerstand gegen ihn im Laufe der Zeit änderten. Anfang der Dreißiger war die Einstellung gegenüber den Juden wohlwollender; in der Mitte des Jahrzehnts unterstützte ein geringer Teil der Bevölkerung, meistens Parteimitglieder, die rassistische Verfolgung, während eine kleine Minderheit dagegen opponierte. „Diese beiden Minderheiten waren wahrscheinlich um eine schweigende Mehrheit herum polarisiert."[7] 1938 trat der Antisemitismus wieder verstärkt auf, wurde jedoch durch die Ereignisse der 'Kristallnacht', die von der Mehrheit abgelehnt wurden, in den Hintergrund gedrängt. Außergewöhnliche Aktionen wie das Verstecken von Juden ereigneten sich in Sobernheim nicht, jedoch half, wie bereits erwähnt, eine kleine Minderheit seiner Einwohner den Juden in der ihr möglichen Weise. Leute, die den Juden halfen, wurden vom Regime als „Judenfreunde" bezeichnet. Was den Berichten über die „Judenfreunde" meistens fehlt, ist eine Erklärung für deren Motivation. Es gibt nur eine Quelle, die die sozio-ökonomischen Merkmale derjenigen, die den Juden halfen, beschreibt, aber auch sie kann die Motivationen nicht erklären.

Sarah A. Gordon hat die Gestapo-Akten aus dem Bereich Düsseldorf analysiert, die 452 Fälle individueller Opposition gegen die Rassenverfolgung erfassen. Von diesen 203 Personen, die den Juden halfen, waren 24 Kritiker der Rassenverfolgung, 30 andere nur verdächtigt, Juden geholfen zu haben. Die übrigen hatten oder hatten angeblich sexuelle Kontakte mit Juden. Diese „Rassenschänder", die entgegen den Vorschriften der Nürnberger Rassengesetze geschlechtliche Beziehungen zu Juden unterhielten, waren vorwiegend junge Männer aus der Mittelschicht. Die meisten Kontakte zwischen Juden und Nichtjuden gab es zwischen 1935 und 1937. Die Juden erhielten die meiste Unterstützung in den Jahren 1938 und 1939 und während der Kriegsjahre. Die Mehrzahl der helfenden Personen waren Männer, jedoch gehörten in den letzten Kriegsjahren auch Frauen zu dieser Gruppe. Gordons Analyse ergibt, daß männliche Einwohner von Großstädten sowie entweder selbständige Geschäftsleute oder Angestellte, die den Juden beistanden oder sexuelle Kontakte zu ihnen hatten, im Verhältnis zu ihrer tatsächlichen Zahl in der Bevölkerung erheblich überrepräsentiert waren. Im Gegensatz dazu waren Arbeiter und Frauen in dieser Gruppe unterrepräsentiert.[8] Gordons Feststellungen stimmen mit denen anderer darin überein, daß Männer eher als Frauen bereit waren, den Juden zu helfen.

Obwohl in unserem Fall die Gesamtheit der Untersuchten sehr klein ist, habe ich den Eindruck, daß in Sobernheim mehr Frauen als Männer den Juden halfen. Dies mag auf die Tatsache zurückzuführen sein, daß die geleistete Hilfe vorwiegend die Bereitstellung von Nahrungsmitteln betraf – Frauenarbeit; im Gegensatz zur Beschaffung von Papieren, Pässen und dergleichen – Arbeiten, die mehr als Sache der Männer angesehen werden. Betrachtet man die Größe der Gemeinde und die engen persönlichen Beziehungen der meisten Bewohner vor der Machtübergabe an Hitler, so hätte das Verstecken von Juden oder auch nur Fluchthilfe unmöglich gewesen sein müssen. Die Tatsache, daß statistische Analysen größerer Gesamtheiten aus anderen Gebieten in Deutschland ein Übergewicht der Männer anzeigen, läßt Gordon darauf schließen, daß Frauen antisemitischer eingestellt waren. Meine Hypothese ist jedoch, daß die Hilfe von Frauen in kleineren Gemeinden für das Überleben wichtiger war. In größeren städtischen Ballungsgebieten mag die Art von Hilfe, die Männer leisten konnten, von entscheidenderer Bedeutung gewesen sein. Die Altersstruktur der Sobernheimer „Judenhelfer" stimmt allerdings mit den Untersuchungsergebnissen Gordons überein. Im allgemeinen waren Nichtjuden im Alter von etwa 40 Jahren aufwärts die Haupthelfer der Juden. Frau Beyer, Frau Kramer und andere berichteten, wie ihre Mütter – damals Frauen von Anfang vierzig – den Juden in Sobernheim geholfen hatten. Meine Feststellungen stimmen mit den Ergebnissen Gordons ebenfalls insoweit überein, als fast alle Helfer der Juden in Sobernheim der Mittelschicht angehörten. Dies läßt, wie schon früher angedeutet, den Schluß zu, daß sie ihre stärksten Beziehungen zu Nichtjuden der Mittelschicht hatten. (Gordon vermutet, daß die Unterrepräsentation von „Judenfreunden" in der Arbeiterklasse einfach darauf zurückzuführen ist, daß diese nicht die erforderlichen Mittel oder genügend Geld hatten, den Juden zu helfen. Die Zahl der mir vorliegenden Aussagen ist zu klein, als daß ich diese Hypothese kommentieren könnte.)

Wie die von Gordon analysierten Düsseldorfer Akten zeigen, waren Internierungen in Gefängnissen und Konzentrationslagern das Schicksal derjenigen, die als „Judenfreunde" und „Rassenschänder" überführt wurden. Von solchen extremen Maßnahmen machte man in Sobernheim keinen Gebrauch; es gab jedoch, wie schon früher erwähnt, zwei Fälle, in denen Strafen verhängt wurden. Es ist auch sehr wahrscheinlich, daß es bis 1938 oder 1939 noch sexuelle Kontakte zwischen Juden und Nichtjuden gab, da mindestens zwei Frauen aus Sobernheim Beziehungen zu Nichtjuden hatten; diese Beziehungen resultierten jedoch nicht in Freiheitsstrafen für die Männer.

Obwohl die sozio-ökonomischen Merkmale der Helfer der Juden aufschlußreich sind, sagen sie uns wenig über die individuelle Motivation. Warum half eine Person den Juden, während seine oder ihre unmittelbaren Nachbarn aus der gleichen Gesellschaftsschicht dies nicht taten? Meine Erklärung für Sobernheim ist, wie schon erwähnt, daß Arbeits- und Nachbarschaftskontakte die dominanten Faktoren waren, die einige Leute zur Hilfe für Juden veranlaßten. Es ist offensichtlich, daß dies keine vollständige Erklärung ist, wenn man bedenkt, daß einige unmittelbare Nachbarn tatsächlich treue Mitglieder der NSDAP waren. Wenn wir beispielsweise einen sehr kleinen Ausschnitt aus der Sobernheimer Nachbarschaft etwas näher untersuchen, ergibt sich, daß einige halfen und andere nicht. In der unteren Großstraße befanden sich Kappes' Lebensmittelgeschäft und Wohnung direkt neben dem Textilgeschäft der Feibelmanns, deren Wohnung hinter dem Laden lag. Einige Häuser vom Lebensmittelgeschäft entfernt wohnte die Familie von Erden und direkt daneben die Familie Pilken. Deren nächste Nachbarn waren die Brinkmanns. Genau gegenüber wohnten die Beyers und die Kurz's, die ein Gemischtwarengeschäft hatten. Ihnen gegenüber wohnten meine Großeltern.

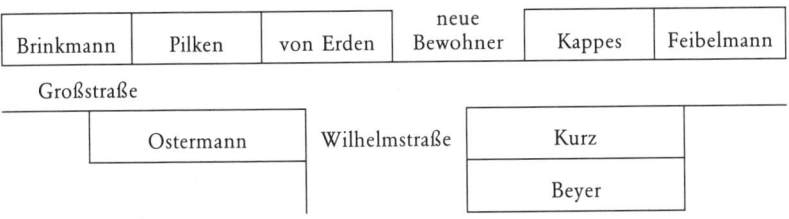

Kappes verkaufte Lebensmittel an die Juden und an jene, die für sie einkauften; auch schickte er heimlich Waren zu den Feibelmanns nebenan. Die Beyers brachten regelmäßig Lebensmittelpäckchen zu meinen Großeltern. Die von Erdens halfen zwar nicht, grüßten ihre Nachbarn jedoch immer freundlich, während die Pilkens und Brinkmanns frühe und überzeugte Anhänger der Nazis waren. Herr Pilken war eines der ersten Parteimitglieder, während Frau Pilken niemals in die Partei eintrat. Der jüngste Sohn der Beyers wurde SS-Führer, während seine Mutter und seine Schwester den Juden Päckchen mit Nahrungsmitteln brachten, die Herr Beyer von seinen auf dem Lande lebenden Verwandten erhielt.

Also sind auch nachbarschaftliche Kontakte keine genügende Erklärung, Nazis von „Judenfreunden" zu unterscheiden. In der endgültigen Analyse könnte man vielleicht sagen, daß einige Personen einfach menschlicher waren als andere.

Allgemein gesprochen kann man die Bevölkerung von Sobernheim in drei Gruppen einteilen. Es gab etwa hundert Personen, die wir als den Juden gegenüber wohlwollend beschrieben haben; dies wurde ausgeglichen durch etwa hundert fanatische, dem Regime ergebene Nazis (vergleiche das erste Kapitel); zwischen diesen beiden Extremen stand der Rest der Bevölkerung, der im großen und ganzen der Judenfrage gleichgültig gegenüberstand und die Erlasse und Vorschriften des Nazi-Regimes befolgte. Diese Leute blieben stumm, behielten ihre Gedanken für sich und taten nichts, den Status quo zu verändern.

Rechtliche und soziale Maßnahmen gegen Juden

Der Ausschluß der Juden aus der deutschen Gesellschaft begann bereits Anfang 1933.[9] Die erste Bündel von Maßnahmen schloß sie vom Beamtentum und den juristischen Berufen aus. Es folgte sehr schnell der Ausschluß aus den medizinischen und zahnmedizinischen Berufen sowie aus dem kulturellen Bereich der Kunst, Musik, Literatur und später auch des Journalismus. Ein Ende April erlassenes Sondergesetz, das angeblich die Überfüllung der deutschen Schulen dämpfen sollte, reduzierte die Zahl der jüdischen Schüler auf ein Minimum. Am Ende des Jahres 1933 war das „öffentliche Leben praktisch frei von Juden und Nicht-Ariern".[10] Die Mehrzahl der Juden in Handel und Gewerbe verdiente ihren Lebensunterhalt weiter in diesen noch nicht reglementierten Wirtschaftsbereichen. Die ersten Gesetze zeigten wenig Wirkung in Sobernheim, da es hier weder jüdische Beamte noch Freiberufler oder Künstler gab. Soweit sich meine Interview-Partner erinnern, gab es hier auch niemals einen jüdischen Journalisten. Eine zu erwähnende Ausnahme war der Vorsitzende der Synagogengemeinde und Religionslehrer, der auch ein Amt im öffentlichen Schulwesen bekleidete. Joshua Abraham war im Jahre 1928 von der jüdischen Gemeinde eingestellt worden, woraufhin er und seine Frau nach Sobernheim zogen. Kurz darauf wurde er als Volksschullehrer übernommen und blieb in diesem Amt bis 1933. Er beschreibt seine Arbeit und die sozialen Bedingungen während dieser Zeit als angenehm. Er fand die Beamten außerordentlich hilfsbereit und kooperativ: „Sie halfen mir, wo sie konnten, als ich dort hinkam. Sie stellten mich dem katholischen Pastor, dem protestantischen Pfarrer und allen anderen Lehrern vor. Ich wurde in der Gruppe willkommen geheißen. Ich ging auch zu dem monatlichen Treffen des Lehrerverbandes. Der Direktor meiner Schule war sehr nett. Ich versuchte, ein zusätzliches Examen abzulegen; er half in jeder Weise, mich und meine Ausbildung zu fördern." Obwohl Abraham sich einer gewissen Form von Antisemitismus innerhalb des Lehrerverbandes bewußt war, sah er darin, wie er sagt, zuerst keine Gefährdung:

> Schon in den zwanziger Jahren gab es einige Mitglieder, die offen gegen die Juden auftraten, doch wurde ich immer von meinen anderen Kollegen verteidigt. In einer großen öffentlichen Versammlung mit Hunderten von Lehrern aus dem ganzen Bezirk erhoben sich einige und begannen, gegen die Juden oder auch mich zu sprechen, weil ich der einzige Jude in dieser Vereinigung war. Der Direktor stand auf, verteidigte mich und sagte: „Ich kenne Herrn Abraham und werde eine Diskriminierung nicht dulden!" Das war 1932. Kurz darauf, ein Jahr später, rief mich derselbe Direktor in sein Büro und sagte: „Abraham, ich muß Sie gehen lassen. So lautet meine offizielle Anweisung".

Herr Abraham hatte auch gesellschaftlichen Anschluß in der Stadt und behauptet, daß er als religiöser Leiter der Gemeinde mit besonderem Respekt und Herzlichkeit behandelt worden sei. In den verschiedenen

Geschäften, besonders im Tabakgeschäft, in dem er ein regelmäßiger Kunde war, wurde er stets höflich mit „Lehrer Abraham" begrüßt. All dies änderte sich sehr schnell. „Wenn ich vorher Leute auf der Straße traf, sprachen sie mit mir. Sie grüßten mich und wünschten mir alles Gute. Danach kannte mich niemand mehr." Er erinnert sich, wie er Anfang 1933 die erste SA-Parade in Sobernheim miterlebte:

> Sie marschierten vorbei, als ich zufällig am Fenster stand. Sie mußten mich bemerkt haben, denn sie schickten einen jungen Mann zu mir hinauf. Er war 18 oder 19 Jahre alt; er kam aus der Schneider-Werkstatt, in der ich meine Anzüge machen ließ. Ich kannte ihn und seinen Vater, den Schneider, sehr gut. Er kannte mich auch und sagte: „Herr Abraham, mein Führer hat mich raufgeschickt, Sie müssen vom Fenster weggehen, sonst werden sie Sie festnehmen. Ich möchte mich dafür entschuldigen, aber ich muß den Befehlen folgen." Ich sagte: „Sie müssen sich nicht entschuldigen, ich habe Verständnis für Ihre Lage."

Nach seiner Entlassung aus dem Lehreramt gab er auch seine Stellung bei der Synagogengemeinde auf, verließ Sobernheim und zog zur Familie seiner Frau in eine etwa fünfzig Kilometer entfernte Stadt, um dort auf die Auswanderungspapiere zu warten. Seinen Wegzug von Sobernheim erklärte er mit dem Gefühl, in der Stadt seiner Frau sicherer gewesen zu sein – er traute der Situation in Sobernheim nicht mehr, wo er den Eindruck hatte, daß „sie hinter mir her" waren. Herr Abraham entschied sich für eine sofortige Auswanderung. Es war seine überraschende Entlassung aus dem Amt, die ihn zu dem Entschluß führte, das Land zu verlassen, sobald seine Papiere in Ordnung waren. Herr Abraham war einer der ersten in der Gemeinde, die die gefährliche Situation der Juden in Deutschland erkannten. Vielleicht begriff er die Situation schneller, weil er Volksschullehrer und der einzige jüdische Beamte war und als solcher schon kurz nach der Machtübernahme durch das Regime entlassen wurde. Die meisten anderen Juden waren selbständig und erfuhren niemals das Trauma der Entlassung aus keinem anderen Grunde als dem, Jude zu sein. Herr Abraham verstand sehr schnell die Notwendigkeit, den Befehlen zu folgen, und fühlte keine persönliche Animosität, weder gegenüber dem Sohn des Schneiders noch gegenüber seinem Direktor, der ihn entlassen hatte; er wußte, daß sie nur den Befehlen gehorchten und ihre persönliche Freiheit, mit Anstand zu handeln, verloren hatten.

Während die meisten Juden in Sobernheim selbstständig waren, gab es auch einige, hauptsächlich jüngere Leute in den zwanziger Jahren, die bei anderen angestellt waren. Drei von ihnen arbeiteten im Kaufhaus Wolf, bis sie 1935, als das Kaufhaus schließen mußte, auch ihre Arbeitsplätze verloren. Einige andere arbeiteten in der Fabrik Marum, vier oder fünf arbeiteten außerhalb Sobernheims, weil hier die Arbeitsmöglichkeiten, besonders nach Beginn der Wirtschaftskrise, ziemlich begrenzt waren. Alice arbeitete als Friseuse in Frankfurt; sie verlor ihre Arbeit im Jahre 1934, als ihr der Geschäftsinhaber bedauernd sagte, daß er sie nicht länger halten könne, da er „sonst mit Schwierigkeiten rechnen müsse". Sie konnte ein Jahr später in die Vereinigten Staaten emigrieren. Eine andere junge Frau ging nach München, wo sie bis 1934 als Verkäuferin arbeitete. Herr Albert zog im Jahre 1930 in eine Stadt im Ruhrgebiet, wo er als Verkäufer in einem Möbelgeschäft arbeitete. Seine Arbeitgeber schätzten ihn sehr, und er erhielt bereits ein Jahr später eine Gehaltserhöhung. Am 1. April 1933, wenige Monate nach Hitlers Berufung zum Reichskanzler, erhielt Herr Albert vom Geschäftseigentümer das folgende Schreiben:

21. April 1933

Herrn A. Albert
Pfefferackerstraße 40
Buer

Wir haben bis heute versucht, Sie in unseren Diensten zu halten, indem wir Sie in den zeitweiligen Ruhestand versetzten, d. h., wir gaben Ihnen Urlaub, obwohl es uns wegen Ihrer jüdischen Abstammung große Schwierigkeiten verursachte. Unglücklicherweise kann die gegenwärtige Situation nach Lage der Dinge nicht weiter aufrechterhalten bleiben, da die Entwicklung der Dinge uns heute zwingt, ernstere Maßnahmen zu ergreifen.
Unter den vorliegenden Umständen ist es unmöglich, daß Sie in Zukunft Ihren Dienst bei uns fortsetzen. Anderenfalls würde dies nachteilige Auswirkungen auf unsere Firma haben.
Diese Gründe zwingen uns zu der traurigen Maßnahme, unsere vertraglichen Beziehungen fristlos zu kündigen. Wir verstehen die außerordentliche Härte, die diese Maßnahme für Sie bedeutet. Trotzdem haben wir unter den gegebenen Umständen keine Wahl. Wenn Sie sich in unsere Lage versetzen, werden Sie unsere Vorsichtsmaßnahmen sicher richtig einschätzen.
Um Ihre Situation zu erleichtern, sind wir bereit, das Ihnen nach unserem Vertrag zustehende Gehalt für diesen Monat und den Monat Mai zum Ende jeden Monats zu zahlen.

Hochachtungsvoll,
THEODOR BEHR

Besonders interessant an diesem Schreiben ist das ausdrückliche Bedauern der Kündigung des Arbeitsverhältnisses von Herrn Albert. Der Schreiber räumt ein, daß diese Maßnahme „eine Härte für Sie bedeutet" und bietet ihm eine Abfindungsentschädigung in Höhe eines zusätzlichen Monatsgehaltes an. Zu diesem Zeitpunkt war er bereits einen Monat im „zeitweiligen Ruhestand". Das Schreiben ist ziemlich ausführlich und deutet vielleicht das Unbehagen des Verfassers an. Theoretisch hätte ein Kündigungsschreiben aus lediglich zwei Sätzen bestehen können. Das Unbehagen des Schreibers ergibt sich auch aus dem dauernden Gebrauch euphemistischer Ausdrücke, wie z. B. „die Entwicklung der Dinge" und „unter den vorliegenden Umständen". Die jüdische Abstammung konnte ohne weiteres erwähnt, die vom Nazismus geschaffene politische Situation durfte schriftlich jedoch nur angedeutet werden. Das erkennt man auch an der ironischen Wendung: „Sie werden unsere Vorsichtsmaßnahmen sicher richtig einschätzen, wenn Sie sich in unsere Lage versetzen." Als gäbe es auch nur die entfernteste Möglichkeit, daß eine solche Umkehrung eintreten könnte!

Andere frühe antisemitische Gesetze fußten auf dem Ermächtigungsgesetz vom März 1933, auf dessen Grundlage auch die ersten Konzentrationslager, einschließlich des berüchtigten Lagers Dachau in der Nähe von München, eingerichtet wurden, und die dazu dienten, Systemgegner jeder Art wie auch Juden zu internieren. Gewalttätigkeiten gegen Juden begannen schon Anfang 1933. In Sobernheim ereigneten sich nur wenige solcher Vorfälle, aber, wie bereits erwähnt, gab es eine große Ausnahme. 1933 wurde ein Mann verhaftet und in ein Konzentrationslager verbracht. Obwohl offiziell keine Gründe angegeben wurden, vermutete man allgemein, daß dies nicht nur wegen seines Judentums geschah, sondern auch, weil er Mitglied der Kommunistischen Partei war. Er kam niemals wieder, aber die Nazis waren so freundlich, seine Asche zurückzuschicken.

Der erste offizielle Boykott jüdischer Geschäfte fand am 1. April 1933 statt. Dieser Boykott war weder in ganz Deutschland noch in kleinen Städten wie Sobernheim besonders erfolgreich. In Sobernheim wußten viele Leute einfach nichts von dem Boykott und kauften wie gewöhnlich ein. Im großen und ganzen hatten die ersten offiziellen Gesetze wenig Wirkung in der kleinen Gemeinde Sobernheim, da fast niemand direkt von ihnen betroffen war.

Natürlich konnte man antisemitisches Verhalten bereits Anfang des Jahres 1933 feststellen, zumal ich ja bereits im dritten Kapitel erwähnt habe, daß es schon viel früher antisemitische Aktionen in dieser Stadt gegeben hatte. Das augenfälligste Beispiel war die Form, in der bisher befreundete Menschen alle Verbindungen zueinander abbrachen. Sie gingen auf der Straße aneinander vorbei, ohne sich auch nur anzusehen. Ab 1933 ereigneten sich Vorfälle mit einer gewissen Regelmäßigkeit; Täter und Anstifter waren diejenigen, die damals schon Nazis waren. So erinnert sich der inzwischen mehr als siebzigjährige Albert noch sehr deutlich, wie seine Freundschaft zu Rudi endete:„ Wir wuchsen zusammen auf, er wohnte gerade um die Ecke. Ich war bei ihnen, er war bei uns. Wir besuchten gemeinsam die Realschule bis zum Abschluß. Als ich 1934 nach Sobernheim zurückkam, begegneten wir uns auf der Straße; er hielt an, spuckte mir ins Gesicht und nannte mich 'dreckiger Jud'"!

Meine Mutter berichtete von einem Zwischenfall, der sich 1933 ereignete. Sie schob mich, ein damals noch sehr kleines Kind, im Kinderwagen die Straße hinunter. Als sie um die Ecke bog, kamen einige Jugendliche auf sie zu und schrien: „Da kommt die dreckige Hure, die mit einem Juden ins Bett geht und noch die Dreistigkeit besitzt, ihren Bastard herumzufahren." Das bezog sich auf die Tatsache, daß meine Mutter als geborene und erzogene Protestantin nach der Heirat mit meinem Vater zum Judentum übergetreten war. Ein anderes Beispiel betraf ebenfalls meine eigene Familie. Mein Vater kehrte 1933 für einige Zeit nach Sobernheim zurück, ehe er eine Arztpraxis im nahegelegenen Bad Kreuznach eröffnete. In Sobernheim behandelte er hauptsächlich jüdische Patienten, aber auch eine Anzahl von Nichtjuden. Die nichtjüdischen Patienten waren meistens Leute, die in der Nachbarschaft wohnten; sie hatten den „jungen Willem" schon immer gekannt und sich gefreut, als er weggegangen war, um Medizin zu studieren. (Frau Beyer erzählte mir, daß sie und ihre Eltern noch bis 1934/35 von meinem Vater behandelt worden waren. Sie lachte, als sie sich an ihre zahlreichen Kinderkrankheiten erinnerte; die Behandlung meines Vaters umfaßte auch eine Art Physiotherapie wegen ihrer krummen Beine!) Eines Nachts, weit nach Mitternacht, wurde die Hausglocke an unserem Haus gezogen. In der Annahme, daß es sich um einen Patienten handelte, öffnete mein Onkel die Haustür. Vor ihm stand der Ortsgruppenleiter Dhonau in vollem Nazi-Schmuck. Dhonau befahl ihm, seinem Bruder die folgende Nachricht zu übermitteln: „Sagen Sie dem sogenannten Herrn Doktor, daß er nicht einmal in der Lage ist, Schweine zu heilen!" Nachdem er seine Nachricht losgeworden war, drehte er sich um und ging weg.

In einem anderen Fall beschreibt Herr Martin, wie er vor dem Rathaus in einer Schlange stand und darauf wartete, einige Dokumente auszufüllen. Als er an der Reihe war, stieß ihn ein Mann grob zurück und schrie: „Dreckiger Jude, stell' Dich hinten an!" In einer ähnlichen Situation begegnete eine Bande junger Nazis zwei jüdischen Männern, die gerade das Rathaus betreten wollten. Sie sprangen auf sie los und begannen draufloszuprügeln. Die beiden konnten schließlich, mit schweren Kopfverletzungen, flüchten. Einige Einwohner beobachteten diesen Vorfall, ohne jedoch den unterlegenen Juden zu Hilfe zu kommen.

Hans Marum berichtet, daß im Frühjahr 1934 eine Gruppe jüdischer Pfadfinder aus Mainz an ihrer Tür erschien und um ein Nachquartier bat. Sein Vater brachte sie in einem leeren Fabrikgebäude unter. „Kurz darauf", so erinnert er sich, „gab es draußen einen Tumult; einige Leute waren mobilisiert worden, um das Gebäude, in welchem diese Kinder im Alter von zehn, elf und zwölf Jahren untergebracht waren, mit Steinen zu bewerfen. Ich rief die Polizei, die aber nur ungern eingreifen wollte. Ich erinnere mich, daß ich vor dem Haus stand; die Leute warfen mit Steinen, und der Vater meines besten Freundes hetzte sie auf, noch mehr Steine zu werfen." Er erinnert sich weiter, daß er einige Zeit später vor seinem Haus stand, „als ein kräftiger Bursche von etwa zwanzig Jahren vorbeikam und zu mir sagte: 'Du bist ein Jude', mir rechts und links ins Gesicht schlug und weiterging. Er kam nicht aus Sobernheim, war aber mit einem Sobernheimer zusammen. Mein Vater beschwerte sich, was eine Art Entschuldigung zur Folge hatte – aber was bedeutete das schon zu dieser Zeit."

Während die ersten offiziellen Verlautbarungen auf das tägliche Leben in Sobernheim wenig Wirkung hatten, gab es Belästigungen in Form von Verunglimpfungen und direkte physische Angriffe auf Juden. Sie wurden hauptsächlich von denen begangen, die inzwischen zum harten Kern der Nazis geworden waren. Die passive Mehrheit beteiligte sich nicht wirklich an diesen Angriffen, sie brach einfach jede Verbindung zu Juden ab.

1935 trat das Regime mit der Verabschiedung der Nürnberger Rassengesetze in eine neue Phase der Unterdrückung der Juden ein. Die Gesetzgebung änderte den Status der Juden vom „Staatsbürger" zum „Subjekt". Um das deutsche Blut reinzuhalten, wurden Mischehen und Geschlechtsverkehr zwischen Juden und Nichtjuden verboten. Außerdem wurde festgelegt, daß die väterliche Linie, d. h., ob ihre Väter, Großväter etc. Juden waren, festlegte, wer als Jude galt. Als neue Kategorie wurde „Mischling" eingeführt. Weiterhin durften nicht-jüdische Hausangestellte unter fünfzig Jahren nicht mehr in jüdischen Haushalten beschäftigt werden (weil angeblich jüdische Männer Verführer waren, dafür bekannt, über ihre Hausangestellten herzufallen!).

In einer kleinen Gemeinde wie Sobernheim fanden diese Gesetze kaum Beachtung, weil nur wenige Leute direkt davon betroffen waren. Aber auch hier gab es einige Ausnahmen. Wie ich schon im dritten Kapitel beschrieb, gab es entgegen dem nationalen Trend zu Mischehen in den großen Städten in Sobernheim nur wenige Fälle dieser Art. Unter den Einwohnern gab es eine Mischehe; das Paar lebte seit vielen Jahren und ungeachtet der Gesetzgebung auch weiterhin ungestört zusammen – vermutlich, weil es sich um eine prominente Familie handelte, die der kleinen Sobernheimer Oberschicht angehörte. Ihre wirtschaftliche und gesellschaftliche Position an der Spitze der städtischen Hierarchie bewirkte, daß die Einwohner und sogar die SS trotz der neuen Gesetze auf diesem Auge blind waren. Der andere Fall betraf ein Paar, das in einem Dorf in der unmittelbaren Umgebung wohnte und in ähnlicher Weise geschützt war. Die Frau war eine der drei Juden in diesem Dorf; ihr Ehemann gehörte zu einer bekannten Familie, deren Ursprung einige Jahrhunderte zurückverfolgt werden konnte. Diese Einzelfälle lassen vermuten, daß in kleinen Gemeinden mit nur wenig Mischehen die Nürnberger Rassengesetze nicht unbedingt ernst genommen wurden. Handelte es sich jedoch um junge Paare, die nicht verheiratet, aber freundschaftlich verbunden waren, hatten diese Gesetze den gewünschten Effekt. In einem Fall hatte die Tochter einer ziemlich bekannten mittelständischen jüdischen Familie einen nicht-jüdischen Geliebten aus einer anderen Stadt. Beide Parteien und ihre Familien waren der Ansicht, daß eine Heirat nicht möglich war, weil sie gegen das Gesetz verstoßen hätte. Die Jüdin wanderte aus. Ihrem Geliebten gelang es nicht mehr, das Land zu verlassen; er wurde später – eine tragische Ironie des Schicksals – als intellektueller Gegner der Nazis in ein Konzentrationslager gebracht, wo er vermutlich starb. Eine andere junge Jüdin bat ihren nicht-jüdischen Freund, doch mit ihr zusammen zu emigrieren – „Komm mit mir, ich gehe" –, weil er jedoch kein Ausreisevisum bekam, endete diese Verbindung. (Auch Nichtjuden, die keine Verwandten im Ausland hatten, konnten Hitler-Deutschland nicht verlassen.) Ein anderer Fall betraf eine junge Jüdin aus einem Nachbardorf, die in Sobernheim arbeitete und wohnte; auch sie hatte einen nicht-jüdischen Freund, aber „wir durften nicht heiraten". Heute erinnert sie sich, daß sie anläßlich eines Besuches in Deutschland eine ihrer früheren Freundinnen traf, die ihr erzählte, daß ihr früherer Freund als Reaktion auf ihre Emigration geheiratet, aber kein Glück in dieser Ehe gefunden hatte. Als eine andere junge Jüdin namens Alice kurz vor der Emigration einen Juden aus einer anderen Gemeinde heiratete, erfuhr sie, daß ihr Ex-Freund über ihre Ausreise sehr erleichtert war und hoffte, daß ihr neuer Ehemann „gut für sie sorgen" würde.

Es ist vielleicht nicht allgemein bekannt, daß das Regime gegenüber den Auswanderungswünschen von Deutschen ebenso streng war wie gegenüber den Juden. Wenn es auch den Anschein hat, als ob nur wenige auszuwandern wünschten, wurden die wenigen, die auswandern wollten, um mit ihren jüdischen Verlobten zu leben, daran gehindert. Vielleicht blickte die deutsche Regierung während dieser Zeit deshalb nicht allzu wohlwollend auf diejenigen, die das Land verlassen wollten, weil sie gerade die Männer in den Partei-Organisationen und zweifellos später in der Armee brauchte.

So gab es einige Beispiele in der jüngeren Generation, in denen die Liebe aus politischen Gründen für inakzeptabel gehalten wurde und in denen die Beziehungen aufgrund der repressiven Situation zerstört wurden. Auch wenn in dieser Untersuchung lediglich vier solcher Fälle erwähnt werden, lohnt es sich dennoch, Vermutungen hinsichtlich der Auswirkungen auf das weitere Leben dieser Menschen anzustellen. Im Fall von Alice heiratete ihr früherer Freund in einer Trotzreaktion und ertrug eine ihn wenig befriedigende Ehe. Emma Hesse blieb bis zu ihrem neunundvierzigsten Lebensjahr ledig, um dann eine gute Kameradschaftsehe einzugehen. Martha, die ein Verhältnis mit einem katholischen Regimegegner gehabt hatte, blieb ebenfalls bis Anfang vierzig ledig; ihr früherer Freund starb in Dachau. Emma Hesses Eltern, die einer früheren Generation angehörten und deren Jugend vor dem Erlaß der Nürnberger Rassegesetze lag, waren auch damals schon beide vor einer Heirat mit ihren damaligen Geliebten gewarnt worden und hatten sich zu einer unglücklichen Ehe verbunden. Obwohl eine Verallgemeinerung gefährlich ist, hat es den Anschein, als ob einige dieser Personen in ihren Ehen nicht glücklich wurden; einige der Frauen warteten viele Jahre, bevor sie dann viel später als üblich heirateten. Ein Muster zerstörter Beziehungen scheint sich auch für jene ergeben zu haben, deren jugendliche Romanzen durch den Gang der Geschichte beendet wurden.

Ein anderes Beispiel sollte nicht vergessen werden. Der Patriarch der Familie Marum, der wohlhabendsten Familie in der Stadt, hatte viele Jahre eine protestantische Haushälterin. Sie blieb auch während der dreißiger Jahre bei ihm, obwohl ihre Freunde und auch ihre Familie sie drängten, ihre Stelle aufzugeben, vor allem nach Erlaß der Nürnberger Rassengesetze. Sie hatte in dieser Familie gearbeitet, seit sie ein junges Mädchen gewesen war, und gehörte quasi zur Familie. Weil der alte Mann nicht geheiratet und Junggeselle geblieben war, gab es einige Spekulationen, daß diese Beziehung mehr als nur eine zwischen Arbeitgeber und Arbeitnehmerin war. Sie waren eng verbunden, was sich aus den im vierten Kapitel zitierten Briefen ergibt. Während der dreißiger Jahre machte sie die Besorgungen für ihn, und obwohl bekannt war, daß sie für einen Juden einkaufte, machte ihr niemand Schwierigkeiten. Sie bewegte sich frei in der Stadt und konnte dem alten Mann oft von den neuesten Ereignissen berichten. Ihr Zusammenleben endete erst mit der Deportation des alten Mannes im Jahre 1942. Als er abgeholt wurde, gab sie ihm eine an sie adressierte Postkarte mit der Anweisung, ihr diese gleich nach seiner Ankunft zu senden, damit sie wisse, daß er gesund und sicher angekommen sei. Sie vermutete offensichtlich nicht, daß er in ein Lager gebracht und dort getötet werden würde. Wie auch viele andere Deutsche glaubte sie noch, daß die Juden in ein Arbeitslager oder nach Polen verbracht würden, – als ob ein vierundneunzigjähriger Mann irgendeine Arbeit hätte leisten können. Sie erbte seine Wohnung und einiges Geld; inzwischen ist auch sie in ihren Neunzigern und lebt in einem Altersheim, dessen Kosten von der Familie Marum gezahlt werden.

Die Rassengesetze betrafen nicht nur in „Mischehen" lebende Juden, sondern auch solche, die zum Christentum übergetreten waren. Zwischen 1920 und 1930 gab es wenigstens zwei davon betroffene Personen in Sobernheim; sie verließen jedoch die Stadt, und ihr Schicksal konnte nicht ermittelt werden.

Mit einigen wenigen Ausnahmen hatten die Maßnahmen gesetzlicher Verfolgung nur wenig Auswirkung in der kleinen Stadt. Die wirtschaftlichen Einschränkungen waren viel einschneidender. 1935 waren nur noch wenige jüdische Geschäfte geöffnet; zwischen 1935 und 1938, als der große jüdische Betrieb geschlossen wurde, konnten Juden nur noch wenig Geschäfte machen, außer untereinander und mit nur wenigen nicht-jüdischen Kunden, die heimlich noch bei ihnen einkauften. Geschäftsinhaber verkauften ihre Geschäftsräume und Grundstücke für wenig Geld; sie begannen, Möbel, Schmuck und anderen Besitz zu verkaufen, um überhaupt überleben zu können. Jüdische Familien, die gezwungen waren, ihre Besitztümer zu verkaufen, taten dies wenn möglich in der Stadt, fuhren jedoch noch häufiger zu diesem Zweck in das nahegelegene Bad Kreuznach. Das Kaufhaus Wolf beschäftigte noch einige jüngere Juden; die Firma wurde jedoch verkauft, bevor die Eigentümer 1935 emigrierten. Zuvor hatten sie ihre nicht-jüdischen Angestellten mit nicht-jüdischen Unternehmen gegen deren jüdische Angestellte ausgetauscht. Wie schon erwähnt, erhielt Helene, die in einem nichtjüdischen Geschäft gearbeitet hatte, einen Arbeitsplatz in einem in jüdischem Besitz befindlichen Kaufhaus im Austausch gegen dessen nichtjüdische Angestellte, die Helenes Arbeitsplatz übernahm. Ein derartiger Austausch fand einige Male statt, insbesondere betraf es junge Juden, die ihre Auswanderungspapiere erwarteten. Während ihrer Wartezeit war es einigen auf diese Weise noch möglich, in einer der beiden noch verbliebenen jüdischen Firmen etwas Geld zu verdienen. Die größte der Firmen blieb bis 1938 im Geschäft; die weit überwiegende Mehrheit ihrer Arbeiter und Angestellten waren Nichtjuden. 1938 wurden Gesetze erlassen, die festlegten, daß alle jüdischen Firmen entweder geschlossen oder von Deutschen aufgekauft werden sollten, sehr oft weit unter ihrem Wert. Im Dezember 1938 waren alle ehemals jüdischen Betriebe „arisiert".

Die letzte große Verfolgungswelle, die die jüdische Bevölkerung vor den Deportationen ereilte, waren die Ereignisse des 9. November 1938: die berüchtigte 'Kristallnacht'. Anders als bei früheren Maßnahmen traf es die noch verbliebenen jüdischen Einwohner Sobernheims in dramatischer und wirklich tragischer Weise.

Am 7. November 1938 erschoß ein junger jüdischer Student einen Beamten der deutschen Botschaft in Paris. Das Attentat lieferte den Nazis den Vorwand für die Inszenierung eines massiven Pogroms gegen Juden, das mit der Zerstörung jüdischen Besitztums, ihrer Wohnungen, Synagogen und Friedhöfe endete. Die Aktion sollte als Ausdruck spontaner Empörung der Bevölkerung gegen die Juden verstanden werden, war aber tatsächlich ein sorgfältig inszenierter Angriff, der vorwiegend von Angehörigen der SA und SS auf Befehl des Regimes angeführt und durchgeführt wurde. In Sobernheim wie auch anderswo verwüstete eine durch auswärtige Mitglieder verstärkte örtliche SA in großem Umfang jüdischen Besitz. Der heute über achtzigjährige Herr Kappes erinnert sich, wie die Truppen zusammengestellt und organisiert wurden:

> Alle SA-Angehörigen sollten sich auf dem Platz hinter dem Rathaus treffen; auch alle Sympathisanten wurden dazu aufgerufen. Ich war nicht in der SA, ging aber hin, um zu sehen, was geschehen würde. Es waren ungefähr hundert Männer versammelt. Dhonau sagte, daß die Provokationen der Juden nicht mehr länger hingenommen werden könnten, daß man ihnen heute eine Lektion erteilen und ihnen zei-

gen würde, wer hier der Herr sei. Dann teilten er und seine Gehilfen die Menge in Fünfergruppen auf; jede Gruppe wurde angewiesen, zu einer bestimmten Zahl von Häusern zu gehen und alles zu zerstören. Besondere Gruppen wurden mit der Zerstörung der Synagoge und des Friedhofes betraut. Ich ging sofort nach Hause; auch einige andere Männer schlichen sich unauffällig davon.

Die Sobernheimer Synagoge wurde teilweise zerstört und niedergebrannt, ihre Fenster eingeworfen. Auf dem Friedhof wurden die meisten Grabsteine beschädigt und umgeworfen. Während an anderen Orten Tausende von Juden zusammengetrieben und am Morgen nach der Kristallnacht in Konzentrationslager gebracht und mehrere hundert getötet wurden, gab es in Sobernheim weder Tote noch sofortige Deportationen. In der kleinen Gemeinde verursachten die Ereignisse Bestürzung gerade unter den Leuten, die diese Stoßtruppunternehmen durchführen sollten. Augenzeugen und Unbeteiligte konnten nicht verstehen, was da vor sich ging, und die meisten reagierten darauf, indem sie in ihren Häusern blieben, die Türen abschlossen und die Läden herunterließen. Es gab niemanden, der sich auf irgendeine Weise eingemischt hätte, doch waren viele Leute in der Verschwiegenheit ihrer Häuser und Wohnungen beunruhigt und besorgt; es gab auch einige, die weinten, wenn sie daran dachten, was in den jüdischen Wohnungen vor sich ging.

Die damals siebzehnjährige Irmgard wohnte gegenüber einer jüdischen Familie, mit der ihre Eltern befreundet waren. Sie berichtete, daß sie durch einen Krach wach wurde, als plötzlich ein Porzellankrug aus dem Fenster eines jüdischen Hauses durch ihr eigenes Fenster geschleudert wurde und auf dem Fußboden landete. Ihre Eltern und sie standen auf, macht Licht und rannten nach unten. Als sie sahen, daß eine Gruppe von SS-Männern die jüdische Wohnung verwüstete, zogen sie sich schnell zurück und verhielten sich ganz still. Sie selbst ging wieder zu Bett, erinnert sich aber, daß ihre Eltern den Rest der Nacht aufblieben und sich fragten, ob auch sie an die Reihe kämen, weil sie keine Parteimitglieder waren. Am nächsten Abend ging ihr Vater, der von Beruf Schreiner war, in das geplünderte und zerstörte Haus und reparierte zerbrochene Möbel, damit die Familie wieder einigermaßen wohnen konnte. Auch Herr Maurer war Zeuge der Kristallnacht. Er erinnert sich, an diesem Abend auf seinem Nachhauseweg an einem reichen jüdischen Haus vorbeigegangen zu sein. Er sah, wie ein SS-Mann ein großes Radio heraustrug, „das beste und teuerste Radio in der Stadt". Ein alter Mann lief hinter dem SS-Mann her und rief: „Ich will es Ihnen ja geben, aber bitte machen Sie es nicht kaputt", worauf der SS-Mann das Gerät auf den Boden schmetterte. Als Herr Maurer nach Hause eilte, mußte er an einer kleinen Gasse, die in Richtung Stadtgrenze verlief, vorbei. Dort sah er etwa zehn oder zwanzig Juden, von denen einige Verbände um ihre blutigen Köpfe trugen. Sie rannten die Gasse hinunter, um der Verwüstung zu entkommen. Auch hier versuchte Herr Maurer nicht einmal einzugreifen, sondern verschloß, endlich zu Hause angekommen, Türen und Fenster.

Frau Kramer erinnert sich, daß ihre Mutter an diesem Abend mit Tränen in den Augen nach Hause kam und zu ihrem Vater sagte: „Sie sind bei Feibelmanns, bei Loebs und in anderen Häusern und werfen alles aus den Fenstern. Die Straße ist voller Federn (von den aufgeschlitzten Federkissen, die sie herausgeworfen hatten). Warum tun sie das? Was haben sie (die Juden) uns getan?" Ihr Vater vergewisserte sich, daß die Türen abgeschlossen waren.

Ein anderer Augenzeuge erinnert sich, Frau Feibelmann gesehen zu haben, wie sie schreiend und blutüberströmt aus ihrem Laden kam und die Straße hinunterlief. Er sagte, daß er „gerne hinübergegangen wäre, um zu helfen. Aber was konnte ich tun? Dann wäre ich an der Reihe gewesen". Herr Glockner, einer der mit den Juden in Sobernheim am meisten sympathisierenden Sobernheimer, wußte, daß ein altes Paar am frühen Morgen nach der 'Kristallnacht' aus seiner Wohnung geflohen war, um bei einer Schwester und deren nicht-jüdischem Ehemann im nahegelegenen Dorf Staudernheim Schutz zu suchen. Glockner sah sie zwei Stunden später wieder, nachdem man sie aus dem Haus der Schwester geholt und sie gezwungen hatte, gefolgt von einer Steine werfenden und Beschimpfungen grölenden SA-Bande, durch die Straßen von Sobernheim zu laufen. Jetzt hatte sogar Glockner Angst, ihnen zu Hilfe zu kommen.

Eine erhebliche Anzahl von Juden hatte Sobernheim zu dieser Zeit bereits verlassen, und es leben heute nur noch wenige, die die 'Kristallnacht' erlebt haben und sie beschreiben können. Emma Hesse und ihre Eltern waren noch da; sie beschreibt, was sich in dieser Nacht in ihrer Wohnung zugetragen hat:

> Es war etwa sechs Uhr morgens, als fünf junge Burschen hereinkamen. Vier von ihnen kannte ich nicht; sie kamen aus Waldböckelheim; einer war aus Sobernheim und hatte mindestens zehn Jahre lang mit mir zusammen im Kaufhaus Wolf gearbeitet. Er selbst tat nichts, er schickte nur die anderen hinein, und sie schlugen alles im Zimmer kaputt. Ich stand da; sie kamen auf mich zu und befahlen

mir, zum Fenster zu gehen; dann kamen sie mit einer Axt, aber anstatt mich zu schlagen, zerschlugen sie die Fenster. Einige Stunden später kamen die Schulkinder vorbei und warfen Steine hinein. Mein Vater hatte einen Herzanfall in der Küche, und sie kamen nicht hinein, aber im Wohnzimmer war alles kurz und klein geschlagen. Meine Mutter lief in den Garten hinaus. Mein früherer Arbeitskollege sagte nichts; ich sah ihn an, er schaute mir erst ins Gesicht und senkte dann den Kopf. Unter den vier anderen war der Tierarzt (ein früher sehr bekannter führender Nazi). Er kam ins Schlafzimmer meines Vaters und sagte: „Mein Herr, gemäß den Befehlen von oben müssen wir Ihr Haus zerstören. Gehen Sie und Ihre Frau jetzt hinaus!"

Emma Hesse glaubt, daß der Tierarzt dies als eine Art Entschuldigung sagte, weil er im Ersten Weltkrieg der Vorgesetzte ihres Vaters gewesen war und ihn auch durch gemeinsame Sportaktivitäten gut kannte. Sie weiß nicht, ob er sich auch bei anderen Familien entschuldigte. (Als ironische Fußnote: Derselbe Tierarzt schrieb nach dem Krieg an ihren Vater in New York und bat ihn um eine eidesstattliche Versicherung des Inhalts, daß er kein Nazi gewesen sei. Unnötig zu sagen, daß ihr Vater auf dieses Schreiben nicht reagierte.)

Eine andere Frau, die die Ereignisse der 'Kristallnacht' als elfjähriges Mädchen erlebte, erinnert sich, „als ob es gestern gewesen sei". Laute Fußtritte erschollen auf der Holztreppe zu ihrer Wohnung, die Türen wurden eingeschlagen und „schwarz gekleidete Männer mit Äxten in den Händen kamen herein; sie liefen herum und zerschlugen mit den Äxten alle unsere Möbel und warfen viele Gegenstände aus den Fenstern. Sie zerschmetterten die Schranktür und zerstörten alle meine Spielsachen. Danach versteckten wir uns in einem Wandschrank in der Wohnung eines Nachbarn."

Hildegard Marum erinnert sich, wie sie die Tür zu ihrer Wohnung einschlugen. Die Möbel wurden zerschmettert; sie kannte die Zerstörer nicht. Später erzählte man ihr, daß einer der Angreifer ein Arbeiter aus der Fabrik ihres Vaters gewesen sei. Ihre Mutter war verängstigt und bestürzt. Sie lief herum und versuchte, ihre Kinder zu beruhigen, indem sie ihnen in ihrer Verwirrung sagte: „Macht Euch nichts draus, die Versicherung wird es bezahlen".

Aus diesen Berichten ergeben sich einige bemerkenswerte Tatsachen. Offenbar versuchten jüdische Männer, die Angreifer zurückzuschlagen, wie sich aus den von Augenzeugen beobachteten blutigen Köpfen und Verbänden schließen läßt. Diese physischen Angriffe ereigneten sich wahrscheinlich, wenn der Wohnungsinhaber oder Hausbesitzer versuchte, den Nazis den Zutritt zum Haus zu verwehren. Frau Feibelmann wurde angegriffen, als sie versuchte, einen wertvollen Gegenstand aus ihrem Laden zu holen. Ein Mann erhielt einen Schlag auf den Kopf, als er versuchte, die Tür vor den eindringenden Nazis zu verschließen. Es gab auf seiten der Juden in der 'Kristallnacht' Versuche, den Nazis Widerstand zu leisten, obwohl sehr oft behauptet wird, daß die Juden sich nicht gewehrt hätten.

Die Reaktion der Deutschen auf das Pogrom war teils Überraschung, teils Furcht um ihr eigenes Leben und Eigentum. Leute, die gute Kontakte zu Juden hatten, waren besonders bestürzt über die Zerstörungen, sie fühlten sich jedoch machtlos, zugunsten ihrer Nachbarn einzugreifen. Sie fürchteten Vergeltungsmaßnahmen, und einige waren sich nicht einmal sicher, ob das Pogrom nur gegen Juden veranstaltet wurde. Frau von Erden und andere glaubten, daß ihre Häuser auch an die Reihe kämen; sie sagte zu ihrem Mann: „Wir werden die Nächsten sein; vielleicht sollten wir auch in die Partei eintreten."

Als sie über diese Vorgänge sprachen, sagten mehrere Deutsche, das traurigste Ereignis der 'Kristallnacht' sei gewesen, am nächsten Morgen ansehen zu müssen, wie man die Juden zwang, auf Händen und Knien die Straßen von zerbrochenen Möbeln, Federn und Glas zu säubern. „Ich weinte, als ich den alten Herrn Marum, einen Mann von neunzig Jahren, einen Besen vor seinem Haus hin- und herschieben sah, während eine Gruppe junger SS-Leute herumstand und lachte."

Für die Juden, die entweder freiwillig oder notgedrungen in Sobernheim geblieben waren, war die 'Kristallnacht' der endgültige Schlag. Geschäftsleute, die lange gezögert hatten, ihren Besitz und ihre Heimat zu verlassen, entschlossen sich nun sofort zur Emigration. Mehrere jüngere Mitglieder der Familie Marum hatten Deutschland zu diesem Zeitpunkt bereits verlassen, während die alten Marums noch immer ihre Fabrik leiteten. Nach der 'Kristallnacht' verließ die restliche Familie mit Ausnahme des Patriarchen so schnell wie möglich das Land, obwohl die Fabrik auf besondere Anordnung (als Erwerbszweig für Hunderte von Nichtjuden) nicht angerührt worden war. Nun verkauften sie die Fabrik weit unter dem Marktwert. Während einige Juden nur geblieben waren, weil sie entweder keine Auswanderungspapiere oder keine amerikanische Quotennummer hatten, blieben andere bis zu diesem Zeitpunkt im Land, weil sie – wie z. B. die Marums – größere wirtschaftliche Interessen hatten. Ein Mann sagte erklärte mir: „Bis dahin wollten wir nicht glauben, daß so etwas passieren könnte. Wir dachten, das Schlimmste sei vorbei. Sie konnten uns nicht töten, denn wir waren ja Deutsche – trotz allem. Nach der 'Kristallnacht' änderte ich meine Meinung, 1939

Der Amtsbürgermeister. Sobernheim, den 28. März 1946.

Es mussten sich zum Weitertransport (wohin ist hier unbekannt) in Bad Kreuznach melden:
Mitte April
~~Im Juni~~ 1942.

1. B r a u n   Siegmund, ohne Beruf, geb. 21.4.1889 in Meddersheim, zuletzt wohnhaft in Meddersheim, Nr. 57.
2. B r a u n   geb. Gärtner, Hermine, geb. 11.6.1890 in Rhaunen, Kr. Bernkastel, zuletzt wohnhaft in Meddersheim 57
3. B r a u n   Hildegard, Strumpffabrikarbeiterin, geb. 10.1.1923 in Meddersheim, zuletzt wohnhaft in Meddersheim
4. B r a u n   Norbert, Schüler, geb. 11.7.1926 in Meddersheim, zuletzt wohnhaft in Meddersheim, Nr. 57.
5. M e t z l e r   geb. Kann, Gertrud, geb. 22.11.1888 in Windesheim, zuletzt wohnhaft in Sobernheim, Ringstr. B 71
6. L a n d a u   Nathan, Kaufmann, geb. 4.2.1878 in Pfürfeld, Kreis Alzey, zuletzt wohnhaft in Sobernheim, Wilhelmstrasse .
7. L a n d a u ,   geb. Gerson, Emilie, Schneiderin, geb. 3.4.1882 in Sobernheim, zuletzt wohnhaft in Sobernheim, Wilhelmstrasse.

26. Juli 1942.

8. F r i e d   geb. Kahn, Bertha, geb. 17.11.1876 in Flörsheim, zuletzt wohnhaft in Sobernheim, Großstr. 28
9. F r i e d   Moses, Pferdehändler, geb. 13.3.1866 in Kerxheim, zuletzt wohnhaft in Sobernheim, Großstr. C 28
10. F r i e d   Margarethe, geb. 31.5.1905 in Sobernheim, zuletzt wohnhaft in Sobernheim, Großstr. C 28.
  am 2.8.1946 nach London verzogen
11. H a a s   geb. Abraham, Klementine, geb. 18.10.1877 in Bruttig, Kr. Kochem, Mosel, zuletzt wohnhaft in Sobernheim, Neugasse A 69. *† 31.12.1942*
12. J o n a s   Adolf, Viehhändler, geb. 11.6.1885 in Gemmerich, zuletzt wohnhaft in Staudernheim, Nr. 138.
13. J o n a s   geb. Mayer Berta, geb. 6.12.1889 in Staudernheim, zuletzt wohnhaft in Staudernheim, Nr. 138.
14. K a h n   Therese, geb. 24.7.1869 in Flörsheim, Kr. Alzey, zuletzt wohnhaft in Sobernheim, Großstr. C 28.
15. M a r u m   Heinrich, ohne Beruf, Rentner, geb. 26.8.1848 in Sobernheim, zuletzt wohnhaft in Sobernheim, Kirchstr. D 54.
16. M a y e r   Johanna, geb. 6.12.1880 in Staudernheim, zuletzt wohnhaft in Staudernheim, Nr. 222.
17. O s t e r m a n n   Jakob, Kaufmann, geb. 21.8.1872 in Meddersheim, zuletzt wohnhaft in Sobernheim, Wilhelmstr. 11

„Zurückgekommen sind bis jetzt keine" – 1946 von der Stadt angefertigte Liste der aus Sobernheim und Umgebung deportierten Juden

18. **O s t e r m a n n** geb. Mayer, Johanna, geb. 19.12.1872 in Staudernheim, zuletzt wohnhaft in Sobernheim, Wilhelmstr. B 113.

19. **W o l f f** geb. Fröhlich, Friederike, geb. 8.6.1873 in Gaursheim, zuletzt wohnhaft in Sobernheim, Hüttenbergstrasse B 134.

20. **H a r t h e i m e r** geb. Siegel, Anna Sara, geb. 20.10.1880 in in Losheim, zuletzt wohnhaft in Sobernheim, Hüttenbergstrasse E 120a.

Zurückgekommen sind bis jetzt keine.

I.A.

1) An
Herrn Fritz Kahn
in L a u b e n h e i m .

2) z. d. Akten

ging ich weg." Rückblickend erscheint ein solches Vertrauen in ihr Deutschsein angesichts der fortlaufend durch das Regime errichteten antisemitischen Schranken lächerlich, doch unterschätzt diese Ansicht die Bindungen und den Patriotismus auch der Juden aus kleineren Städten gegenüber ihrem Vaterland.

Obwohl frühere rechtliche Maßnahmen gegen die jüdische Gemeinschaft keine bedeutende Wirkung auf die Juden in Sobernheim hatten, emigrierte eine große Anzahl von ihnen zwischen Mitte und Ende der dreißiger Jahre. Die letzte Attacke – jedoch noch nicht die Endlösung – waren die Ereignisse der 'Kristallnacht'.

1939 gab es nur noch zwölf Juden in Sobernheim. Es waren vier Angehörige der Familie Fried: zwei ältere Brüder namens Milton und George im Alter von sechsundsiebzig und vierundsiebzig Jahren; Miltons sechsundsechzigjährige Frau Barbara und ihre dreiundsiebzigjährige Schwägerin. Im letzten Jahr lebten diese vier zusammen. Sechs jüngere Mitglieder der Familie waren schon früher emigriert, doch waren ihre Bemühungen, die älteren Familienangehörigen aus Deutschland herauszuholen, erfolglos geblieben. Außerdem gab es noch drei Witwen im Alter zwischen vierundfünfzig und neunundsechzig Jahren, deren Männer schon früher eines natürlichen Todes gestorben waren. Zwei von ihnen lebten allein, weil ihre Kinder bereits emigriert waren; die dritte alleinlebende Witwe hatte keine Familie in Sobernheim. Dann gab es noch zwei alleinstehende Männer in Sobernheim: einen Witwer im Alter von vierundsechzig Jahren, dessen einziges Kind das Land bereits verlassen hatte – er teilte die Wohnung mit meinen Großeltern – sowie den vierundneunzigjährigen Herrn Marum. Zu dieser Gruppe gehörte auch noch eine zweiundsechzigjährige Frau, die seit vielen Jahren geisteskrank war und von einer der Witwen versorgt wurde. Schließlich gab es noch meine Großeltern, die beide sechzig Jahre alt waren.

Während der Nacht des 25. Juli 1942 bekamen die noch verbliebenen Juden Besuch von einem SS-Offizier, der ihnen befahl, sich am nächsten Morgen auf dem Platz vor der Synagoge einzufinden. Ein kleiner Koffer wurde ihnen als Gepäck gestattet. Am folgenden Morgen um sieben Uhr war Irmgard Beyer zufällig am Fenster und sah, wie meine Großeltern aus ihrem Haus kamen und schnell „um die Ecke in Richtung Synagoge gingen". Sie rief ihre Eltern: „Kommt schnell, die Ostermanns gehen, sie haben einen Koffer bei sich." Ihre Mutter brach in Tränen aus und weigerte sich, zum Fenster zu kommen, während ihr

Vater schnell die Läden herunterließ. Später sah Frau Glockner vor dem Geschäft, in dem sie arbeitete, einen Möbelwagen vorfahren. „Plötzlich öffnete sich die hintere Tür, der Wagen war voller Juden. Ich sah Herrn Marum und die anderen ruhig darin sitzen. Ein Angestellter aus unserem Geschäft lief zum Auto und legte dem alten Herrn Marum eine Decke über die Knie. Nie werde ich den Blick des alten Herrn vergessen, als er sich für die Decke bedankte. Es war einer der bewegendsten Augenblicke meines Lebens." Der Gipfel der Gefühlsrohheit war es, die Juden zu zwingen, sich vor ihrem eigenen Gotteshaus zur Deportation zu versammeln. Alle zwölf wurden nach Theresienstadt gebracht, wo sie dann zu Tode kamen.[11] Meine Familie erhielt später Berichte von einem Überlebenden des Lagers, der meine Großmutter gekannt hatte. Nach seiner Aussage starb meine Großmutter an Unterernährung und aus Verzweiflung über ihre Lage. Mein Großvater, der zeit seines Lebens ein gesunder und kräftiger Mann gewesen war, starb nur wenige Wochen später, sein Lebenswille war gebrochen.

So war Sobernheim, eine Stadt, in der seit 1336 ununterbrochen Juden gewohnt und jüdische Familien seit vielen Generationen gelebt hatten, endlich *judenrein*.

Das Gebäude der Strumpffabrik Marum (Aufnahme 1991)

6. Juden und Nichtjuden in Sobernheim heute

Rückkehr nach Sobernheim

Heute sind Emma, Martha, Joshua Abraham, die Angehörigen der Familie Marum und andere mehr als siebzig Jahre alt und leben in den Vereinigten Staaten. Fünfundvierzig Jahre nach den verhängnisvollen Ereignissen, die ihr Leben so verändert haben, äußern die jüdischen Emigranten gemischte Gefühle, wenn man sie über Deutschland und ihre früheren Erfahrungen befragt. Von den neunzehn befragten Juden und einigen anderen, die ich entweder kannte oder die von Dritten im Gespräch erwähnt wurden, ist die Mehrzahl nicht nur nicht nach Deutschland zurückgekehrt, sondern hat geschworen, dies niemals zu tun. Ihre Gefühle reichen vom Wunsch zu vergessen bis zu offener Feindschaft: „Ich werde niemals wieder einen Fuß auf deutschen Boden setzen"; „Diese Bastarde, warum sollte ich das tun nach allem, was sie uns angetan haben?"; „Warum? Das ist alles längst vergangen. Ich möchte einfach alles vergessen." Am feindseligsten waren diejenigen eingestellt, die nahe Verwandte oder sogar ihre Eltern verloren hatten. Vier Geschwister, deren Eltern umgekommen waren, hatten Deutschland niemals wieder besucht; alle äußerten sich negativ über das Land, zeigten aber doch Respekt für das frühere Deutschland, „wie es vor Hitler war". Ein Emigrant, der 1928 eine Chance auszuwandern ausgeschlagen hatte, weil er die Kultur und Zivilisation Deutschlands der, wie er es sah, amerikanischen Kulturlosigkeit vorzog, stritt vehement ab, daß er jemals an „diesen Ort" zurückgehe, nicht einmal zu einem Besuch, sprach jedoch im gleichen Atemzug ausführlich und stolz über Deutschland als das zivilisierteste Land in der ganzen Welt, dessen Errungenschaften in Kultur und Wissenschaften nie erreicht worden seien.

Die andere Hälfte der befragten Personen war entweder besuchsweise oder aus geschäftlichen Gründen nach Deutschland zurückgekehrt. Bei den Besuchern handelte es sich um Menschen, die in ihrer Jugend enge Freundschaften mit Deutschen gehabt hatten, die sie treffen und auch das Land wiedersehen wollten. Emma beschreibt ihre Reise nach Deutschland, die sie erst vor wenigen Jahren machte:

> Ich wollte meine Kusine in England besuchen. Sie schlug vor, daß wir nach Deutschland fahren sollten. Obwohl ich das eigentlich nicht

wollte, ließ ich mich von ihr überreden. Wir blieben ein paar Tage in Frankfurt, und sie sagte: „Laß uns auch nach Sobernheim fahren!" Sie traf die nötigen Vorbereitungen und mietete ein Auto; bis zur letzten Minute wollte ich nicht mit. Ich packte meine derben Schuhe ein, weil ich mich an das Kopfsteinpflaster in den Sobernheimer Straßen erinnerte. Als wir ankamen, brach mir der Schweiß aus. Ich besuchte Christina, meine alte Freundin, die mich weinend begrüßte. Ich traf andere alte Freunde; alle waren sehr froh, mich wiederzusehen. Das merkwürdigste Erlebnis hatte ich im Hotel: Die Frau des Besitzers kam herbeigerannt; als sie hörte, daß ich Emma Hesse sei, rief sie laut, und von überallher kamen die Leute herüber. Sie waren mir vollkommen unbekannt und sagten: „Hallo, darf ich Ihnen die Hand geben, es ist so schön, Sie zu sehen. Sie sind zurückgekommen, und wir freuen uns so sehr, Sie zu sehen." Ich sagte, daß ich Christina sehen wolle, die aber kein Telefon hatte; jemand hatte ein Auto und fuhr sofort los, um sie zu holen. Jedes Mal, wenn wir durch die Stadt gingen, war es richtig unangenehm, alle sagten sie: „Wie geht es Ihnen? Gefällt es Ihnen hier? Hat sich Sobernheim nicht zu seinem Vorteil verändert?"

Nach diesem schönen ersten Besuch wurde Emma zwei Jahre später zu einem Klassentreffen eingeladen, zu dem siebzehn ihrer ehemaligen Mitschülerinnen kamen. Sie beschreibt dieses Treffen als ein wunderbares Erlebnis; sie, die einzige Jüdin, wurde wie in früheren Zeiten mit Freundschaft und Achtung behandelt. Die fast alle über siebzigjährigen Frauen verbrachten die meiste Zeit ihres Wiedersehens mit Erinnerungen an die Jugend und ihre Schulzeit. Sie „lachten viel", doch die dazwischenliegenden dreißiger Jahre, der Holocaust und der Krieg, kamen in ihren glücklichen, nostalgischen Erinnerungen nicht vor. Seit damals steht Emma mit vielen alten Freundinnen in Briefkontakt. Ihre Besuche in Sobernheim hat sie jedoch eingestellt aufgrund eines Erlebnisses, das sie anläßlich ihrer letzten Reise im Jahre 1982 hatte.

Die folgende Geschichte erzählte sie mir kurz nach ihrer Rückkehr: Eine Frau namens Ilse Lehre, in Sobernheim geboren und aufgewachsen, war 1938 in die Vereinigten Staaten ausgewandert. Ihre Mutter war 1934 eines natürlichen Todes gestorben, ihr Vater war einer der zwölf Juden, die 1942 deportiert wurden. Sie gehörte zu den ersten Juden, die auf Besuch nach Sobernheim zurückkamen, und sie kam anscheinend regelmäßig während der letzten zwanzig Jahre. (Während meiner Untersuchung erzählten mir einige Leute, daß Ilse Lehre viele Male zu Besuch gekommen sei, da aber niemand hier ihre Anschrift in den Vereinigten Staaten kannte, hatte ich nie Gelegenheit, Verbindung mit ihr aufzunehmen.) Trotz der vielen Jahre, die sie in den USA gelebt hatte, schien sie einen nostalgischen Zug zu ihren frühen Wurzeln zu spüren. Vor etwa fünf Jahren begann sie, über eine endgültige Rückkehr nach Sobernheim nachzudenken. Anläßlich ihres letzten Besuches begab sie sich auf Wohnungssuche. Eines Abends kam sie zitternd ins Hotel zurück und sagte: „Ich kann nicht länger hier bleiben." Sie erzählte einer Freundin, daß „etwas geschehen" sei, daß sie aber nicht darüber sprechen könne und sie ihr später schreiben würde. Am nächsten Morgen verließ sie Sobernheim. Kurze Zeit darauf schrieb ihr amerikanischer Rechtsanwalt an die Behörden in Sobernheim, ob Ilse tatsächlich dort Eigentum erworben habe; er sei mit der Regelung ihres Nachlasses beschäftigt. Ilse hatte sich aufgehängt. Emma erfuhr diese Geschichte im August 1982 von dem Besitzer des Hotels. Man vermutete, daß eine oder mehrere Personen Ilse davon abgeraten hatten, nach Sobernheim zurückzukommen, und dies zu ihrem Selbstmord beigetragen haben könnte. Offensichtlich schien auch der Hotelbesitzer damit einverstanden gewesen zu sein, daß man Juden von einer erneuten Ansiedlung in Sobernheim abzuhalten versuchte, denn er sagte zu Emma: „Es ist in Ordnung, wenn Sie einige Tage zu Besuch kommen, aber hier zu leben, ist eine vollkommen andere Sache." Ilses tragischer Selbstmord und die Bemerkung des Hotelbesitzers haben Emma endgültig davon überzeugt, trotz der vielen Einladungen von ihren alten Freundinnen nicht mehr zu Besuchen nach Sobernheim zu kommen.

Auch andere frühere Einwohner von Sobernheim kamen zu Besuchen zurück. Alice beschreibt ihren Besuch als ein freudiges und bewegendes Erlebnis: „Die erste Person, die ich sah, war Frau Fuchs, meine alte Chefin und Lehrmeisterin aus dem Friseurgeschäft. Ich ging zu ihrem Haus und klingelte an der Tür. Sie rief hinunter: 'Gehen Sie, ich kaufe nichts!' Ich antwortete: 'Ich bin es, Alice, Marx' Alice!' Sie öffnete die Tür, und ich dachte, sie würde einen Herzanfall bekommen. 'Alice, Alice, Du bist zurückgekommen, um mich zu sehen!'" Frau Fuchs war damals über achtzig. Sie bat Alice ins Haus, und bei Kaffee und Kuchen erinnerten sie sich der alten Zeiten. Herr Kappes, der noch im Geschäft aktive alte Lebensmittelhändler, beschrieb die Rückkehr von Walter Hardt: „Die Ladenglocke läutete, und ich ging raus, um den Kunden zu bedienen. Da stand ein Mann mit einem grauen Hut, und ich fragte: 'Womit kann ich dienen?' Er sah mich an und sagte: 'Kappes, kennst Du mich denn nicht? Ich bin Hardts Walter!' und legte die Arme um mich." Herr Kappes und Walter tranken im Hinterzimmer einen Schnaps und sprachen von alten Zeiten.

Sieht man von der traurigen Geschichte der Ilse Lehre ab, so beschreiben alle Juden, die auf Besuch zurückgekommen waren, den warmherzigen Empfang, der ihnen von alten nicht-jüdischen Freunden und Bekannten bereitet worden war. Die meisten machten die gleiche Erfahrung, wie auch ich sie gemacht habe. Alle waren begierig, von der Vergangenheit zu sprechen. Viele der Unterhaltungen konzentrierten sich auf die Fortschritte, die die Leute und ihre Kinder in den dazwischen liegenden Jahren gemacht hatten. Es waren herzliche Zusammenkünfte von Leuten, die in einer kleinen Stadt zusammen aufgewachsen waren und die jetzt alles von den gemeinsamen Freunden und voneinander wissen wollten. Außer versteckten und euphemistischen Anspielungen wie „vor der schrecklichen Zeit" oder „nach der schrecklichen Zeit" wurde nicht über die Nazizeit gesprochen.

Einer der interessantesten Besuche in Sobernheim war die Rückkehr von Hans Marum, der im Frühjahr 1945 mit der amerikanischen Armee durch diese Gegend kam. Hans diente als Dolmetscher bei der Panzerdivision der Dritten Armee in Frankreich und später in Deutschland. Als seine Division vor dem Versuch der Rheinüberquerung noch einmal Halt machte, erhielt er die Erlaubnis, Sobernheim zu besuchen. Seine Erlebnisse sind es wert, etwas ausführlicher wiedergegeben zu werden:

> Ich diente als Dolmetscher bei der Panzer-Division der 3. Armee. Wir waren den ganzen Weg von Frankreich nach Deutschland gekommen. Im März 1945 lagen wir in der Nähe von Bad Kreuznach; der verantwortliche Offizier gab bekannt, daß Bad Kreuznach das Ziel für den nächsten Tag sei. Ich sagte ihm, daß ich Bad Kreuznach sehr gut kenne und daß ich nur einige Meilen entfernt geboren sei. Der Offizier rief den kommandierenden Oberst an, der mich zu sich bat und mich fragte: „Wie tief ist der Fluß dort – können wir durchwaten?" Ich antwortete: „Nein, das Wasser ist zu tief und die Berge zu steil" usw. Jedenfalls machten wir in einem der kleinen Dörfer ein paar Gefangene, und ich fragte sie: Was geschah in Sobernheim? Kennen Sie den Namen Marum? Einer antwortete: „Ja, da lebten einige Juden vor ein paar Jahren, aber die sind nicht mehr da." Ich gab mich nicht zu erkennen!

Einige Tage später durchquerte die Division den Fluß per Jeep, und Hans erinnerte sich lachend, daß das Wasser doch nicht so tief und die Berge doch nicht so steil waren. Seine Geschichte geht weiter:

> Nachdem wir den Fluß durchquert hatten, fragte ich einige Leute, die aus Bad Kreuznach evakuiert worden waren und die meine Familie kannten. Sie berichteten mir von der Deportation meines Onkels,

Heinrich Marum, Seniorchef der Strumpffabrik und Onkel Hans Marums, 1942 im Alter von 94 Jahren nach Theresienstadt deportiert

und ich erfuhr, was geschehen war. Mit einem anderen Dolmetscher fuhr ich nach Sobernheim. Ich fuhr zuerst zum Haus meines Onkels, um seine Haushälterin Marie zu sehen; sie war nicht da. Ich fuhr durch die Stadt, die Kirchstraße hinauf, ich weiß nicht mehr, wie die Straße heute heißt, und ich sah Marie. Ich winkte ihr zu, fuhr jedoch weiter bis zu dem Gebäude, das unsere Fabrik gewesen war. Ich konnte feststellen, daß nicht allzuviel beschädigt war; es hatten dort keine größeren Kampfhandlungen stattgefunden. Die Amerikaner zogen einfach durch, da es hier im Rheinland kaum Feindseligkeiten ihnen gegenüber gab.

Wie dem auch sei, ich hielt vor der Fabrik an. Eine alte Frau kam auf mich zu, ich sagte kein Wort, sah mich nur um. Der andere Soldat und ich standen nur da, und sie sagte auf deutsch: „Sind Sie nicht der junge Marum, Sie schmutziger GI?" „Ja, der bin ich, aber woher wußten Sie?" und sie sagte: „Ja, Sie sind es wirklich." Dann kamen eine Menge Leute gelaufen – sie hatte die halbe Stadt mobilisiert. Sie wollten alle meine Hand schütteln und fragten: „Bleiben Sie jetzt hier? Werden Sie die Stadt verwalten? Werden Sie die Fabrik wieder übernehmen?" Dann kam der Geschäftsführer, der vom neuen Besitzer eingestellt war, und nahm mich mit in sein Büro. Er jammerte und sagte: „Bleiben Sie doch jetzt hier", und ich antwortete: „Nein, ich bleibe nicht hier, ich muß gehen, ich bin Soldat."

Im Laufe des Tages traf Hans den Bürgermeister und andere Stadtobere, die mit ihm sprechen wollten:

Wir trafen uns alle in einem Haus und unterhielten uns. Sie berichteten mir von Herrn E., dessen Frau Jüdin war; sie waren geschieden, und sie lebte jetzt in der Schweiz. Sie waren Freunde meiner Eltern gewesen. Alle beteuerten ihre Loyalität. Ich fuhr zum (jüdischen) Friedhof, der sich in einem fürchterlichen Zustand befand. Später versuchte ich, einen meiner Lehrer zu finden, aber leider ohne Erfolg. Er hatte sich bei der Zerstörung unseres Hauses in der 'Kristallnacht' besonders hervorgetan. Sein Name war Rattmann. Ich hatte vor, ihn ordentlich zu verprügeln, aber ich hatte nicht die Gelegenheit. Dann fuhr ich zum Haus meines Onkels und traf seine frühere Haushälterin Marie. Sie erkannte mich sofort – es war ein sehr anrührender Besuch. Ich verabschiedete mich von ihr und begab mich wieder zu meiner Division.

Auf diese Weise war also der erste nach Sobernheim zurückkehrende Jude nicht nur der Sproß der vormals führenden jüdischen Familie der Stadt, sondern auch Angehöriger der siegreichen amerikanischen Armee. Die Ironie dieses Zusammentreffens hat eine doppelte Bedeutung. In den Fragen der Leute lag mehr als ein Hinweis auf wehmütige Erinnerungen an die Vergangenheit: Werden die Marums zurückkommen und wieder eine führende Rolle in der Stadt spielen oder, was noch wichtiger ist, die Fabrik wieder übernehmen, wie in der Vergangenheit? Nur wenige Jahre zuvor waren einige dieser Leute, darunter auch die Stadtväter, Nazis gewesen und hatten an der Zerstörung des Friedhofes und sogar des Hauses der Marums teilgenommen. Es waren dieselben Leute, die ihre Fensterläden herunterließen und in die andere Richtung sahen, als Hans' Onkel in ein Konzentrationslager deportiert wurde. Und nun wurde Hans bei seiner Rückkehr von allen herzlich willkommen geheißen.

Die Hälfte derjenigen, die zurückkehrten, tat dies aus sozialen Gründen. Die andere Hälfte kam zurück, um Wiedergutmachung für ihre verlorenen Geschäfte und Besitztümer zu beanspruchen; sie kamen genau genommen nur aus finanziellen Gründen und bemühten sich nicht, alte Freunde zu besuchen. Aber auch diejenigen, die nur aus Geschäftsinteressen zurückgekommen waren, besuchten den jüdischen Friedhof, um die Gräber ihrer Großeltern und anderer hier begrabener Verwandter zu sehen.

Ansichten über Sobernheim – damals und heute

Fast alle Emigranten verstehen sich heute als Amerikaner. Sie sprechen alle sehr gut Englisch, wenn auch mit einem leichten Akzent. Ihre Kinder, von denen die meisten in Amerika geboren wurden, sind echte Amerikaner. Sie sind wahre Patrioten; für sie kann Amerika, trotz mancher Probleme nichts Unrechtes tun. Zwei Männer meldeten sich Anfang 1940 freiwillig zur Armee, obwohl sie erst kurz zuvor in Amerika angekommen waren, und beide waren enttäuscht, als sie wegen ihres Alters zurückgewiesen wurden.

Von ganz wenigen Ausnahmen abgesehen, glauben alle jüdischen Überlebenden, daß alle Deutschen alles über die Politik der Nazis wußten, was es zu wissen gab, insbesondere die planmäßige Vernichtung der Juden. Sie unterscheiden nicht grundsätzlich zwischen freiwilliger und erzwungener Zugehörigkeit zur Nazi-Partei. Die Tatsache, daß Beamte und Angestellte des öffentlichen Dienstes ungeachtet ihrer Gefühle sehr oft zum Parteieintritt gezwungen waren, um ihren Arbeitsplatz behalten zu können, macht keinen Eindruck auf die jüdischen Überlebenden und läßt sie kalt. Einige Personen erwähnen diesen mildernden Umstand lediglich als Lippenbekenntnis. Die eine Frau, die mir sagte: „Natürlich mußten sie eintreten, um nicht ihre Arbeitsplätze zu verlieren, trotzdem – sie waren alle Nazis!", spricht aus, was fast alle Überlebenden denken. Während sie alle Deutschen verdammen, sagen sie im nächsten Atemzug: „Natürlich gab es auch anständige Deutsche, sogar in Sobernheim." Oder die Befragten sagten: „Sie waren alle Nazis, sie haßten uns", um einige Minuten später die Hilfe und Unterstützung für zurückgebliebene jüdische Familien zu beschreiben. Die bemerkenswerte Ambivalenz in den Köpfen der Juden, wenn sie über Nazi-Deutschland nachdenken, drückt sich darin aus, daß sie diese sich widersprechenden Äußerungen nahezu gleichzeitig machen. Eine Ansicht, die von allen jüdischen Überlebenden einmütig geteilt wird, ist, daß alle Deutschen, auch in Sobernheim, alles über die Konzentrationslager wußten. Einer der Befragten sagte: „Natürlich wußten sie alle, daß die Juden in die Konzentrationslager geschickt wurden; es war nicht öffentlich bekannt, aber die Leute flüsterten es sich zu, und jeder wußte, was da passierte." Meine Vermutung, daß es in Gebieten, die nicht in der Nähe von Konzentrationslagern lagen, und mangels Information durch die Medien vielleicht sogar Städte gegeben haben könnte, die nichts über die Konzentrationslager wußten, beantworteten meine Interview-Partner wiederholt spöttisch: „Jeder wußte es." Man glaubt nur widerwillig an die Möglichkeit, daß ein beträchtlicher Teil der großen Mehrheit diese Informationen vielleicht nicht gehabt hat und angenommen haben könnte, daß die Juden entweder in Arbeitslager oder in Internierungslager nach Polen gebracht würden.

Mehrere der befragten Familien, die einräumten, daß es auch anständige Deutsche gegeben habe, berichteten, daß sie nach dem Krieg regelmäßig CARE-Pakete an alte deutsche Freunde schickten.* Alice Marx, die mit einem deutschen Ehepaar befreundet gewesen war, das in Frankfurt lebte und nach dem Krieg wie viele andere notleidend und hungrig war, schickte diesen Freunden jeden Monat Pakete. Ihr Mann bemerkte scherzend, daß jeden Ersten eines Monats ihr Wohnzimmer wie ein Lebensmittelladen ausgesehen habe – voll von versandfertigen Kartons und Waren. Wenn Alice und ihr Mann heute Deutschland besuchen, sind sie regelmäßig Gäste dieses Ehepaars. Auch verschiedene andere Personen erwähnten, daß sie Pakete oder Geld an ein oder zwei Leute geschickt haben, mit denen sie besonders eng befreundet waren und die in früheren Jahren besonders freundlich zu ihnen gewesen seien. Interessanterweise schrieben etliche Deutsche nach dem Krieg an Juden, wenn

---

* CARE-Pakete enthielten Lebensmittel und Kleidung und wurden vorwiegend von Amerikanern nach dem Krieg nach Europa geschickt.

sie zufällig deren Aufenthaltsort kannten. Gewöhnlich waren diese Briefe von einer ganz besonderen Art: Die gewünschte Hilfe betraf entweder die Bitte um Zusendung von Einwanderungspapieren, um Deutschland zu verlassen und in die Vereinigten Staaten einwandern zu können, oder aber die Bitte um Bescheinigungen oder eidesstattliche Versicherungen, die bestätigen sollten, daß die Bittsteller keine Nazis gewesen seien.

Ein solcher Fall wurde bereits erwähnt: Emmas Vater erhielt ein derartiges Bittschreiben von dem Tierarzt, der ein bedeutender Nazi in der Stadt gewesen war. Hans Marums Vater erhielt mehrere Briefe von Fabrikangestellten, die um ähnliche Hilfe baten. Keines dieser Schreiben wurde von den Juden beantwortet – sie wurden einfach weggeworfen. Derartige Bitten wurden nur mit Verachtung gestraft. Eine ältere Frau sagte mir: „Diese Nazis hatten Nerven – ausgerechnet uns, die Opfer, um Hilfe zu bitten!" Sie wurden nicht angerührt von den traurigen Briefen, die die miserablen Verhältnisse im Nachkriegsdeutschland schilderten.

Die Matriarchin der Familie Marum, die hoch in den Achtzigern stehende Frau Wolf, ist die älteste jüdische Überlebende, die ich befragen konnte. Ihre heutigen Gefühle sind hauptsächlich wehmütig; wir saßen in ihrem gemütlichen Wohnzimmer und tranken Tee. Zunächst sprach sie nur von den guten Zeiten in Sobernheim, als sie um die Jahrhundertwende dort aufwuchs. Sie hatte viele Freunde, Juden und Nichtjuden, und ihre Schulzeit war glücklich und ungetrübt. Sie erinnerte sich mit Vergnügen an eine Bootsfahrt mit Freunden auf dem Fluß an einem Sonntagnachmittag im Frühling, und wie sie Rebstöcke bewunderten, wenn die Trauben zu reifen begannen. Ihre Erzählung war voller nostalgischer Erinnerungen. Plötzlich stand sie auf, nahm ein Fotoalbum vom Bücherbrett und überreichte mir einen verblaßten Zeitungsausschnitt. Das Bild zeigte sie und ihren verstorbenen Mann, wie sie beide lächelnd 1946 ihre amerikanischen Staatsangehörigkeits-Papiere empfangen. Der dazugehörige Artikel beschreibt ihre Herkunft und das neue Leben in den Vereinigten Staaten. Als Frau Wolf über diesen Ausschnitt sprach, wurde ihre zarte Stimme hart und fast zornig: „Erst wollte ich noch ein Exemplar der Zeitung kaufen, um diesen Ausschnitt nach Deutschland zu schicken – aber an wen? Dann fiel mir der Friseur ein; ich schickte ihm den Ausschnitt mit einem kurzen Brief: 'Sehen Sie, wo wir heute sind!' Ich wußte, daß sich die Nachricht vom Friseursalon aus über die ganze Stadt verbreiten würde. Ich wollte sie wissen lassen, wie gut es uns ging, daß wir jetzt *amerikanische Bürger* waren, daß wir sie nicht mehr brauchten und nie mehr brauchen würden." Sie erzählte, daß sie sich in der Gewißheit sonnte, daß die Deutschen im Elend lebten, während sie, ihr Mann und ihre Familie erfolgreiche, wohlhabende amerikanische Bürger geworden waren. Dieses Gefühl der Rache hörte man aus dem schroffen Ton ihrer sonst so ruhigen und angenehmen Stimme.

Im Rahmen der *Wiedergutmachungs*politik der Bundesregierung haben mehrere deutsche Städte frühere jüdische Einwohner zu einem Besuch ihrer ehemaligen Heimatstädte eingeladen. Die Organisation derartiger Treffen umfaßt auch die Suche nach Überlebenden, üblicherweise durch die in New York erscheinende deutsch-jüdische Zeitung oder durch Mund-zu-Mund-Propaganda. Man lädt sie ein, für eine Woche Gäste ihrer früheren Gemeinden zu sein, wo sie von den Stadtoberen willkommen geheißen und bewirtet werden; alle Reisekosten und Auslagen werden bezahlt. Frankfurt mit seiner vormals großen jüdischen Gemeinde finanziert solche Besuche für fünfzig Familien pro Jahr. Die Stadt Sobernheim hat bis jetzt ein solches Besuchsprogramm nicht in Angriff genommen. Alices Mann, der aus einer Nachbarstadt stammt, war im Sommer 1981 zu einer solchen Wiederbegegnung eingeladen. Sie und ihr Mann freuten sich auf den Besuch, während mir andere Juden sagten, daß sie eine solche Einladung strikt ablehnen würden. Mit Marthas Worten: „Sie könnten mir 10.000 Dollar geben, ich würde nicht gehen. Sie können ihre *Wiedergutmachungs*politik für sich behalten. Niemals können Sie für das zahlen, was sie uns angetan haben."

Ein bedeutendes Ereignis, das die frühere jüdische Gemeinde von Sobernheim betraf, war die Enthüllung einer Gedenktafel auf dem jüdischen Friedhof zur Erinnerung an die im Ersten Weltkrieg gefallenen Juden wie auch an die Opfer des Nazismus. Dieses Ereignis fand 1950 statt; anwesend waren der Bürgermeister der Stadt, andere offizielle Persönlichkeiten, ein führender Rabbiner aus Frankfurt und einige hundert Bürger der Stadt. Die Schirmherrschaft hatte der Fabrikbesitzer Marum übernommen, der nur für diese Feier nach Sobernheim zurückgekehrt war. Der Nachmittag verging mit den Reden der versammelten Gäste. Zu Beginn verlas Herr Marum die Inschrift der Gedenktafel, auf der ein ausgebesserter Sprung zu erkennen war. Die aus der Synagoge gerettete Tafel war während der 'Kristallnacht' stark beschädigt worden. Sie trug die Namen der im Ersten Weltkrieg Gefallenen; auf dem unteren Teil war zu lesen: „Zum Gedenken an die Schwestern und Brüder unserer Gemeinde, die als Opfer des Nationalsozialismus zwischen 1933 und 1945 starben." Es folgten einunddreißig Namen, die von Herrn Marums

Sohn langsam vorgelesen wurden. In seiner Rede, die mit den Worten begann: „Meine Freunde, wenn ich Sie so nennen darf", bemerkte Herr Marum, daß dieser jüdische Friedhof ein wunderschöner Ort der Welt sei, von dem aus man die hübsche Stadt Sobernheim sehen könne, in der in freundlichem Nebeneinander viele Leute gelebt hätten, jeder seinem eigenen Gott dienend. Es schien ihm kaum begreiflich, daß nur wenige Jahre zuvor ein Teufel hier und überall in Deutschland sein Unwesen getrieben habe – aber all dies sei geschehen und nun solle diese Gedenktafel stets an die Opfer dieser Zeit erinnern. Bemerkenswert an diesen wenigen Worten ist, daß Herr Marum die Schönheit und Freundlichkeit dieses Landes rühmte. Es schien, als ob jeder Versuch gemacht würde, die Vergangenheit auszulöschen, oder sogar diese Vergangenheit als unselige Abirrung einer ansonsten rechtschaffenen Nation zu entschuldigen. Wenn auch einige sehr wohl wünschten, die Vergangenheit ruhen zu lassen, gab es andere Redner, wie z. B. den Rabbiner, der in seiner Rede mahnte, daß wir aus diesem Dunkel, „aus der Geschichte lernen sollten, wie man das ... (Leben) besser machen kann, daß nichts schlimmer sei, als Illusionen zu erzeugen". Verschiedene andere Redner, einschließlich des protestantischen Pfarrers und des katholischen Priesters, sprachen bewegend von der Notwendigkeit für alle, in Gottes Schutz zu leben. Heute wird diese Gedenktafel von jedem in die Gemeinde zurückkehrenden Besucher aufgesucht, und die Enthüllungsfeier ist vielen deutschen Einwohnern noch in lebendiger Erinnerung, sei es, weil sie dabeigewesen waren oder in der Tageszeitung darüber gelesen hatten. Herr Glockner, der einen Schlüssel für den Friedhof aufbewahrt, begleitete mich und erzählte mir, als wir vor der Gedenktafel standen, die Geschichte ihrer Enthüllung. Leise sagte er: „Sie sehen, wir haben unsere Juden nicht vergessen." Diese Bemerkung läßt unerwähnt, daß die Aufstellung dieser Tafel von einem früheren jüdischen Einwohner angeregt wurde, der in einem wirklichen Akt der Vergebung auf die Schuld der Vergangenheit aufmerksam machte. Die Mitarbeit und Teilnahme der Stadtoberen bei diesem Ereignis galt als unausgesprochene Mahnung an ihre Schuld und Mittäterschaft. Heute sehen die Stadtbewohner es als ihr Ereignis an.

Kurz nach dem Krieg hatte die Familie Marum, die wegen ihrer Prominenz und ihres früheren Einflusses in der Stadt Verbindungen zu Sobernheim aufrechterhalten hatte, ihre ehemalige Fabrik wieder eröffnet. Neben seiner finanziellen und ideellen Schirmherrschaft für die Aufstellung der Gedenktafel verfügte Herr Marum eine Schenkung über eine Parzelle Land (1700 m^2) am unteren Ende der Stadt. 1951 gab der Bürgermeister dem Stadtrat diese Schenkung bekannt. Der Stadtrat bekundete seine Dankbarkeit und entschied, dieses Gelände in einen Park umzuwandeln, der nach einem kurz zuvor verstorbenen Sohn der Familie Marum benannt werden sollte. 1952 wurde der ansprechend angelegte 'Arnold-Marum-Park' der Öffentlichkeit übergeben. Als einige Jahre später die Fabrik Marum ihr hundertjähriges Bestehen feierte, beschloß der Stadtrat, in Anerkennung der Bedeutung des Wirkens dieser Familie für die wirtschaftliche Entwicklung der Stadt, eine Straße in 'Marumstraße' umzubenennen. 1966 wurde dem damaligen Direktor der Fabrik offiziell das Bundesverdienstkreuz verliehen.

Auf diese Weise werden der Name und die Aktivitäten der prominentesten jüdischen Familie der Stadt in der Geschichte der Gemeinde in Erinnerung gehalten. Es war offensichtlich wichtig für Herrn Marum senior, daß diese Bindungen erhalten blieben; für ihn, wie für viele andere jüdische Überlebende, war die Identifizierung mit Deutschland und Sobernheim ein immer noch wichtiger Teil ihres Lebens, auch noch nach dem Holocaust, dem Krieg und seiner erfolgreichen Übersiedlung in die Vereinigten Staaten. Nicht alle Mitglieder der Familie waren mit der Landschenkung an Sobernheim einverstanden. Zumindest eine Familienangehörige meinte, es sei besser gewesen, in den Vereinigten Staaten etwas zu tun, weil diese ein Hafen für Juden geworden seien und ihnen neue Möglichkeiten eröffnet hatten, anstatt in die Vergangenheit zurückzugehen und einer deutschen Stadt eine Schenkung zu machen. Später gab sie etwas nachdenklich zu: „Einige von uns schauen immer noch zurück."

Leben in den Vereinigten Staaten

Die negativen Empfindungen vieler Juden wurden noch verstärkt durch ihre unglaublichen Anstrengungen, ein neues Leben in den Vereinigten Staaten zu beginnen. Bei ihrer Ankunft hatten sie ein gewaltiges Gefühl der Erleichterung verspürt, das ersehnte Gefühl, nun endlich sicher zu sein. Sie gehörten zu den Glücklichen. Auf der anderen Seite war diese Erleichterung mit den gewaltigen Erschwernissen verbunden, in einem fremden Land ganz von vorn beginnen zu müssen. Viele verloren ihren früheren Status, da sie jeden sich ihnen bietenden Job annehmen mußten. Nur wenige Überlebende hatten Geld mitbringen können; einige hatten etwas persönliche Habe wie Möbel, Porzellan und Silberwaren hinüber gerettet. Die meisten Leute ließen sich an Orten nieder, an denen sie bereits Verwandte hatten, was gewöhnlich New York City bedeutete; einige andere ließen sich an anderen Orten nieder. Die Familie Martin siedelte sich sofort im Staat New York an, wo ihr Großonkel lebte. Die gesamte Familie Marum zog nach Massachusetts, wo ihre neue Fabrik lag. Wenigstens vier der jüngeren Sobernheimer Juden ließen sich ebenfalls dort nieder; ihnen waren von der Familie Marum Arbeitsplätze versprochen worden, weil sie schon früher für sie gearbeitet hatten. Obwohl dies eine Art Fortsetzung ihrer früheren Lebensumstände war, blieb keiner der vier dort; in den vierziger Jahren zogen sie nach New York, um andere und besser bezahlte Jobs zu finden. In New York war die Jagd nach Jobs sehr schwierig. Joshua Abraham, der Gemeindevorsteher und Volksschullehrer gewesen war, arbeitete als Kellnerlehrling in einer Cafeteria. Sein Vetter arbeitete als Straßenreiniger, während seine Frau die Toilettenräume in einem großen Bürogebäude säuberte. Einige Familien erhielten Jobs in der Textilindustrie in New York, wo sie als Zuschneider und Näher weit unter Gewerkschaftstarif arbeiteten. Ein Mann begann seine Laufbahn mit dem Transport von Kleidern per Handwagen zu einem Gebäude, wo diese verpackt und an die Läden versandt wurden; sein Lohn betrug 35 Cents die Stunde. Eine Frau begann damit, allerlei Kleinigkeiten auf den Bürgersteigen und am Strand zu verkaufen, indem sie mühselig mit einem Sack auf dem Rücken durch den heißen Sand stapfte. Dann erhielt sie einen Job in einem Einzelhandelsgeschäft, verkaufte aber noch weiter am Strand, bis sie schließlich zur Verkäuferin befördert wurde. Ihr Lohn war niedrig, aber weil alle erwachsenen Angehörigen der Familien arbeiteten, reichte das gemeinsame Einkommen für den Lebensunterhalt. In Anbetracht dieser Entbehrungen ist es kein Wunder, daß sich ihre Bitternis und Abneigung gegen alle Deutschen verstärkte. Sie waren gezwungen worden, ein angenehmes Leben aufzugeben für ein Leben voller finanzieller Schwierigkeiten und Unsicherheiten. Diese Gefühle der Feindschaft haben sich über all die vergangenen Jahre erhalten; allerdings hat sich ihre Abneigung nicht auf die Amerikaner ausgedehnt, die sich weigerten, ihre Fertigkeiten anzuerkennen und ihre Arbeitskraft ausbeuteten.

Im Laufe der Zeit waren die meisten Emigranten in der Lage, sich mit einem gewissen Grad von Erfolg und Wohlstand zu etablieren. Die in der Textilbranche Beschäftigten wurden Gewerkschaftsmitglieder und kamen zu besseren Jobs und Gehältern. Mindestens zwei Familien kauften eine Farm und stiegen in die Geflügelzucht ein. Wieder andere gründeten eigene Unternehmen, eine Reißverschluß-Produktion und eine

Fabrik für Arbeitskleidung. Mitglieder der einen Akademikerfamilie legten ihre Examen ab und begannen erneut ihre medizinische Laufbahn. Die Überlebenden der ersten Generation leben heute in gesicherten Verhältnissen, verschiedene Familien besitzen Ferienhäuser oder mieten sich jeden Sommer ein Haus in Florida. Diejenigen, die New York City nicht verlassen haben, leben heute in der Gegend von Washington Heights, wo es noch immer ein deutsch-jüdisches Viertel gibt. Einige Familien sind auch nach Long Island oder in andere Vorstädte gezogen, manche auch in die Nachbarstaaten, nach New Jersey oder Connecticut. Einige wenige gingen fort, nach Illinois und Michigan.

Die Kontakte unter den Sobernheimer Juden in den Vereinigten Staaten waren nicht sehr intensiv. Die meisten kennen alle anderen Auswanderer und wissen ungefähr, wo sie leben, aber ein soziales Leben mit regelmäßigen Kontakten wird nicht gepflegt, von einigen Ausnahmen abgesehen. Gelegentlich gehen Nachrichten von Mund zu Mund durch die Gruppen, meistens vermelden sie den Tod eines Emigranten. Fast alle Überlebenden lesen den *Aufbau*, die deutschsprachige jüdische Zeitung, in der regelmäßig Nachrichten über Hochzeiten, Todesfälle und Beerdigungen veröffentlicht werden. Die meisten erklären das Fehlen von Verbindungen untereinander mit den Wirren der ersten Zeit, als jeder so sehr damit beschäftigt war, sich wieder zu etablieren, daß man sich nach und nach aus den Augen verlor. Nachdem sie erst einmal wieder etabliert waren, richtete sich ihre Energie auf ihre Kinder, und ihr soziales Leben umfaßte die Menschen in der direkten Nachbarschaft, von denen viele deutsche Juden aus anderen Gebieten des Landes waren oder Juden aus Osteuropa. Offensichtlich hat niemand aus der Generation der Emigranten soziale Bindungen mit Nichtjuden aufgebaut. Von ihren Kinder hingegen sind etliche Mischehen mit Nichtjuden eingegangen.

Eines der heutigen charakteristischen Merkmale der jüdischen Überlebenden ist ihre außerordentliche Betonung von Geld und Sicherheit. Viele berichten darüber, wie hart sie gearbeitet haben, und manche arbeiten selbst jetzt noch, als sechzig- und siebzigjährige, um ihre Ersparnisse zu vergrößern. Das Geld wird nicht für Konsumgüter, Grundbesitz oder Urlaub ausgegeben; die meisten Juden, die ich besuchte, leben in bescheidenen Wohnungen oder in kleinen Häuschen mit fünf oder sechs Räumen. Das Ersparte wird angelegt, damit für den Notfall ein komfortables Finanzpolster zur Verfügung steht. Wenn die Überlebenden übereinander reden, dann reden sie darüber, wieviel Geld sie haben: „Oh, der und der, ja, der hat eine Menge Geld!" oder „Die

Familie X, ja, die ist sehr reich – die gehören wieder zu den Reichen!" Wenn ich fragte, ob sie ihr Geld nur deshalb auf die hohe Kante legten, um ihren Kindern ein gutes Erbe zu hinterlassen, reagierten sie zurückhaltend. Herr Abraham antwortete mir schließlich: „Wissen Sie, es könnte ja sein, daß wir das Geld wieder brauchen, um herauszukommen, um zu bestechen oder um Papiere zu kaufen..." Mir wurde klar, daß viele der Überlebenden eine sehr grundlegende Angst verspüren, daß sie erneut gejagt werden könnten und um ihr Leben flüchten müssen – Menschen, die in den Vereinigten Staaten ein sorgenfreies Leben als amerikanische Bürger führen! Tiefe Angst und Unsicherheit beeinträchtigen ihr Leben im ungewollten Exil, und nur Geld auf der Bank vermag diese Gefühle zu mildern.

Ansichten der Sobernheimer Nichtjuden – Gestern und Heute

Der Satz „Die Vernichtung der Juden war der Anfang vom Ende Deutschlands" faßt heute die Gefühle der meisten Nichtjuden der Stadt zusammen. Rückschauend betrachten viele Leute mehr als alles andere den Holocaust als Ursache für den Niedergang eines einstmals „schönen, wundervollen Landes". Sie betonen, daß das Reich „die Juden hätte in Ruhe lassen sollen", daß die Juden bei den Kriegsanstrengungen geholfen haben würden, weil sie zuerst und vor allem Deutsche waren: „Die Juden nahmen am Ersten Weltkrieg teil und starben für das Vaterland, sie würden das auch wieder getan haben; Hitler hätte die Juden um Hilfe bitten sollen." Diese etwas naive Ansicht ignoriert den bereits vor Hitler existierenden erheblichen Antisemitismus, obwohl die meisten, einschließlich der Juden, behaupteten, daß sie mit einem gewissen Grad von Antisemitismus leben konnten. Massiver Völkermord war eine andere Sache. Heute wird das Hitlerregime als eine völlige Abirrung von traditionellen demokratischen deutschen Verhaltensmustern angesehen. Viele Deutsche glauben, daß die Alliierten nach dem Krieg nicht so hart gegen sie gewesen wären, wenn es die Schrecken des Holocaust nicht gegeben hätte: „Wir wären behandelt worden wie jede andere besiegte Nation nach einem Krieg; mehr als die Übernahme der Tschechoslowakei und Polens hat uns geschadet, was mit den Juden geschehen ist."

Die Leute von heute sprechen nur sehr zurückhaltend über die Kriegszeit; keiner gibt zu, ein Nazi gewesen zu sein. Einige der früheren Parteimitglieder behaupten, daß sie zum Eintritt in die Partei gezwungen worden seien, um ihre Anstellung als Beamte behalten zu können; sie alle bleiben stur dabei, niemals Anhänger der Nazi-Ideologie gewesen zu sein. Etwa zwölf Personen können als echte Nazis mit Führungspositionen ausgesondert werden. Nach Ansicht meiner heutigen Informanten gibt es immer noch einige Anhänger, jedoch beansprucht der Rest der Gemeinde, niemals Nazis gewesen zu sein. Viele Personen sagen heute, sie hätten stillschweigend mitgemacht, weil sie das Regime fürchteten. Ein Mann sagt, daß er routinemäßig den Hitlergruß benutzt habe, aber „mein Herz sank jedes Mal, wenn ich es tat". Andere beschreiben, wie sie zusammengeholt wurden, um Hitlers Reden über die Lautsprecher zu hören, und wie sie diesen Reden ungläubig und verblüfft zugehört hätten. Ein Mann erinnert sich, wie er einen einfachen Zuhörer bei einer solchen Versammlung sagen hörte: „Wenn das so ist, dann ist die Bibel falsch". Derselbe Mann behauptet, daß nach seiner Ansicht „die meisten nicht mit dem Herzen dabei waren". Sie beschreiben in bewegenden Worten ihre Machtlosigkeit; das deutsche Wort *machtlos* erschien immer und immer wieder in unseren Unterhaltungen. Die Leute hielten sich selbst für machtlos, als arme Leute, die nichts gegen die Schrecken des Naziregimes ausrichten konnten: „Wir waren unter einem Netz gefangen." Viele Leute erwähnen, daß sie den Juden gerne geholfen hätten, daß es aber überall Spione gegeben habe und daß jede zufällige Bemerkung oder jede Handlung mitgehört und gemeldet worden sei. Die normale Folge für jemanden, der sich regimekritisch geäußert hatte und gemeldet worden war, war eine Freiheitsstrafe. Ein Mann erinnert sich, daß sein Nachbar zur Vernehmung abgeholt worden war, weil er im Rathaus auf die dort hängenden Bilder von Bismarck, Wilhelm II. und anderen früheren deutschen Führern gezeigt und gesagt hatte: „Sie waren besser als das, was heute geschieht". Er stellte die Frage: „Was wäre passiert, wenn wir den Juden geholfen hätten, wo bereits eine solche Bemerkung Vernehmung oder gar Gefängnis bedeutete?" Auf der anderen Seite gab es aber einen Herrn A., auch Parteimitglied, der antreten mußte, um während der 'Kristallnacht' jüdisches Eigentum zu zerstören; er weigerte sich und ging nach Hause, ohne später dafür bestraft zu werden. Tatsächlich gab es nur wenige Strafen in Sobernheim.

Die von mir befragten Deutschen sind auch heute noch verärgert, weil sie glauben, getäuscht und betrogen worden zu sein. „Sie haben uns zu Narren gemacht", nicht nur weil Deutschland den Krieg verloren hat, sondern auch, weil so viele Greueltaten durch ihren Staat begangen worden sind. Viele der älteren Deutschen fühlen sich unschuldig verstrickt in die Exzesse des Regimes: „Wir konnten (nach dem Krieg) nicht sagen, daß wir nichts gewußt haben; niemand glaubte uns, und wir wurden alle wie Dreck behandelt, weil wir Bürger dieses Staates waren." Vor allem die ehemaligen Wehrmachtssoldaten glauben, daß ein Sieg unmöglich war, weil so viele deutsche Energien auf das Töten der Juden anstatt „auf das Töten des Feindes" verwendet wurden.

Als die Sprache auf die Konzentrations- und Todeslager kam, behaupteten alle von mir befragten Personen, weder sie selbst noch andere Leute aus ihrer Gemeinde hätten etwas von deren Existenz gewußt. Die einzigen, die etwas gewußt haben könnten, seien diejenigen gewesen, die in der unmittelbaren Nachbarschaft eines Lagers gewohnt hätten und sehen und riechen konnten, was dort geschah. Angesichts der Tatsache, daß die meisten der berüchtigten Lager außerhalb Deutschlands lagen, mag es tatsächlich so sein, daß nur wenige Deutsche Kenntnis von der Existenz solcher Lager hatten. Man glaubte allgemein, daß die Juden in Arbeitslager verschickt würden, um dort als Zwangsarbeiter Munition und anderes Kriegsmaterial herzustellen. Eine andere allgemein verbreitete Ansicht war, daß die Juden nach Polen in ein Reservat geschickt worden seien, wo sie in Frieden leben durften. Erst als nach dem Krieg Soldaten zurückkamen, die ebenso wie die Zeitungen über die Schrecken der Lager berichteten, hätten die Leute die Wahrheit über die Deportationen erfahren. Sie hätten in einer fast vollständigen geistigen Blockade gelebt. Die meisten Einwohner behaupten, noch nicht einmal gewußt zu haben, daß Deutschland dabei war, den Krieg zu verlieren, weil entscheidende Niederlagen wie El Alamein und Anzio in den deutschen Medien nicht gemeldet wurden. Alles sei durch das Regime zensiert worden. Einige der von mir Befragten berichteten, daß die Leute zu denen, die etwas Dummes oder Falsches taten, im Scherz sagten: *„Hör auf, oder Du gehst ins KZ"* oder *„Ab nach Dachau"* oder *„Halt's Maul, sie bringen dich nach Dachau."* Alle von mir befragten Juden widersprechen einstimmig diesen Ansichten. Sie alle glauben, daß der Durchschnittsdeutsche davon wußte und fragten: „Wie sollten sie es nicht wissen?" Ein Mann berichtete, daß seine Großtante leise über diese Lager munkelte, in denen Juden gefoltert und getötet würden, und daß sie ihre Familie dazu bewegen wollte, das Land so schnell wie möglich zu verlassen. Sie erhielt den Spitznamen „Horrorgeschichten-Tante", weil ihre Erzählungen so sensationslüstern klangen und kein Zuhörer ihr glauben wollte. Mehrere jüdische Überlebende stellten die Frage: „Wie konnte eine jüdische Frau von der Existenz dieser Lager wissen, während die Deutschen aus derselben Gemeinde nichts wußten?"

Haben Sie es gewußt?

Eine Diskussion der angeblichen Kenntnisse der Deutschen über den Völkermord ist in gewisser Beziehung entscheidend für unser Verständnis dafür, wie die überlebenden Juden ihre alten nicht-jüdischen Freunde auch heute noch beurteilen. Die überlebenden Juden sind davon überzeugt, daß alle Deutschen davon wußten; in dieser Haltung wurden sie im Laufe der Zeit und durch die in den Nürnberger Kriegsverbrecher-Prozessen von 1945 vorgelegten Beweise bestärkt. Allerdings sagten selbst hochrangige Nazis vor Gericht aus, daß „man denen nicht glauben soll, die behaupten, nichts gewußt zu haben"[1], ungeachtet der Tatsache, daß der interne Schriftwechsel zwischen Sicherheitspolizei, SS und anderen Parteistellen in bezug auf den Massenmord an den Juden stets euphemistisch von „umsiedeln" und „evakuieren" sprach. Die Sobernheimer behaupten, daß die dürftigen Neuigkeiten, die sie erhielten, sorgfältig gesiebt gewesen seien. Die Worte „getötet", „vernichtet", „vertilgt" werden in heutigen Gesprächen niemals gebraucht. Die Frage ist auch heute noch nicht beantwortet: Was glaubten die Deutschen, wohin und mit welcher Absicht die Juden deportiert wurden? Bestenfalls werden sie sagen: „Erst viel später erfuhren wir, was damals mit ihnen geschah."

L. Stokes betont: „So wie sich beispielsweise die Sozialpolitik der Nazis 1933 von der des Jahres 1939 unterschied, so erfuhr das Rassenprogramm des Regimes nach 1933 eine stetige Entwicklung in Richtung eines beständig zunehmenden Radikalismus'... Erforderlich ist deshalb eine größere Genauigkeit in der Verknüpfung vermutlichen Wissens mit einzelnen Ereignissen."[2] So wurden zwischen 1933 und 1939 neue Entwicklungen wie gesetzliche Sondermaßnahmen, Angriffe auf Eigentum, die Nürnberger Rassengesetze, die Zerstörungen der 'Kristallnacht' und schließlich die Einrichtung von Konzentrationslagern ausführlich und weithin publiziert. Zweifellos waren die Deutschen Zeugen dieser Vorgänge und Stokes resümiert, daß „es angemessen erscheint, den Schluß zu ziehen, daß den Deutschen vor September 1939 die Repressionen und die Verfolgung ihrer jüdischen Mitbürger in vollem Umfang bekannt waren, daß sie im großen und ganzen mit den antisemitischen Maßnahmen des Regimes einverstanden waren, wenn diese gesetzlich angeordnet und mehr oder weniger unauffällig angewandt wurden; und daß viele mit Schrecken und Mißbilligung auf die öffentliche Zurschaustellung von Gewalt gegen Juden reagierten."

Diese Schlußfolgerungen fassen durchaus die Gefühle und Reaktionen der deutschen Bevölkerung Sobernheims zusammen. In bezug auf Konzentrationslager argumentiert Stokes, daß die bekanntesten auf deutschem Boden und in der Nähe größerer Ballungsgebiete lagen; dies waren Dachau bei München, Buchenwald bei Weimar und Sachsenhausen bei Berlin. Von diesen war Dachau in Sobernheim am besten bekannt, da es ebenfalls in Süddeutschland liegt. Bis 1940 bestand die Mehrheit der Lagerinsassen neben Juden aus deutschen und österreichischen politischen Gefangenen. Regelmäßig wurden einige Häftlinge unter dem Eid des absoluten Stillschweigens über die im Lager gemachten Erfahrungen entlassen, doch stellte ihre Entlassung „sicher, daß die Terrorfunktionen der KZ's in weiten Kreisen bekannt waren."[3]

Hans Marum, Soldat der amerikanischen Armee, nahm an der Befreiung eines kleinen Lagers in Deutschland teil. Er sprach mit einigen überlebenden Häftlingen, unter anderem mit zwei verhältnismäßig gesund aussehenden jungen Männern, die in der Küche gearbeitet hatten. Sie berichteten, daß sie, wenn sie durch die Stadt geführt wurden, von Leuten mit Steinen beworfen und bespuckt worden seien. Gelegentlich erhielten sie Fleisch für das Lager; weil der Metzger ein Kommunist war, gab er ihnen manchmal auch etwas Fleisch für sie selbst. Hans Marum war es auch, der mit Unterstützung vorgesetzter Offiziere Deutsche auf Lastwagen laden und sie durch das Lager fahren ließ, damit sie diese Scheußlichkeiten mit eigenen Augen sehen konnten. (Der amerikanische Oberst lehnte es ab, auch Frauen an diesen Rundfahrten teilnehmen zu lassen, da er sie diesen grauenvollen Bildern nicht aussetzen wollte.)

Während des Krieges war das Regime in der Lage, die 'Endlösung der Judenfrage' in die Praxis umzusetzen. Polen und Rußland waren die Schauplätze; trotz der großen Entfernungen sickerten Berichte zur deutschen Bevölkerung durch. Offiziell wurden die Deportationen als „Umsiedlungen" in ländliche Siedlungen im Osten bezeichnet, und die Mehrzahl der Sobernheimer Bürger entschied sich dafür, dieser Version zu glauben. Es mag sein, daß die meisten Deutschen das Schicksal der Juden nicht in genauen Einzelheiten kannten, es war jedoch „ausgeschlossen, die Prügeleien, Selbstmorde und Gewaltmärsche durch die Straßen vor einer oft schockierten und empörten Bevölkerung verborgen zu halten, selbst dann, wenn solche Operationen so oft wie nur möglich in den frühen Morgenstunden stattfanden." In Sobernheim waren mehrere Leute Zeugen des Abtransports von zwölf Juden. Sie beschrieben mir gegenüber ihren Schrecken und ihre Empörung beim Anblick des Möbelwagens voller alter Juden, die ihrer Deportation entgegensahen. Natürlich tat niemand etwas dagegen, doch wurde das Ereignis schnell von Mund zu Mund innerhalb der Gemeinde verbreitet. Hier wie auch anderswo in Deutschland „fällt es schwer, der Schlußfolgerung auszuweichen, daß es kaum ein anderes Land gab, dessen Bevölkerung den Abtransport seiner jüdischen Mitbürger mit so wenig Widerspruch hingenommen hat."[4]

Anfang 1940 richtete das Regime in Polen und anderswo Lager mit Krematorien, Gasöfen und anderen Vernichtungsmaschinerien ein. Die Sobernheimer behaupten, daß sie nichts über diese Phase des Judenprogramm gewußt hätten; was sie aber sicher wußten, war, daß die früheren politischen Lager existierten. Wahrscheinlich gab es selbst in dieser kleinen Gemeinde Informationen über die Todeslager, aber nur wenige wollten etwas von diesen Greueltaten hören.

Obwohl alle Nichtjuden mit großer Ernsthaftigkeit darauf bestanden, von den Vernichtungslagern nichts gewußt zu haben, beharren die überlebenden Juden auf dem genauen Gegenteil – wahrscheinlich liegt die Wahrheit irgendwo zwischen diesen beiden Standpunkten. Es gibt viele Ebenen des Wissens, und es kann nicht bezweifelt werden, daß viele Deutsche von der Existenz dieser Lager hörten, sich diesem Wissen jedoch verschlossen, weil sie es nicht wahrhaben wollten. Die Juden verfolgten verständlicherweise solche Gerüchte mit großer Aufmerksamkeit, während die deutschen Zivilisten solches Wissen von sich wiesen und sogar unterdrückten, besonders dann, wenn sie gute Beziehungen zu jüdischen Freunden und Nachbarn hatten. Sie wollten es nicht glauben müssen, daß Leute, mit denen sie aufgewachsen und zur Schule gegangen waren, in den Martertod und in die Gaskammern geschickt wurden. Vielleicht wußten sie es damals bis zu einem gewissen Grad, weigerten sich jedoch, dies zu glauben und schoben derartige Gedanken schnell zur Seite.

Heute wollen viele Deutsche nicht mehr an die Vergangenheit erinnert werden und sagen: „Heute denken wir nicht mehr an diese Dinge. Wir fragen nicht mehr danach, wer in der Partei war. Wir müssen diese schrecklichen Zeiten vergessen. Das Leben geht weiter." Ironischerweise erinnert man sich aber sehr gut daran, wer Parteimitglied und wer Nazi war. So viel wird klar aus den leidenschaftlichen Erinnerungen dieser alten Leute, die fast alle älter als siebzig und achtzig Jahre sind: Sie haben nicht vergessen, und sie werden niemals vergessen.

Viele nicht-jüdische Deutsche haben wahrscheinlich während der vergangenen vierzig Jahre bekümmert über alle Zerstörungen nachgedacht, die der Krieg verursacht hat. Ihre Empfindungen beschäftigen sich jedoch nicht so sehr mit dem Schicksal der Juden, als vielmehr mit allem, was sie selbst während des Krieges und nach Kriegsende ertragen mußten. Meine Gespräche mit Deutschen können in drei Abschnitte oder Phasen eingeteilt werden. Erst äußerten sie Trauer und Bedauern über das Schicksal der Juden, dann sprachen sie über ihr eigenes Leiden während des Kriegs und unmittelbar danach, um schließlich zu bemerken, daß es auch in der heutigen Welt Konflikte und Kriege gäbe – „die Menschen waren und sind immer schlecht, das ist die menschliche Natur." Nach einer ausdrücklichen Betonung ihrer Machtlosigkeit gegenüber den Leiden der Juden kehrten sie wieder zu ihren eigenen Leiden zurück; sie sprachen davon, daß sie wegen der Nahrungsmittelknappheit und Geldmangels, trotz gelegentlichen Tauschhandels mit Bauern, fast verhungert wären. Insbesondere die Frauen trauerten um ihre im Krieg gefallenen Männer und Söhne. Sie äußerten große Feindschaft gegenüber den Alliierten, insbesondere gegenüber Russen und Amerikanern, wegen ihrer Bombenangriffe auf Deutschland, der Zerstörung des Landes und des Todes unschuldiger Frauen und Kinder. Es war ihnen anscheinend nicht bekannt, daß Hitler selbst es gewesen war, der in den letzten Kriegstagen die totale Zerstörung des Landes geplant hatte; sie äußerten sich weniger feindlich über ihr früheres Nazi-Regime. Sehr selten erwähnten sie die Tatsache, daß Hitler den Krieg begonnen hatte und direkt für seine Auswirkungen verantwortlich war.

Die Amerikaner wurden vor allem dafür getadelt, daß sie den Bürgern entweder Nahrungsmittel verweigerten oder ihnen verdorbene Lebensmittel schickten, „als ob wir Tiere wären". So erzählte z. B. Frau Glockner mit bitterem Unterton, wie sie mit einer Nadel die Käfer aus den von den Amerikanern geschickten Linsen gepickt habe. Herr Glockner fügte hinzu, daß sie einmal nicht alle Käfer gefunden und er sie dann später auf seinem Teller entdeckt habe. Seit damals habe er niemals wieder Linsen essen können. Wie seine Frau sagte auch er: „Wir waren nur unschuldige Leute, und sie ließen uns verhungern". Das Thema „Entbehrungen" war unerschöpflich und tauchte immer und immer wieder auf. Die Städter zogen aufs Land und versuchten, Nahrungsmittel gegen Haushaltsartikel einzutauschen; ein Mann berichtete: „Die Bauern legten ihre Ställe mit persischen Teppichen aus". Die zerstörten Häuser, der Schutt auf den Straßen und die Bombenkrater waren zweitrangig gegenüber dem Mangel an Nahrungsmitteln. Einige Personen stellten fest, daß die deutschen Kriegsgefangenen noch viel schlechter behandelt worden seien und verwiesen oft auf ein nahegelegenes Kriegsgefangenenlager, in dem man 40.000 Gefangene dem Hungertod überlassen habe. Allerdings sagte mir ein Überlebender dieses Lagers, daß die Kriegsgefangenen gemäß den internationalen Vorschriften behandelt und nicht dem Hunger überlassen worden seien. Jedenfalls wurden Geschichten über die von den Alliierten begangenen Greueltaten viel häufiger erzählt als solche über die Konzentrationslager. Mehrere Sobernheimer mußten ihre Wohnungen räumen und bei Freunden Unterschlupf suchen, als die alliierten Truppen auf ihrem Durchzug die Stadt besetzten. Frau Maurer erinnerte sich, daß in ihrer Wohnung drei Wochen lang Truppen einquartiert waren und daß sie „niemals die Badewanne gesäubert und Volkslieder auf ihrem Flügel gespielt hätten"; meinte dann aber, daß die Anwesenheit der Truppen doch nur ein unwichtiges Ärgernis gewesen sei im Vergleich zu dem, „was mit unserem schönen Vaterland geschehen war". Ihr Mann unterbrach sie schnell (vielleicht, weil ich die Gesprächspartnerin war) mit den Worten: „Aber erinnere Dich, Marie, es war unser Vaterland, das mit allem angefangen hat. – Hätten wir nur nicht den Hitler, diesen Wahnsinnigen, am Ruder gehabt." Im großen und ganzen waren Männer objektiver als Frauen, wenn sie diese Zeiten beschrieben. Frauen waren noch immer von dem Tod der Söhne und ihrer Not, Lebensmittel für die ganze Familie zu beschaffen, berührt und richteten ihren Zorn gegen die Alliierten, die in ihren Augen diese ungerechten und unverzeihlichen Zustände für unschuldige Deutsche verursacht hatten. Sie erinnerten auch an die Bombennächte, die zu ihren schlimmsten Erlebnissen gehörten. Sobernheim selbst war nur leicht bombardiert, eine nahegelegene Munitionsfabrik jedoch total zerstört worden. Einige Männer hatten diese Ereignisse nicht erlebt, da sie zu dieser Zeit an der russischen oder einer anderen Front waren.

Für die deutschen Einwohner Sobernheims hatten ihre eigenen schrecklichen Kriegs- und Nachkriegserlebnisse Vorrang vor den Leiden der Juden, wie vielleicht zu erwarten war. Wenn sie allerdings tatsächlich erst nach dem Krieg vom Schicksal der Juden erfahren haben sollten, traf diese Entdeckung zusammen mit dem Höhepunkt ihrer eigenen Leiden und Sorgen. Die dritte Phase dieser Diskussionen befaßte sich gewöhnlich mit den bewaffneten Konflikten in der heutigen Welt. Der iranisch-irakische Krieg oder der Vietnam- und Koreakrieg wurden mir gegenüber als Beispiele für die aggressive Natur des Menschen hervorgehoben. Ihre unausgesprochenen Gedanken waren: Wir waren auch nicht so schlecht, andere sind genau so schlecht, und jetzt haben wir wieder Kriege, wie immer in den ganzen Geschichte der Menschheit. Sie argumentieren: „Wir Deutschen sind nicht die allein Schuldigen", und auf jeden Fall

„waren wir die unschuldigen, betrogenen Opfer eines Regimes – wir waren nur die kleinen Leute."

Walter Laqueur weist darauf hin, daß die Zahl der direkt an der Endlösung Beteiligten zwar gering war, dieses Programm ohne Hilfe und ohne Wissen vieler Leute aber nicht hätte durchgeführt werden können. Er verweist vor allem auf die bedeutende Rolle der damaligen Reichsbahn, die die Juden in die Todeslager transportierte. Die Eisenbahnwaggons wurden durch die SS direkt verwaltet und eine große Anzahl von Bahnbediensteten war an Betrieb und Wartung beteiligt. Die Brennöfen von Auschwitz standen weniger als zwei Kilometer von der Bahnstation entfernt, und auch wenn Sobernheim von den Todeslagern in Schlesien weit entfernt ist, so ist es doch sehr wahrscheinlich, daß Gerüchte bis in diese verhältnismäßig abgeschiedene Stadt drangen. Laqueur bemerkt weiter, daß zwar nur wenige Personen detaillierte Kenntnisse hatten, Hunderte und Tausende von im Urlaub nach Hause zurückkehrenden Offizieren und Soldaten etwas über das Schicksal der Juden gehört haben mußten.[5] Mehrere deutsche Soldaten kamen auf Heimaturlaub nach Sobernheim. Heute will keiner der älteren Leute sagen, was sie damals gehört haben; es ist jedoch mehr als wahrscheinlich, daß die zurückkehrenden Soldaten über die Massenmorde an den Juden berichtet haben.

In einer ähnlich kleinen Gemeinde wie Sobernheim hatte ein zurückgekehrter Soldat in einem Brief an die Presse die Ermordung der Juden im Süden der Ukraine geschildert. Auch Herr Glockner diente an der Ostfront; unter seinen vielen schrecklichen Erinnerungen befanden sich Geschichten von der Vernichtung sowjetischer und jüdischer Bürger im Jahre 1944. Er beschrieb mir, daß er beobachtete, wie eine 'Lastwagenladung' Juden und Russen in ein Lagerhaus gebracht, Türen und Fenster verschlossen und dann das Auspuffrohr des Lastwagens angeschlossen wurde; alle starben an Kohlenmonoxidvergiftung. Er sah auch „ein Konzentrationslager voller sterbender Menschen". In seinem Buch „Deutscher und Jude: Das Leben und Sterben des Sigmund Stein" zitiert Dickinson einen Hochberger Beamten, dem Gerüchte über „Aktionen" bekannt geworden waren, die im Sog des deutschen Vormarsches durch Rußland durchgeführt wurden: „Soldaten von SS-Einheiten erzählten während ihres Urlaubs ihren Frauen unter dem Siegel der häuslichen Verschwiegenheit Geschichten oder machten an anderen Orten versteckte Andeutungen über solche Aktionen. Diese Geschichten machten dann, vertraulich weitergegeben, langsam die Runde."[6] Es ist sehr wahrscheinlich, daß Glockner diese Ereignisse in Briefen an seine Frau und seine Familie erwähnte. Sogar im kleinen Sobernheim mußten viele der Leute eine dunkle Ahnung von dem Schicksal der Juden haben, wenn auch ihre Informationen nicht genau gewesen sein mögen. Man sollte sich aber auch daran erinnern, daß die Zeit für kleine Städte in Deutschland während des Krieges hart war. Lebensmittelknappheit, die Einberufung der Männer zur Wehrmacht und die bereits im Jahre 1942 vorhandene latente Furcht, daß Deutschland den Krieg verlieren würde, bedeuteten zusammengenommen, daß die Bevölkerung unter ernsthaft bedrohenden Bedingungen lebte. Wegen der ihr ganzes Leben einhüllenden allgemeinen Furcht und Angst hatten wohl nur wenige mehr als einen flüchtigen Gedanken für das Schicksal der Juden.[7] Die Anstrengung, unter einem repressiven Regime zu überleben, war die größte Sorge der nicht-jüdischen Bevölkerung; oder mit Herrn Maurers Worten: „Selbst wenn wir von den Todeslagern gewußt hätten, was hätten wir tun können?" Walter Laqueur bestätigt diese Ansichten:

> Ende des Jahres 1942 wußten Millionen von Deutschen, daß die Juden verschwunden waren. Gerüchte über deren Schicksal erreichten Deutschland hauptsächlich durch von der Ostfront heimkehrende Offiziere und Soldaten, aber auch über andere Kanäle. Es gab deutliche Hinweise in den Kriegsreden der Naziführer, daß etwas Schlimmeres als nur Umsiedlungen geschehen waren... Es mag sein, daß viele Deutsche die Juden nicht mehr am Leben wähnten, sie glaubten jedoch nicht unbedingt, daß sie tot seien. Ein solcher Glaube... ist logischerweise widersprüchlich, jedoch werden in Kriegszeiten sehr viele logische Widersprüche akzeptiert.

Das Schicksal der Juden „war ein unerfreuliches Thema, Spekulationen brachten nichts ein, Diskussionen über das Schicksal der Juden wurden verhindert. Erörterungen und Erwägungen dieser Frage wurden zur Seite geschoben, für immer ausgelöscht."[8]

Es scheint offensichtlich, daß es auch in kleinen Städten Informationen über die 'Endlösung' gegeben hat, obwohl dies in einem größeren, internationalen Zusammenhang gesehen werden sollte. Informationen über die Vernichtung der Juden waren in England, den Vereinigten Staaten, Palästina etc. verbreitet worden. Die ausländischen Behörden und selbst die jüdischen Führer akzeptierten diese Gerüchte nur sehr zögernd. Sie waren zu sehr an die üblichen Pogrome gewöhnt, die die osteuropäischen Juden über Jahrhunderte hinweg hatten erdulden müssen; sie dachten, daß dies ein weiteres Pogrom oder vielleicht eine Absonderung in Arbeitslager sei, konnten jedoch nicht glauben, daß eine völlige Vernichtung möglich wäre. Die jüdischen Führer im Ausland beurteilten das Ausmaß der nationalsozialistischen Judenverfolgung völlig falsch. Man sollte sich auch daran erinnern, daß selbst viele Juden bis 1938 oder sogar 1939 an das Ausmaß der ihrem Volke auferlegten Schrecken nicht glauben konnten, und es dauerte bis zum Jahre 1942, bis die Juden in Europa die 'Endlösung' als wahr erkannten. Der Inhalt der aus der Schweiz in die Vereinigten Staaten geschmuggelten Berichte wurde auf Geheiß der jüdischen Führer der Öffentlichkeit nicht bekannt gegeben, weil man vermutlich an deren Glaubwürdigkeit zweifelte. So erfuhren die amerikanischen Juden erst Mitte der vierziger Jahre das ganze Ausmaß der 'Endlösung'. Schließlich ist inzwischen auch deutlich geworden, daß keine Regierung – weder die amerikanische, die britische, die russische oder irgendeine andere – ein echtes Interesse am Schicksal der europäischen Juden hatte.[9]

Familienfeier im Hause Marum, 1929, (von links: Leopold Loeb, 1. Beigeordneter der Stadt, A. Jacobi, Ferdinand Marum, Heinrich Marum)

7. Eine Analyse der Beziehungen zwischen Juden und Nichtjuden in Sobernheim

Bis jetzt habe ich die Beziehungen zwischen Juden und Nichtjuden in Sobernheim beschrieben. In diesem Kapitel möchte ich nun diese Beziehungen in einer mehr systematischen Weise analysieren, wobei ich auf theoretische Vorschläge und Erkenntnisse von Sozialanthropologen und Soziologen zurückgreife, die seit vielen Jahren ethnische Beziehungen und das ganze Spektrum ethnischer Zugehörigkeit erforschen. Bei den folgenden Überlegungen habe ich mich orientiert an den Arbeiten von M. Gordon, R. A. Schermerhorn, M. G. Smith und anderen, und vor allem an den fruchtbaren Untersuchungen von Frederick Barth.[1]

Auf dem wachsenden Gebiet ethnischer Studien haben sich Forscher bisher hauptsächlich auf den Prozeß der Assimilation konzentriert. M. Gordon, einer der innovativen Forscher in diesem Feld, stellte die These auf, daß sich ethnische Gruppen, insbesondere in den Vereinigten Staaten, in Richtung Assimilation bewegen. Neuere Studien in den Vereinigten Staaten zeigen jedoch, daß Aspekte der Ethnizität auch in der dritten Generation noch vorhanden sind oder wieder auftauchen. Demzufolge hat sich der Schwerpunkt der Untersuchungen zur Ethnizität auf die Analyse des Integrationsprozesses verlagert. Von wachsendem Interesse ist auch die Frage der sogenannten grenzerhaltenden Mechanismen: Wie bewahren ethnische Gruppen ihre Eigenheiten, und wie werden diese Eigenheiten von anderen Gruppen wahrgenommen?

Bezogen auf Sobernheim wird deutlich, daß einige Aspekte der Ethnizität mehr Bedeutung haben als andere. Barths Konzept der Grenzerhaltung ist für diese Fallstudie besonders nützlich, da Juden und Nichtjuden in Sobernheim deutlich gezogene soziale Grenzen beachteten, obwohl sie ihre Verschiedenheiten aufeinander abstimmten und ohne offene Konflikte zusammenlebten. Gordons Unterscheidung zwischen kultureller und struktureller Integration ist ebenfalls auf die Situation in Sobernheim anwendbar. (Kulturelle Integration bezieht sich auf die Art und Weise, in der zwei oder mehr Gruppen dieselben Wertsysteme teilen und daran glauben, während strukturelle Integration den Grad bestimmt, in dem eine gewöhnlich kleinere oder schwächere Gruppe in der Lage ist, Zugang zu den Institutionen der Gesellschaft zu gewinnen. Sind sie z. B. imstande, voll an der Beschäftigungsstruktur teilzunehmen? Können sie dieselben Schulen wie die dominantere Gruppe besuchen? Spielen sie eine Rolle auf der politischen Bühne? etc.) Auf der anderen Seite ist das Assimilationskonzept, obwohl es oft benutzt wird, um die Position der Juden in Deutschland zu beschreiben, nicht hilfreich, wenn es darum geht, die ethnischen Beziehungen innerhalb Deutschlands im allgemeinen und in Sobernheim im besonderen zu analysieren. Die Juden Sobernheims waren nicht vollständig in das breite soziale Leben der Stadt aufgenommen; es ist sogar außerordentlich zweifelhaft, ob Juden jemals irgendwo in Deutschland vollständig assimiliert waren. Ihren Status in dieser Begrifflichkeit zu erörtern, würde nur die bereits in der Literatur existierende Verwirrung vermehren.[2] Eine Betrachtung der Integration und der grenzerhaltenden Mechanismen wird helfen, die ethnische Situation in Deutschland und in der kleinen Stadt Sobernheim zu klären.

Die meisten deutschen Juden akzeptierten und übernahmen die in weiten Teilen der Gesellschaft verbreiteten sogenannten deutschen Werte – oft als *Deutschtum* bezeichnet. Von daher ist es klar. daß sie ein beträchtliches Maß an kultureller Integration erreichten. Was die Frage der strukturellen Integration angeht – bis zu welchem Grad Juden Zutritt zu wichtigen Institutionen hatten oder dort eine Rolle spielten –, wird man ebenfalls davon ausgehen können, daß auch dies wahrscheinlich in einem sehr erheblichen Maß der Fall gewesen ist. Wenn wir nur einen Aspekt der strukturellen Integration betrachten, nämlich den Zutritt zu höheren akademischen Berufen und solchen, die für die Bildung der öffentlichen und Medienmeinung wichtig sind, werden wir, wie die folgende Tabelle zeigt, sehen, daß die Juden weit überrepräsentiert waren.

Tabelle 1:

Anteil der Juden in ausgewählten Beschäftigungszweigen
Berufszweige, in denen Juden mehr als 5 % aller Beschäftigten stellten, d. h. mehr als das Sechsfache ihres Anteils an der Gesamtzahl der Arbeitskräfte
Angaben in Prozent der Beschäftigten

Rechtsanwälte und Notare	16,15
Makler und Agenten	15,05
Anwälte, Rechtsbeistände	13,28
Ärzte	10,88
Handelsvertreter	9,20

Zahnärzte	8,59
Vermögensverwalter	8,53
Kürschner und Pelzhändler	6,33
Direktoren und Regisseure	5,61
Rechtsberater	5,40
Redakteure und Publizisten	5,05

Quelle: Statistik des Deutschen Reiches, Band 451 (1929).

Stark vertreten waren Juden in Handel und Gewerbe. Zwischen 1928 und 1932 „stellten die Juden 25 % aller im Einzelhandel beschäftigten Personen und wickelten 25 % des gesamten Handels ab, obwohl sie nur 0,74 % aller Arbeitskräfte ausmachten." Auch im Bereich der Privatbanken waren Juden stark vertreten; allein in Berlin gab es 150 jüdische Privatbanken im Vergleich zu lediglich elf nicht in jüdischem Besitz befindlichen. Obwohl Juden auch wichtige Positionen bei nicht-jüdischen Banken in einem Maß innehatten, das in keinem Verhältnis zu ihrem Anteil auf dem Arbeitsmarkt stand, „kontrollierten sie nur einen geringen Prozentsatz aller Banken in Deutschland".[3] Juden waren auch auf dem Aktienmarkt, im Versicherungswesen und auf anderen Finanzschauplätzen tätig. Sogar im Staatsdienst und in leitenden Angestelltenpositionen waren sie leicht überrepräsentiert.

Im Bildungssektor waren Juden unter den Universitätsstudenten überrepräsentiert. Bereits 1870 wurden Juden und Nichtjuden gleichberechtigt von deutschen Universitäten angenommen. 1929 waren 4 % aller Universitätsstudenten jüdisch, obwohl sie weniger als 1 % der Bevölkerung ausmachten. Die große Zahl der akademisch gebildeten Juden führte natürlich auf direktem Wege zu ihrer Überrepräsentation in den selbständigen Berufen und den freien Künsten. Dieser Faktor beeinflußte auch ihr höheres Einkommensniveau und hatte zur Folge, daß die Mehrzahl der Juden den Mittelschicht-Status erreichte. Obwohl Juden in bestimmten Beschäftigungszweigen überrepräsentiert waren, bedeutete ihr verhältnismäßig geringer Anteil an der Gesamtbevölkerung und an der Gesamtzahl der Arbeitskräfte, daß sie weder in einem dieser Zweige dominierten, noch waren jüdische Unternehmungen „die Hauptstützen der wirtschaftlichen Macht Deutschlands. Juden waren niemals mächtige 'Industrie-Kapitäne', die den Hauptteil der deutschen Industriegüter produzierten; vielmehr spielten sie vorwiegend eine Rolle als Zwischenhändler."[4]

Auch am politischen Leben waren Juden aktiv beteiligt. Um die Jahrhundertwende stellten sie 2,2 % aller Reichstagsabgeordneten. Während der Weimarer Republik erhöhte sich dieser Prozentsatz auf 2,8 %.[5] Viele Juden waren auch in der Lokalpolitik aktiv. Jüdische Politiker wurden stets den Parteien der Linken, insbesondere der Sozialdemokratischen Partei, zugeordnet.

Ein anderer Indikator struktureller Integration war die Zahl der zum Protestantismus übergetretenen Juden. Zwischen 1881 und 1933 konvertierten 17.000 Erwachsene. Insgesamt verließen etwa 10% aller deutschen Juden das Judentum, um entweder zu konvertieren oder ohne religiöse Anbindung zu bleiben. Ein großer Teil der Juden heiratete außerhalb des Glaubens; in einigen Fällen traten nicht-jüdische Frauen zum Judentum über, wenn sie die Ehe mit einem Juden eingingen. Bis zum Jahre 1933 hatten 44 % aller verheirateten Juden Partner aus einer anderen Religion gewählt. Eine erhebliche Anzahl von Kindern aus diesen Mischehen – Schätzungen sprechen von 75 % – wurden nicht mehr als Juden erzogen.[6]

Insgesamt lassen verschiedene Merkmale struktureller Integration darauf schließen, daß es den deutschen Juden in erheblichem Ausmaß gelungen war, sich in die deutsche Gesellschaft zu integrieren. Einige deutsche Juden, vor allem jene, die zum Christentum übergetreten waren, bezeichneten sich selbst als völlig assimiliert (aber auch sie entkamen unter dem Nazi-Regime nicht ihrer jüdischen Vergangenheit). Die Mehrzahl der „assimilierten" Juden lebte in den Großstädten. Trotzdem fand eine echte Assimilation nicht statt, weil Juden ihre ethnische Eigenheit behaupteten und von Nichtjuden auch als verschieden wahrgenommen wurden.

Man betrachte beispielsweise die Darstellung von drei ziemlich „assimilierten" jüdischen Überlebenden: „Wir waren eine sehr assimilierte jüdische Familie ... Ich studierte Hebräisch, das Alte Testament und die Geschichte der Juden. Ich hegte jedoch keine besonders starken Gefühle in dieser Richtung. Mein Bewußtsein als Jude erwachte, als der Tennis-Club für Juden gesperrt wurde. Ich trat in einen jüdischen Club ein, weil ich andernfalls nicht mehr hätte spielen können."[7] Diese Aussage wurde von einer Frau gemacht, die in der Stadt geboren und deren nationalistischer Vater Offizier in der preußischen Armee gewesen war. Trotz des ihr fehlenden tiefen Gefühls für das Judentum waren dessen Religion und Geschichte Teil ihrer Erziehung und Bildung; auch hatte sie Diskriminierung auf Grund ihres Jüdischseins erfahren müssen. Ein Mann, der in der großen jüdischen Gemeinde Frankfurts geboren und aufgewachsen war, erinnerte sich: „In Frankfurt als Jude aufzuwachsen bedeutete, daß du zwangsläufig starke Identitätsgefühle hattest, weil deine ganze

Welt jüdisch war... Es war das Deutschland der Weimarer Republik, und vor Hitlers 'Machtübernahme' konnten wir uns frei bewegen; trotzdem lebten wir zweifellos in einer jüdischen Welt." Ein anderer Überlebender aus Berlin bemerkte, daß seine Familie völlig assimiliert war: „Ich wuchs auf, ohne zu wissen, daß ich Jude war, ohne jüdische Religion, ohne jüdischen Unterricht und ohne jüdische kulturelle Interessen." Diese Darstellung endete allerdings mit einer höchst aufschlußreichen Feststellung: „Viele, wenn nicht die meisten unserer Freunde waren Juden." Die Gründe hierfür waren aber wohl mehr finanzieller Natur: „Diese Trennung war eher auf wirtschaftliche als auf religiöse Gründe zurückzuführen."[8] Gab es denn keine Nichtjuden mit ähnlichem finanziellen Status, mit denen diese Familie hätte verkehren können?

Wenn man die Assimilations- und Integrationsmuster der Juden in Deutschland analysiert, kann nicht unberücksichtigt bleiben, daß etwa ein Fünftel osteuropäischer Abstammung war. Diese Gruppe hielt nicht nur an der orthodoxen Lehre fest, sondern war auch weit weniger strukturell und kulturell in die deutsche Gesellschaft integriert als die übrigen vier Fünftel.

Im ländlichen Deutschland und in kleinen Städten wie Sobernheim hatten die Juden einen beachtlichen Grad struktureller Integration erreicht, insbesondere auf dem Beschäftigungssektor, aber wie schon im ersten Kapitel erläutert, waren sie ökonomisch auf einige wenige Beschäftigungen eingegrenzt worden. In ihrer frühen Geschichte durften sie nur den Beruf des Geldverleihers ausüben; ganz allmählich ergriffen sie auch andere einfache Berufe, wie den des Hausierers oder den des Vieh- und Pferdehändlers. Als die Gesetze im Laufe der Zeit geändert wurden, gewannen die Juden größeren Zugang zu anderen Berufen; vom Hausierer zum Einzelhändler war nur ein kleiner Schritt. Als ihnen endlich gestattet wurde, eigenes Land zu erwerben, wurde auch die Ausübung bäuerlicher Berufe möglich. Um die Jahrhundertwende waren die meisten Landjuden Ladenbesitzer, Pferde- und Viehhändler oder kleine Landwirte gewesen; nur einige wenige waren Unternehmer oder Industrielle geworden. Im Grunde genommen garantierten diese Berufe den meisten Juden einen ziemlich bequemen Mittelschicht-Status. Ihre strukturelle Integration kann jedoch insofern nicht als vollkommen bezeichnet werden, als sie auf einige Erwerbsarten eingeschränkt waren und Tätigkeiten im Staatsdienst, als Facharbeiter oder gar die akademischen Berufe für sie weit weniger zugänglich waren. Man könnte allerdings auch argumentieren, daß der mangelnde Zugang zu anderen Berufen eher etwas mit den in der Gemeinde wirksamen Sitten und Traditionen als mit einer diskriminierenden Beschäftigungspraxis zu tun hatte.

Wie im sechsten Kapitel dargestellt wurde, war die soziale Integration der Juden auch vor Hitler nicht vollkommen, da sie auch damals schon häufig vor geschlossenen Türen standen. In Sobernheim waren die Juden von Gesellschafts- und Sportvereinen und anderen Formen des gesellschaftlichen Lebens der Stadt ausgeschlossen. Die sehr niedrige Rate von Mischehen in ländlichen Gebieten läßt vermuten, daß zwar Freundschaften und Liebesbeziehungen zwischen den beiden Gruppen möglich waren, eine vollständige Integration in Form von Mischehen jedoch selten stattfand.

Zusammenfassend sei gesagt, daß städtische Juden kulturell und strukturell weitaus stärker in die deutsche Gesellschaft integriert waren als ihre ländlichen Glaubensgenossen. In ländlichen Gegenden wurden die Muster der ethnischen Eigenheiten durch eine Vielfalt von Strategien klarer Abgrenzung aufrechterhalten. In seinem berühmten Essay „Ethnische Gruppen und Abgrenzungen" legt Barth großes Gewicht auf die für ethnische Beziehungen sozial relevanten Faktoren, einschließlich der Bedeutung der ethnischen Selbstdefinition einer Gruppe, der Wahrnehmung von Mitgliedern anderer Gruppen und der Art und Weise, wie ethnische Gruppenunterschiede aufrechterhalten werden. Diese und andere Ideen Barths haben besondere Bedeutung für die wechselseitigen Beziehungen zwischen Juden und Nichtjuden in Sobernheim und können dazu dienen, die Beziehungen zu erklären, die vor und nach Hitler zwischen beiden Gruppen bestanden.

Interethnische Beziehungen

Barth und andere haben darauf hingewiesen, daß man bislang einer ethnischen Gruppe traditionell folgende Merkmale zugewiesen hat:
1. Sie reproduziert sich biologisch aus sich selbst.
2. Sie teilt gemeinsame fundamentale kulturelle Werte.
3. Sie schafft sich ein Feld von Kommunikation und Interaktion.
4. Ihre Mitglieder identifizieren sich selbst und werden von anderen als eine unterscheidbare Gruppe identifiziert.

Die Juden in Deutschland und besonders in Sobernheim bildeten zweifellos eine ethnische Gruppe oder Kategorie dieser Definition. Im großen und ganzen hielten die Juden am Muster der Heirat innerhalb der eigenen Gruppe (Endogamie) fest, und bewahrten so ihre biologischen Merkmale, wenn auch die Rate der Mischehen in der städtischen Bevölkerung sehr hoch war. In kleinen Städten hatten die Juden klar erkennbare wechselseitige Beziehungen und Verbindungen untereinander, identifizierten sich als Juden und wurden von den meisten Nichtjuden als solche verstanden.

Bezüglich der Gemeinsamkeit fundamentaler Werte ist eine genauere Betrachtung notwendig. Während die Juden in Sobernheim bestimmte Werte teilten, die sie von Nichtjuden unterschieden, waren die meisten anderen Werte, Anschauungen und Ziele denen ihrer nicht-jüdischen Nachbarn sehr ähnlich. Wenn eine ethnische Gruppe daran erkennbar ist, daß sie über ein eigenes Wertesystem verfügt, so muß hervorgehoben werden, daß deutsche Juden und Nichtjuden hinsichtlich ihrer kulturellen Wertsysteme nicht grundsätzlich anderer Meinung waren. Wenn Nichtjuden und Juden aber dieselben kulturellen Werte teilten, welche Unterschiede dienten dann als Grenzmarkierungen zwischen den beiden Gruppen?

Zusammenfassend kann festgehalten werden, daß erstens die Juden in Sobernheim ihre ethnische Identität aufrechterhielten, indem sie bevorzugt innerhalb ihrer Gruppe heirateten (siehe Kapitel 2). Anders als in städtischen Gebieten Deutschlands gab es in Sobernheim und in anderen kleinen Gemeinden nur eine geringe Zahl von Mischehen. Verbot und Ächtung von Mischehen waren auf traditionelle Vorbehalte der jüdischen Familien gegenüber ihren Kindern zurückzuführen, die Nichtjuden heiraten wollten, sowie auf den latenten Antisemitismus auf seiten einiger Nichtjuden. Beide Gruppen akzeptierten als Teil ihrer gegenseitigen Anpassung die Ansicht, daß Heiratsmuster endogam bleiben sollten.

Zweitens hielten die Juden ihre Bindungen zum religiösen Leben des Judentums aufrecht, auch wenn die Sobernheimer Juden und andere – die Lehren eines modifizierten liberalen Judentums akzeptierten. Obwohl nicht orthodox, bauten sie doch eine Synagoge, in der wöchentliche Gottesdienste abgehalten wurden, die von den meisten sporadisch besucht wurden. Hohe Feiertage und bedeutende Feste wie z. B. das traditionelle Passah-Fest und die Bar Mizwah-Feier für Knaben wurden gefeiert. Außerdem beschäftigte die Gemeinde einen jüdischen Religionslehrer, der den jüdischen Jugendlichen Unterricht erteilte. Schließlich hatten die Juden einen eigenen Friedhof; dies war allerdings das Ergebnis früherer Gesetze, die den Juden die Beerdigung ihrer Toten auf christlichen Friedhöfen untersagten (Gleichwohl hatten Anfang des Jahrhunderts wenigstens zwei Juden die Erlaubnis beantragt, auf nichtjüdischen Friedhöfen beerdigt zu werden). Gepflegt wurden auch einige kulinarische Traditionen wie das Backen von Matzen für Passah oder Challah für das traditionelle freitägliche Nachtmahl, mit dem die ganze Familie den Sabbath begann und zu dem gelegentlich auch nichtjüdische Freunde eingeladen wurden.

Drittens waren die Juden in der örtlichen Wirtschaft auf dem Handelssektor ziemlich spezialisiert, vorwiegend als Einzelhandelskaufleute und Viehhändler. Diese Konzentration auf wenige Berufe war ebenfalls aus früheren Zeiten überkommen, als Handel und Gewerbe die einzigen Beschäftigungen waren, die Juden ausüben durften. In städtischen Gebieten hatten Juden große Einbrüche in den freiberuflichen und kulturellen Sektor erreicht, während sie sich in kleinen Gemeinden noch immer auf die traditionellen Berufe konzentrierten.

Schließlich bewahrten auch die sehr stark integrierten Familien ein Gefühl des Jüdischseins, „ein Gefühl, anders zu sein – man wußte immer, daß man als Jude etwas anderes war", wie es ein Befragter formulierte. Juden selbst definierten sich stets als jüdisch, auch wenn dies in den Köpfen einiger Jüngerer nur ein vages Gefühl des Andersseins bedeutete. Besonders in kleinen Städten wie Sobernheim waren alle Juden als solche bekannt und erkannt. In bezug auf Sprache und institutionelle Teilhabe wie Mitgliedschaft und Engagement in politischen Parteien gab es keine großen Unterschiede zwischen beiden Gruppen. Die von der jüdischen Gemeinde selbst bestimmten Grenzen bezogen sich auf Heirat, Familie, Religion, einen gewissen Grad beruflicher Konzentration und, sehr entscheidend, auf ein Gefühl jüdischer Identität.

In gewisser Weise wurden die jüdischen Grenzen auch von solchen Nichtjuden anerkannt, deren Wahrnehmung 'der Juden' dazu beitrug, ethnische Grenzen zu schaffen und fortbestehen zu lassen. Der bedeutendste der hier wirksamen Faktoren war ein gewisser Grad von Antisemitismus, der selbst in dieser relativ stabilen Gemeinde existierte. Früher bestehende rechtliche Diskriminierungen waren Mitte des neunzehnten Jahrhunderts abgeschafft worden, so daß direkte Verbote gegen jüdischen Besitz von Grund und Boden, Berufs- und Arbeitsverhältnisse nicht länger Anwendung fanden. Die antisemitischen Einstellungen in der deutschen Gesellschaft blieben jedoch bestehen. In Sobernheim äußerte sich die Diskriminierung vorwiegend in der Ausgrenzung der Juden aus Vereinen und wichtigen gesellschaftlichen Ereignissen und Festen, gelegentlich auch in Beschimpfungen und Beleidigungen in der

Schule. Auch widersetzten sich einige nicht-jüdische Familien einer Mischehe; und schließlich sind wenigstens drei Familien bekannt, die eine unversöhnliche Feindschaft gegen Juden äußerten. Auch wenn sie weder rechtlich noch behördlich von bestimmten Berufen ausgeschlossen waren, bestand Einvernehmen in der nicht-jüdischen Gesellschaft darüber, daß Juden Ladeninhaber und Kaufleute sein sollten. Die Fabrik Marum wurde hier als Ausnahmefall angesehen, allerdings hatte auch sie ihren bescheidenen Anfang in der Hütte einer Handstrickerin gehabt.

Eine andere, subtile Form von Antisemitismus äußerte sich in der Bezeichnung von Juden und jüdischen Häusern. So sprach man z. B. vom „dem Juden Blau" oder fragte: „Wie war doch der Name des jüdischen Hauses in der Kirchstraße?" Das Etikett „Jude" wurde als Bestandteil der Identifizierung von Personen und ihren Häusern gebraucht. Die Vorstellung, daß Juden unehrlich seien, war darauf zurückzuführen, daß viele Juden Viehhändler waren; und weil die Volksmeinung sagte, daß Viehhändler fast immer Betrüger seien, waren Juden Betrüger. Unter den verschiedenen Viehhändlerfamilien in Sobernheim galt eine als ausgesprochen unehrlich. So sagte man ihr nach, daß „Herr S. dem Pferd Pfeffer unter den Schwanz streue", um es „feurig erscheinen zu lassen". Eine andere Viehhändlerfamilie galt jedoch immer als ehrlich und fair.

Was die Sprache angeht, so sprachen Juden und Nichtjuden untereinander einen starken rheinischen oder genauer gesagt, Rheintal-Dialekt, bei offiziellen Anlässen hochdeutsch. Juden und Nichtjuden sprachen diesen Dialekt sowohl miteinander als auch untereinander.

Während Nichtjuden sich nicht gegenseitig als Christen bezeichneten, wurden Juden regelmäßig als Juden etikettiert. Wenn Juden außerhalb der Gemeinde reisten, wurde ihre Identität nicht sofort erkannt, da sie sich weder in ihrer Kleidung noch in ihrer Sprache von anderen Personen unterschieden. Meine jüdischen Interviewpartner erinnerten sich an viele Fälle, in den sie für Nichtjuden gehalten wurden; es gab fast ironische Vorkommnisse, und dies sogar noch in der Nazizeit. Eine junge Frau, die von Sobernheim nach Hamburg geflohen war, um dort an Bord eines Schiffes nach England zu gehen, beschrieb, wie man ihr in jedem Zug höflich mit dem Gepäck geholfen habe; einmal war es sogar ein Nazi in voller Uniform, der höflich mit der Hand an seine Mütze tippte. Es gab eine ganze Reihe von Ereignissen, wenn Sobernheimer in andere Städte reisten, in denen sie nicht als Juden bekannt waren. Emma Hesse beschrieb mir eine „verrückte", aber furchterregende Erfahrung, die sie 1938 gemacht hatte. Sie fuhr mit dem Zug ins nahegelegene Bad

Kreuznach, als „eine Gruppe Hitlerjugend in den Zug kam und selbstverständlich mit 'Heil Hitler' grüßte. Ich sagte nichts. Sie gingen vorbei. Ich saß allein, als einer von ihnen zurückkam und zu mir sagte: 'Wir haben einen Burschen dabei, der nicht verheiratet ist, und wir werden ihn mit Dir verheiraten.' Ich sah ihn an, er meinte es ernst: 'Wir sind zu zwanzig hier in diesem Abteil, und Du bist das einzige Mädchen.' Ich hatte große Angst. Er brachte eine deutsche Fahne, befahl uns aufzustehen und sagte: 'Ich erkläre Euch jetzt zu Mann und Frau, Heil Hitler.'" Diese Unmöglichkeit, Juden als solche zu erkennen, half ihnen ungewollt Mitte und Ende der dreißiger Jahre, als es ihnen verboten war, in Geschäften einzukaufen. Einige machten ihre Einkäufe in anderen Dörfern oder Städten, wo man sie nicht kannte. Martha ging gelegentlich in den Nachbarort Staudernheim, „wenn wir kein Salz oder keinen Zucker mehr hatten; es war nur zweieinhalb Kilometer entfernt, selbst für ein Kind war es nicht weit. Sie wußten nicht, daß ich Jüdin war."

Juden, die zum Studium in andere Städte gingen, waren nur als Juden bekannt, wenn sie sich selbst als solche zu erkennen gaben. Oft konnten sogar ihre Namen ebenso gut deutsch wie jüdisch sein. Viele deutsche Juden hatten Familiennamen, die man nicht unbedingt mit dem Judentum in Verbindung bringt; anders als Juden aus Osteuropa, wo Cohen, Goldberg, Ginzberg und ähnliche als jüdische Namen bekannt sind. Mein eigener Familienname „Ostermann" ist eher deutsch als jüdisch, und es gibt mehr nicht-jüdische als jüdische Ostermanns in Deutschland und den Vereinigten Staaten. Auch die physische Erscheinung vieler Juden ist von der vieler Deutscher nicht zu unterscheiden. Trotz Hitlers Versuch, die arische Rasse neu zu definieren, sind die meisten Deutschen dunkelhaarig und dunkeläugig, vor allem in Süddeutschland und im Rheinland. Eine der Befragten erinnerte sich lachend, wie die Nazis versucht hatten, den Juden als eine hakennasige, bärtige Person darzustellen, obwohl alle Juden aus ihrem Bekanntenkreis „aussahen wie alle anderen". Juden hatten keine auffälligen Merkmale und konnten, wenn sie dies wollten, leicht für Nichtjuden gehalten werden. Tatsächlich war es diese Leichtigkeit, mit der sie ihre ethnische Identität verlieren konnten, die ihren Assimilationsdruck, sich der größeren deutschen Gesellschaft anzupassen, noch verstärkte.

Auf diese Weise teilten sich beide Gruppen einige gesellschaftliche Institutionen oder waren daran beteiligt und bewahrten gleichzeitig ihre Grenzen um sich herum, so daß ihre ethnische Eigenart bestehen blieb.[9] Wenn auch Protestanten und Katholiken nicht immer deutlich voneinander zu unterscheiden waren, wußte jeder sofort, wer Jude war. Wenn man die verschiedenen institutionellen Einbindungen von Juden und Nichtjuden in Sobernheim summarisch überblickt, findet man nur zwei Bereiche, in denen bedeutende Unterscheidungen auszumachen waren. Wie wir bereits gesehen haben, waren die Juden auf dem Berufs- und Beschäftigungssektor in den Einzelhandel gedrängt worden, während die Nichtjuden die Positionen des öffentlichen Dienstes innehatten und in den Verwaltungsbehörden dominierten. Die Freiberufler in dieser kleinen Gemeinde, wie Ärzte, Rechtsanwälte und Steuerberater, waren fast ausnahmslos Nichtjuden. (Allerdings waren in größeren städtischen Gebieten diese Positionen vielfach von Juden besetzt.) Diese Ausdifferenzierung auf dem Berufssektor führte zu gegenseitiger Abhängigkeit. Bei Einkauf und Beschäftigung in jüdischen Fabriken waren Nichtjuden von jüdischen Kaufleuten und Händlern abhängig, während Juden die Dienste der nicht-jüdischen Freiberufler in Anspruch nahmen und mit ihnen als Behörden- und Verwaltungsbeamte auskommen mußten. Handwerker wie Installateure und Elektriker waren meistens Nichtjuden.

Diese Ausdifferenzierung auf dem Beschäftigungssektor führte zu zwei verschiedenen, sich jedoch gelegentlich überschneidenden sozialen Schichtungen. Der schmale jüdische Sektor bestand vorwiegend aus der Mittelklasse, drei der Oberschicht angehörenden Familien und einer ebenso kleinen Gruppe (drei oder vier Familien) der Unterklasse. Diese Gruppenzuordnungen verliefen hauptsächlich über die Unterschiede im Einkommen, da die drei Familien der Oberschicht gewöhnlich als „sehr reiche Leute" bezeichnet wurden, während die wenigen Familien unterhalb der Mittelschichts-Gruppe als „arme Juden" galten. Unter den Juden gab es eine klare Trennung zwischen der jüdischen Oberschicht und den nicht zu dieser Oberschicht Gehörenden. Sie verkehrten gesellschaftlich nicht untereinander, und selbst heute noch sagen die mittelständischen Juden, wenn sie die Oberschicht erwähnen: „Sie hatten nichts mit uns zu tun", oder: „Wir gehörten nicht zu ihrer Klasse." Trotz allem teilten die Juden ohne Rücksicht auf Klassenunterschiede dieselben religiösen Einrichtungen, zahlten den jüdischen Religionslehrer und nahmen seine Dienste in Anspruch. Auch schickten sie ihre Kinder in den ersten Jahren in dieselben öffentlichen Schulen, und nur einige der älteren Kinder aus reichen Familien besuchten andere Schulen in Deutschland oder Internatsschulen im Ausland.

Während die kleine jüdische Gemeinde vorwiegend dem Mittelstand angehörte, bestand die sehr viel größere nichtjüdische Gemeinde hauptsächlich aus der unteren oder Arbeiterklasse. Es gab nur eine winzige, aus drei oder vier Familien bestehende nichtjüdische Oberschicht, eine mäßig große Mittelklasse von etwa dreihundert Familien, während der Rest der Arbeiterklasse angehörte, die sich hauptsächlich aus Lohnabhängigen zusammensetzte. Die nicht-jüdische Mittelklasse lieferte die Beamten und Akademiker, die wenigen anderen aus der Oberschicht waren reiche Geschäftsleute. Im Gegensatz zu der römisch-katholischen Arbeiterklasse waren die meisten Angehörigen der Mittel- und Oberklasse Protestanten. Innerhalb der Oberschicht gab es mäßige Wechselbeziehungen zwischen Juden und Nichtjuden, und zwar hauptsächlich am Arbeitsplatz oder anläßlich besonderer Gelegenheiten wie z. B. einer Wohltätigkeitsveranstaltung. Wie bereits erwähnt, war die jüdische Oberschicht von dem hochangesehenen Gesellschaftsverein ausgeschlossen. Die meisten sozialen Wechselbeziehungen zwischen den beiden Gruppen entwickelten sich in der Mittelklasse. Jüdische und nichtjüdische Kinder des gleichen Standes gingen zusammen zur Schule, während sich ihre Mütter manchmal gegenseitig zum Nachmittagstee besuchten. Die mittelständischen Männer beider Gruppen trafen sich zum Kartenspiel in Gaststätten oder Cafés der Stadt. Die meisten der bereits beschriebenen Schul- und Nachbarschafts-Freundschaften entwickelten sich innerhalb der Mittelklasse. Gerade bei gesellschaftlichen Ereignissen war damals die gemeinsame Gesellschaftsklasse ein wichtigeres Unterscheidungsmerkmal als die ethnische Zugehörigkeit.

Obwohl beide Gruppen ihre Kinder in die städtische Schule schickten, gab es getrennten Religionsunterricht für die Schüler. Was die Politik angeht, so wurden die örtlichen Verwaltungs- oder Regierungsbeamten je nach Position entweder ernannt oder gewählt. Um die Jahrhundertwende hatten mehrere Juden der Oberschicht politische Positionen inne. In der Familie Marum waren nicht nur die Großväter mütterlicher- und väterlicherseits Mitglied des Stadtrats gewesen, schon einer ihrer Urgroßväter hatte das Amt eines Stadtrats ausgeübt. In einer anderen Familie der Oberschicht wurde Frau Wolfs Vater um die Jahrhundertwende an die Spitze des Stadtrats gewählt und hatte in dieser Funktion den Bürgermeister bei dessen Abwesenheit zu vertreten. In jüngerer Zeit war der Fabrikbesitzer Marum ein gewähltes Mitglied des Stadtrats und wurde sogar nach Hitlers Machtübernahme in der letzten demokratischen Wahl in Deutschland im März 1933 wiedergewählt. Zur Parteipräferenz kann gesagt werden, daß bis Anfang der dreißiger Jahre, als die Juden nicht für die Nationalsozialisten stimmten, während mehr als

50 % ihrer nicht-jüdischen Nachbarn NSDAP wählten, die beiden Gruppen nach ihrer ethnischen Zugehörigkeit nicht zu unterscheiden waren. Der Kommunismus war in der kleinen Stadt wenig bekannt; allerdings stand wenigstens ein Jude in dem Ruf, Mitglied der Kommunistischen Partei zu sein.

Eines der auffälligsten abgrenzenden Merkmale zwischen ethnischen Gruppen ist die Schaffung und Erhaltung von eigenen Wohngebieten oder Ballungsräumen. In kleinen Gemeinden wie Sobernheim wäre es unmöglich gewesen sein, eine Trennung der Wohnviertel aufrechtzuerhalten, selbst wenn man dies gewünscht hätte. Die Existenz einer kleinen Oberschicht in beiden Gruppen deutete auch darauf hin, daß die Separierung der Klassen nicht besonders ausgeprägt war. Obwohl es ein ärmeres Stadtviertel mit zwei oder drei Straßen gab, in denen einige arme Juden und viele arme Nichtjuden lebten, gab es kein klar erkennbares Viertel der Reichen. Die wohlhabende Oberschicht beider Gruppen lebte in großen, freistehenden und von großen Gärten umgebenen Häusern, während die Mittelklasse beider Gruppen in zusammenhängenden oder Reihenhäusern wohnte. Der Elite-Status wurde damals weit mehr durch die Größe des Hauses als durch die Wohngegend signalisiert. Die Juden schufen sich kein eigenes Wohnviertel, vielmehr waren jüdische Wohnungen über die ganze Stadt verteilt. Es gab eine ganz leichte Konzentration von Juden auf beiden Seiten der Großstraße, der Hauptgeschäftsstraße der Stadt. Jüdische Geschäfte und Wohnungen befanden sich üblicherweise in einem Haus.

Neben den Unterschieden in der Beschäftigungsstruktur war die Religion der bedeutendste institutionelle Unterschied zwischen den beiden Gruppen. Jedoch wurden auch hier gelegentlich nicht-jüdische Freunde zum Gottesdienst in die Synagoge eingeladen. In ähnlicher Weise besuchten jüdische Kinder Oster- oder Weihnachtsgottesdienste in Gesellschaft ihrer nicht-jüdischen Freunde.

Ein mit der Religion verknüpfter Unterschied betraf die Mitgliedschaft in Organisationen, die über das Netz lokaler Gemeinschaft hinausgriffen. Eine der wichtigsten war die *Gemeinde,* die auf der gemeinsamen Religion basierende kommunale Körperschaft, in der alle Juden zum Zeitpunkt ihrer Geburt registriert wurden. Die Gemeinde war eine durch Steuern finanzierte Körperschaft, zu der alle Juden ihren Beitrag leisten mußten. Zu ihren Aufgaben gehörte die Unterhaltung von Synagogen und Friedhöfen, die Förderung des Religionsunterrichts sowie Wohlfahrtseinrichtungen für bedürftige Juden. In Sobernheim wurde das Gehalt des Herrn Abraham als Kantor und Religionslehrer von der

Gemeinde gezahlt. Ein Vorstand älterer Juden leitete die Gemeinde. Weil die Stadt bis 1926 keine eigene jüdische Synagogengemeinde hatte, gehörte Sobernheim zur größeren Gemeinde der nahegelegenen Stadt (vgl. Kapitel 1). Die Mitgliedschaft in der Gemeinde, die Ernennung zum Vorstandsmitglied oder die Umsetzung von Vorstandsentscheidungen in der Gemeinde hatten einige Bedeutung für die Unterscheidung von Juden und Nichtjuden. Während der frühen zwanziger Jahre bemühten sich die Sobernheimer Juden mit Nachdruck, ihre eigene Gemeinde zu gründen. Die Gründung im Jahre 1926 war ein großes Ereignis, das in der jüdischen Gemeinschaft groß gefeiert wurde.

Eine andere bedeutende Organisation war weltlicher Natur, basierte jedoch auf religiöser Zugehörigkeit: der *Centralverein deutscher Staatsbürger jüdischen Glaubens*. Dieser Verein wurde im Jahre 1893 gegründet, ursprünglich um die Einheit der Juden untereinander zu fördern, weil diese durch Unterschiede in Glauben und Herkunft tief gespalten waren. Man hoffte auch, solchermaßen den Widerstand des deutschen Judentums gegen die Kräfte des Antisemitismus zu organisieren, wobei man den Weg für viele andere Organisationen bereitete, die später gegründet wurden, um den Zusammenhalt unter den jüdischen Sektoren des Landes zu sichern. Der *Centralverein* als große Interessengruppe setzte sich zum Ziel, auf die Tatsache aufmerksam zu machen, daß das „deutsche Judentum stillschweigende Duldung und Emigration ablehnte und sich stattdessen dafür entschieden hatte, für jene Rechte zu kämpfen, die es politisch und rechtlich beanspruchen konnte."[10] Bei Wahlkämpfen agitierte er gegen antisemitische Kandidaten, schaltete wann immer möglich die Gerichte ein und strebte als umfassende Organisation die Vertretung der Gesamtheit der jüdischen Bevölkerung Deutschlands an.

1933 gehörten dem Centralverein 70.000 Mitglieder an, d. h. 60 % aller jüdischen Familien. In Sobernheim gab es mindestens vier (möglicherweise auch mehr) Einwohner, die Mitglieder des Centralvereins waren. Zwei jüngere Leute traten während ihrer Schulzeit in einer größeren Stadt ein; der jüdische Lehrer und der Sohn des Arztes waren ebenfalls Mitglieder. Broschüren und andere Veröffentlichungen des Centralvereins wurden in der Gemeinde verteilt, so daß die Aktivitäten des Centralvereins einer großen Zahl von Sobernheimern bekannt waren. Da es das Hauptanliegen des Centralvereins war, das Jüdischsein zu pflegen und den Antisemitismus zu bekämpfen, war die Mitgliedschaft oder auch nur die regelmäßige Lektüre von Publikationen ein wichtiger Aspekt im jüdischen Alltagsleben, an dem Nichtjuden keinen Anteil hatten.

Während die wenigen zwischen Juden und Nichtjuden bestehenden institutionellen Differenzierungen an Beruf oder Religion geknüpft waren, gab es zur gleichen Zeit zahlreiche institutionelle Ähnlichkeiten: Beide Gruppen lebten zusammen, besuchten die gleichen Bildungseinrichtungen, beteiligten sich an den gleichen politischen Strukturen und teilten einige, wenn nicht alle, Freizeitbeschäftigungen. Ethnische Unterscheidbarkeit wurde gewährleistet durch das Muster der endogamen Heirat und das Gefühl der Juden, anders zu sein.

Ethnische Abgrenzungen bestehen gewöhnlich dann fort, wenn zwei oder mehrere Gruppen einige Werte teilen, insgesamt aber doch sehr deutlich ausgeprägte und voneinander unterscheidbare Wertsysteme pflegen. Die Juden in Deutschland glaubten nicht, daß dies der Fall war. Die deutschen Juden teilten und billigten im wesentlichen dieselben Werte, die die deutsche Gesellschaft als Ganze vertrat. Deutsch-jüdische Intellektuelle verkündeten die vollkommene Assimilation der Juden in Deutschland, und die Mehrzahl der Juden glaubte trotz der früheren Beweise von Antisemitismus, daß sie ganz und gar deutsch seien. Ihre vermeintliche Assimilation unterschied sie von den osteuropäischen Juden. Diese teilten eine gemeinsame Religion mit ihren deutschen jüdischen Glaubensgenossen, unterschieden sich jedoch in allen anderen institutionellen und Verhaltensaspekten. Sie hielten an ihren eigenen Wertvorstellungen, die kaum mit denen der breiten gesellschaftlichen Grundströmung übereinstimmten, fest. Juden in anderen europäischen Ländern lebten separiert von der breiten Gesellschaft, während die deutschen Juden mit der deutschen Gesellschaft und Kultur eng verbunden waren. Ein bedeutender jüdischer Intellektueller kam 1912 zu dem Schluß, daß die Differenzen zwischen deutschen und anderen Juden vorwiegend politischer und nationaler Natur seien. Diese Probleme könnten durch Emigration nach Palästina gelöst werden, jedoch seien die deutschen Juden sehr erfolgreich in Deutschland; sie seien Deutsche, die „mit dem Kaiser speisen könnten". Eine Anzahl von jüdischen Schriftstellern vertrat die Ansicht, daß sich „Juden und Deutsche so harmonisch verbunden hätten, um den Traum einer deutschen Nation zu erfüllen. Die Gleichstellung hat die Assimilation erleichtert; die Assimilation ihrerseits hatte in allen Deutschen den gleichen Stolz auf die deutschen Helden, die deutschen Klassiker, die deutschen Ideale und die deutsche Kunst geweckt und gefördert."[11] Die Vorstellungen von Assimilation waren den Ideen der Aufklärung entsprungen, und jüdische Idealisten betrachteten die Aufklärung als eine entscheidende

Entwicklungsperiode für die deutsche Kultur. Werte wie Toleranz, Vernunft, Weltoffenheit, aber auch Nationalismus, Verständnis und liberaler Humanismus wurden benutzt, um die deutsche Gesellschaft zu charakterisieren. Noch Mitte der dreißiger Jahre hielten jüdische Intellektuelle Hitler und seine Gefolgsleute für historisch unzeitgemäß, für eine Abirrung von einem festgefügten Wertesystem, die deshalb nicht von Dauer sein könne. Während deutsche Juden den Antisemitismus und dessen Apologeten wie H.S.Chamberlain, Stöcker und später Hitler durchaus wahrnahmen, sahen sie das Gegengewicht in großen aufgeklärten Persönlichkeiten wie Schiller und Goethe, Kant und Humboldt. Die bedeutendste jüdische Zeitung schrieb im Jahre 1919: „Wir sind Deutsche und wollen Deutsche bleiben, und hier in Deutschland, auf deutschem Boden, ungeachtet unserer jüdischen Eigentümlichkeiten unsere Gleichberechtigung erlangen. Außerdem wünschen wir eine innere Erneuerung, eine Renaissance des Judentums, nicht Assimilation."[12] Wenn „innere Erneuerung" lediglich religiöse und konfessionelle Besonderheit meint, dann bedeutete dies jedoch nichts anderes, als daß in allen lebenswichtigen Bezügen von Werten, Lebensstil und intellektuellen Traditionen Assimilation erreicht worden war.

Auch in Sobernheim war diese Bezugnahme auf Deutsches sehr wichtig, gelegentlich jedoch nicht ohne Konflikt. Hans Marum erinnerte sich: „Meine Eltern sprachen schon in den zwanziger Jahren über *Deutschvölkisches, Deutschtum* und Antisemitismus. Es war schon in unseren Köpfen, aber dort war auch noch die ungelöste Frage, warum wir verschieden waren." Wenn tatsächlich eine Assimilation der deutschen Juden stattgefunden hatte, warum waren sie dann noch Objekt des Antisemitismus?

Für die deutschen Juden war der Glaube an deutsche Werte die Grundlage für ihre Lebensweise. Mit Ausnahme der jungen städtischen Intellektuellen und der Juden osteuropäischer Abstammung betrachteten sie sich zuerst als Deutsche und erst an zweiter, herausgehobener Stelle als Juden. Dies erklärt das geringe Interesse, das deutsche Juden am Zionismus zeigten. Juden in Polen, Rußland und anderswo waren gefesselt und begeistert von der Lehre eines unabhängigen jüdischen Heimatlandes. Deutsche Juden fühlten sich zu Hause und hatten kein Verständnis für das Bedürfnis, irgendwo anders hinzugehen. Als im 20. Jahrhundert eine beachtliche Zahl osteuropäischer Juden nach Deutschland emigrierte, wurden sie von den deutschen Juden nicht akzeptiert, weil sich diese in ihrer Orientierung auf deutsche Werte den als minderwertig angesehene Kulturen der Ostjuden überlegen fühlten. Andererseits betrachteten die osteuropäischen Juden die deutschen Juden als arrogant und eigentlich nicht jüdisch genug. Die Abneigung zwischen diesen beiden Gruppen war groß und dauert bis heute an. Noch heute verweisen Juden deutscher Abstammung spöttisch auf Juden osteuropäischer Herkunft, indem sie die abfällige Bezeichnung „Polack" benutzen. In einige Familien ist die Heirat mit einem Nichtjuden einer solchen mit einem „Polack" unendlich vorzuziehen. Wegen ihrer Neigung, alles Negative „diesen Polacken" anzulasten, wurden Juden deutscher Abstammung selbst des Antisemitismus bezichtigt.

Was waren das nun für Werte, an die deutsche Juden so leidenschaftlich glaubten? Die mit der Zeit der Aufklärung verknüpften Werte wie Vernunft und Toleranz wurden bereits erwähnt. Das ganze Bündel deutscher Werte wird oft als *Deutschtum* bezeichnet. Merkls Untersuchungen der deutschen Gesellschaft in bezug auf ihren Nationalcharakter betonen auch Charakterzüge wie Militarismus, Autoritätsgläubigkeit, Heldenverehrung, Sinn für Romantik, Konservatismus, Ordnung und Hierarchie.[13] Auf eine persönliche und individuelle Ebene bezogen werden Sparsamkeit, Bescheidenheit, Ehrlichkeit, Ernsthaftigkeit und Einfachheit als deutsche Werte angesehen. Das persönliche Leben soll in ordentlicher und disziplinierter Weise geführt werden. Der Glaube an Ordnung und Disziplin wird auf die Vorstellungen gesellschaftlicher Abläufe übertragen. Der Staat soll ein Vorbild an Leistungsfähigkeit sein. Auf der politischen Ebene bewunderten die Juden dieselben Führer wie die Nichtjuden – Männer wie Bismarck, Kaiser Wilhelm und andere, deren Politik auf Disziplin, Respekt und Ordnung beruhte. Deutschtum bezog sich auch auf einen weitverbreiteten Glauben an die Überlegenheit der deutschen Kultur – daß die Höhepunkte ästhetischer und künstlerischer Vollendung in deutscher Kunst, Musik und Literatur erreicht worden wären. Einige Deutsche behaupten, daß Goethe ein größeres Genie als Shakespeare gewesen sei und daß die Werke des letzteren sich auf Deutsch besser läsen und besser klängen als in der englischen Originalfassung. Juden bewunderten im besonderen deutsch-jüdische Künstler wie Heine, Mendelssohn und einige Maler der Moderne. Diese kulturellen Wertvorstellungen schlossen auch die Vorstellung ein, daß die deutsche Sprache anderen Sprachen überlegen sei. Unter deutschen Juden galt Jiddisch als Entstellung der Schönheit der klassischen deutschen Sprache; man sprach nicht Jiddisch, betrachtete Jiddisch als minderwertige Sprache eines minderwertigen Volkes.

Die edelsten Gedanken und Gefühle und alles wesentlich Gute im Menschen wurde mit deutscher Kultur in Verbindung gebracht.

Deutschland stand für die allerbeste Gesinnung. Auf einer mehr irdischen Ebene war die Ansicht verbreitet, daß Deutschland den Juden ein gutes Leben ermögliche, was selbst angesichts eines erheblichen Maßes von Antisemitismus der Wahrheit entsprach. Die von mir Befragten bestätigten: „Das Leben war gut, freundlich und angenehm". Befragte man sie zum Antisemitismus, antworteten sie: „Ja, es gab Antisemitismus, aber er konnte das gute Leben nicht beeinträchtigen". Vielleicht war Deutschland tatsächlich ein kulturell und sozial hochstehendes Land (es führte die Sozialversicherung und die Altersversorgung ein, wie Herr Abraham mir ins Gedächtnis rief), doch führte diese deutsche Haltung der Überlegenheit mitunter zur Geringschätzung anderer westlicher Länder, insbesondere der Vereinigten Staaten. Im Vergleich zu Deutschland waren die Vereinigten Staaten in den Köpfen vieler deutscher Juden ein ungebildetes, ungesittetes Land. Ein sehr gebildeter und weltoffener Akademiker sagte seinem in Amerika geborenen Verwandten, als dieser ihm schon 1929 zur Emigration riet: „Ich würde niemals in dieses unzivilisierte, ungesittete Land emigrieren". Nach Jahren der Verfolgung und der Internierung in einem Konzentrationslager war dieser Mann nur zu glücklich, als er endlich in den Vereinigten Staaten angekommen war.

Natürlich waren diese Überzeugungen auch mit starken patriotischen Gefühlen verknüpft. Im Ersten Weltkrieg kämpften viele Juden; in Sobernheim sind die Namen der im Krieg Gefallenen auf der Gedenktafel auf dem Jüdischen Friedhof festgehalten. Dieses starke Gefühl des Patriotismus wurde von den Überlebenden sofort auf ihr neues Gastland übertragen. In Amerika lebende deutsche Juden wurden sehr schnell ungewöhnlich patriotische Amerikaner; viele meldeten sich freiwillig für den Dienst in der amerikanischen Armee. Ihre politische Gefolgschaft konzentrierte sich auf eine intensive Bewunderung für Präsident Franklin D. Roosevelt, dessen offenkundiger Mangel an Interesse für das „jüdische Problem" der Öffentlichkeit damals noch nicht aufgefallen war.

Schließlich erstreckte sich der Glaube an eine allgemeine soziale, kulturelle und politische Überlegenheit Deutschlands auch auf eine romantische Liebe zu Natur, Landschaften und insbesondere zur engeren Heimat. Viele meiner jüdischen Interview-Partner begannen ihre Rückschau auf die Vergangenheit mit Lobreden auf die Schönheit dieser Region: „Sobernheim im Nahetal war ein wirkliches Paradies." Da gab es glühende Schilderungen des Flusses, der das Tal begrenzenden Hügel und der auf dem Lande genossenen Picknicks. Trotz der langen Jahre in den Vereinigten Staaten wurden die Juden nostalgisch, wenn sie sich erinnerten: „Es war ein wunderbares Leben. Hätte es den Hitler nicht gegeben, wären wir niemals dort weggegangen", war der allgemeine Refrain. Viele der älteren Befragten sprachen von ihrer eigenen, „nicht sinnlosen" ordentlichen und disziplinierten Erziehung, so gänzlich verschieden von der Art, „wie Kinder hier erzogen werden, ohne Respekt". Die Begriffe „Respekt" und „Anstand" wiederholten sich immer wieder während unserer Unterhaltungen als Rückgriff auf die Werte, die ihre frühen Jahre beherrscht hatten.

Wegen ihres leidenschaftlichen Glaubens an die gute Gesellschaft und das gute Leben, dessen sie sich erfreuten, weigerten sich viele Juden bis 1938 oder sogar bis 1939, an die Ernsthaftigkeit der nazistischen Bedrohung zu glauben. Viele hielten an der Überzeugung fest, daß die aus den Ideen der Aufklärung im 18. Jahrhundert und dem Zeitalter der Moderne stammenden traditionellen, anständigen und erhabenen Werte Deutschlands wieder an die Oberfläche kämen und das gute Leben zurückkommen würde. Der Nazismus wurde als eine vorübergehende Abweichung von den wahren Werten angesehen, ungeachtet der Tatsache, daß er von großen Teilen der Bevölkerung gebilligt und gutgeheißen wurde. Ein älterer Mann schrieb im Jahre 1937 an seine amerikanischen Verwandten: „Was können sie uns schließlich tun; wir sind Deutsche wie alle anderen".

Während man den Ursprung einiger dieser mit „Deutschtum" in Zusammenhang gebrachten Werte in der Zeit der Aufklärung sieht, werden andere dem etwa um die Jahrhundertwende beginnenden Zeitalter der Moderne zugeschrieben. So schreibt Merkl, daß „die traditionelle Kultur der Deutschen unter den Sturmangriffen historischer Ereignisse, beginnend mit den napoleonischen Eroberungen und den populären Freiheitskriegen bis zur Volkserhebung im Jahre 1848, der nationalen Einigung durch Bismarck, und – vielleicht am meisten – durch die schnelle Industrialisierung und Verstädterung des neuen Nationalstaates zusammenzubrechen begann". Die massiven Veränderungen in der deutschen Gesellschaft als Ergebnis der Modernisierung brachten eine nachdrückliche Betonung der Werte mit sich, die die Vergangenheit romantisierten und gleichzeitig versuchten, die veränderten Bedingungen dadurch zu meistern, daß man der neuen Gesellschaftsform Ordnung, Hierarchie und Disziplin aufbürdete. Nach dieser Auffassung könnte man die Sündenbock-Funktion der Juden damit erklären, daß sie gerade in den Modernisierungs-Sektoren der Gesellschaft wie Journalismus, Justiz, Medizin, Kunst, Wissenschaft und Technologie, Wirtschaft und Handel unverhältnismäßig stark vertreten waren. Statt der ihnen bis dahin traditionell verschlossenen Gebiete wie Handwerk und Landwirtschaft hatten die Juden nun diese Berufsgruppen gewählt. Jeder einzelne dieser Berufe „gehört zu den Haupturhebern des Modernisierungsprozesses, der so starke Befürchtungen bei der unflexiblen traditionalistischen Nachhut der Gesellschaft auslöste". Angesichts der großen Zahl maßgebender Juden „unter den Vorläufern des Modernismus zogen sie voreilig den Schluß, daß die Juden diesen beängstigenden Modernisierungsprozeß verursacht hätten."[14] Modernisierung und die ihr assoziierten Werte wie Ordnung, Hierarchie und Disziplin dürften einigen Einfluß auf das Anwachsen des Antisemitismus in Deutschland nach 1870 gehabt haben; es entbehrt deshalb nicht einer geringen Ironie, festzustellen, daß die deutschen Juden an diese Werte fast ebenso glaubten wie die anderen Deutschen.

Die Geschichte hat gezeigt, daß die Sobernheimer Juden nicht vollständig an die breite städtische Gesellschaft assimiliert waren; und in der Tat ist das Ausmaß der jüdischen Assimilation in Deutschland insgesamt außerordentlich umstritten. Die Leichtigkeit, mit der die Kräfte des Nazismus in der Lage waren, die Juden zu isolieren, läßt vermuten, daß Assimilation niemals mehr als eine Einbildung in den Köpfen der meisten deutschen Juden gewesen ist. Ihre Position kann vielleicht am besten verstanden werden, wenn man sich den Grad ihrer strukturellen, kulturellen und sozialen *Integration* in die Grundströmung der deutschen Gesellschaft vor Augen führt. Zwei Aspekte der Integration führten einige Juden zu dem irrigen Glauben, daß sie genauso deutsch seien wie alle anderen: ihre Teilhabe an den institutionellen Strukturen der deutschen Gesellschaft, insbesondere ihr Zugang zu hochrangigen Berufen, wie auch ihr Glaube an die Werte des Deutschtums. Ihre soziale Randstellung hingegen zeigte sich darin, daß sie vom gesellschaftlichen Netz ausgeschlossen waren – eine der subtileren und frühen Formen des Antisemitismus. Darüber hinaus definierte sich die Mehrzahl der Juden auch selbst als Juden und impfte ihren Kindern das Gefühl des Jüdischseins ein, so daß ihre jüdische Identität sie in einer Randposition gegenüber dem Rest der Gesellschaft hielt. Indem sie nicht nur ihre religiöse Zusammengehörigkeit bewahrten, sondern auch ihre traditionellen ökonomischen Institutionen beibehielten, behaupteten sie ihre Identität als ethnische Gruppe und wurden als solche von ihren nicht-jüdischen Nachbarn wahrgenommen, zugeordnet und bezeichnet. Beide, Juden und Nichtjuden, beachteten ihre ethnischen Grenzen und stärkten so den jüdischen Status als eine erkennbare, identifizierbare ethnische

Gruppe. In kleinen Städten wie Sobernheim führte diese Dynamik zu einer Situation, die man am besten als eine der dauerhaften Anpassung ethnischer Beziehungen zwischen Juden und Nichtjuden beschreiben kann. Nur wenige konnten sich vorstellen, daß diese so gewaltsam zerstört werden konnten.

Ankunft der „Paris" in New York am 8. März 1939, vorn links die Autorin mit ihren Eltern

8. Schluß: Der Mythos der Assimilation

Das Anwachsen des Nazismus schockierte die Juden in Sobernheim und überall im Land. Sie wollten nicht glauben, daß nach so vielen Jahren des Lebens in relativem Frieden und Wohlstand ihr Lebensstil und ihre Positionen bedroht sein könnten. In Sobernheim konnte sich der Senior der Familie Marum bis 1938 nicht zum Verlassen des Landes oder zum Verkauf seines Geschäfts durchringen, obwohl er diese Entscheidung ursprünglich bereits im Jahre 1936 getroffen hatte. Ein junger Akademiker weigerte sich, im Jahre 1930 in die Vereinigten Staaten zu emigrieren, weil er glaubte, daß den Juden nichts wirklich Ernstes passieren könnte. Herr Martin konnte seine Mutter 1935 nicht zum Verlassen Deutschlands bewegen, weil sie in ihrer Heimatstadt bleiben wollte – der einzigen Gemeinde, die sie kannte und in der sie ihr ganzes bisheriges Leben angenehm verbracht hatte.

Überall in Deutschland zeigten die Juden ähnlichen Unwillen, das Land zu verlassen. In Rothchilds Buch *Voices from the Holocaust* sagt ein Überlebender: „Ich ermutigte auch meine Eltern, Deutschland zu verlassen, aber mein Vater glaubte, daß er sich nur in Deutschland ernähren könne, und daß er außerhalb des Landes kein Geld hätte." Eine andere Überlebende sagte, daß man ihrem Vater geraten habe, „sein Eigentum zu verkaufen und das Land zu verlassen. Zu dieser Zeit erschien es wie eine Katastrophe, alles aufzugeben und das Geschäft für einen lächerlich niedrigen Geldbetrag zu verkaufen." Eine andere vielsagende Erinnerung beginnt mit folgenden Sätzen:

> Ich bin von Leuten gefragt worden, warum die deutschen Juden, nachdem sie *Mein Kampf* gelesen hatten, so töricht waren, noch weiter in Deutschland zu bleiben. Warum sind sie nicht einfach alle weggegangen? Ich antwortete ihnen, daß, wenn sie einem amerikanischen Juden aus Cleveland, New York oder Chicago sagen würden, daß etwas passieren könnte, nur ganz wenige ihre Geschäfte verkaufen würden, nur sehr wenige gewillt sein würden, ihre Häuser und Freunde zu verlassen, und sei es auch nur, um nach Kalifornien zu ziehen... Sie würden nur sehr widerstrebend in ein anderes Land ziehen, wo sie ihre Berufe nicht ausüben könnten, wo sie die Sprache nicht sprechen oder ihren Lebensunterhalt verdienen könnten.

Eine Frau erinnerte sich, daß man ihren Eltern ausgeredet hatte, nach Palästina zu ziehen: „Was wollen Sie da tun?" fragten sie meinen Vater. „Sie können sich hier immer noch ernähren. Es wird nicht so bleiben. Hitler wird wieder verschwinden. Was wollen Sie in Palästina tun? In den Huleh-Sümpfen arbeiten und dort an Malaria erkranken?" In seiner Einführung zu Rothchilds Buch schreibt Elie Wiesel über seine eigene Heimatstadt: „Auch in unserer Stadt hätte man etwas unternehmen sollen. Gerüchte hatten uns erreicht; der Feind war skrupellos. Wir hätten uns verstecken können, wir taten es nicht. Wie überall wollten auch die Juden in meiner Stadt nicht glauben, daß Menschen – Deutsche, selbst Nazis – derartig abscheuliche, ungeheuerliche Verbrechen begehen könnten... Die Blindheit der Juden wurde nur von der Gleichgültigkeit der alliierten Führer gegenüber der Notlage der Juden erreicht."[1]

In Sobernheim, wie wahrscheinlich auch anderswo, waren die Zweifel unter den Älteren stärker. Die jüngeren Leute zwischen achtzehn und fünfundzwanzig Jahren begriffen etwas schneller, was den Juden zu widerfahren drohte. Weil sie jünger waren, glaubten sie, leichter irgendwo anders ein neues Leben beginnen zu können, während ihre Eltern bereits mehr als die Hälfte ihres Erwachsenenlebens in Deutschland verbracht hatten. So drängten die Eltern ihre Kinder mit Nachdruck zur Emigration „nur für den Fall", wie ein überlebender Sobernheimer formulierte, aber „wir dachten, es würde wahrscheinlich vorübergehen, und wir könnten die Scherben wieder aufsammeln". Das 'Kristallnacht'-Pogrom vom 9. November 1938 überzeugte schließlich auch die Zweifler, daß es den Nazis in der Tat ernst war mit ihrer Absicht, die Juden zu vernichten. Die Emigrationszahlen erreichten ihren höchsten Punkt in den Jahren 1938 und 1939. Einige Leute mußten zurückbleiben, weil sie nicht wußten, wohin sie gehen sollten, und wieder andere flohen auf der Suche nach Sicherheit von Land zu Land.

Die von den deutschen Juden gezeigte Ambivalenz beim Versuch, die Bedrohung des Nazismus zu meistern, ist hauptsächlich auf die Geschichte ihrer Assimilation an die breite Mehrheit der deutschen Gesellschaft zurückzuführen, wie auf den gleichzeitigen Versuch, ihre Identität als Juden zu bewahren. Das den Juden in den dreißiger Jahren drohende Schreckbild der Vernichtung ähnelt in gewisser Hinsicht bereits früher gemachten Erfahrungen. Wären sie bereit gewesen, ihr eigenes Jüdischsein aufzugeben, vorausgesetzt, dies wäre möglich gewesen, würde ihnen die 'Endlösung' vielleicht erspart geblieben sein. Einige Juden hatten natürlich versucht, sich durch Übertritt zum Christentum vollkommen zu assimilieren, die Mehrzahl der Juden befürwortete jedoch nur dann eine Assimilation, wenn damit nicht eine vollständige Auslöschung des Jüdischseins verlangt wurde. In der Tat hielten viele an ihrer jüdischen Identität fest, wie z. B. die Mitglieder der jüdischen Gemeinde Frankfurts: „Wenn du ein Jude warst, hattest du zwangsläufig starke Identitätsgefühle, weil deine ganze Welt jüdisch war; deine Freunde, deine Lehrer alle... waren... Juden."[2] Die kleine jüdische Gemeinde in Sobernheim bekannte sich eher zu einer liberalen Form des Judentums als zur orthodoxen Form, wie auch überall in Deutschland die liberalisierende Bewegung viele Anhänger hatte. In ihrem Assimilationsdrang waren sie gewillt, ihre Religion teilweise aufzugeben, aber nicht insgesamt. Rabbi Plaut erinnert sich in seiner Autobiographie: „Wir wußten, daß wir Juden waren, und wir machten nicht viel Federlesens darum. – Wie tausend andere meines Alters versuchte ich, in zwei Welten zugleich zu leben. Ich war sozusagen zu Hause ein Jude und ein Deutscher auf der Straße. Ich ging weiter regelmäßig zur Synagoge, ich las jüdische Bücher... Ansonsten verlief mein Leben wie das eines deutschen Studenten, der ein Flair für Sport und einiges Interesse an der Politik hatte. Mein mangelndes Vorstellungsvermögen wurde von der Mehrzahl meiner Altersgenossen geteilt."[3]

Selbst in den sehr weitgehend assimilierten Familien, die nur an bedeutenden, hohen Feiertagen die Synagoge besuchten und die traditionellen Ernährungsvorschriften nicht befolgten, wurden andere Formen des Judentums noch beachtet. Die für die jüngere Generation zur Entwicklung ihres ethnischen Identitätsgefühls sehr wichtigen Aspekte des Judentums wurden sehr bewußt aufrechterhalten. So erhielten die Kinder Religionsunterricht, die Knaben feierten im Alter von dreizehn Jahren die Bar Mizwah, und wichtige mit Geburt, Heirat und Tod verbundene Rituale wurden gemäß den jüdischen Gesetzen und Traditionen befolgt. Vor allem gab es immer die persönliche Identifizierung mit dem Jüdischsein. Herr Wolf, einer der am weitesten assimilierten Juden in Sobernheim, gehörte verschiedenen städtischen Gremien an und war für einige Zeit Mitglied des exklusiven Literarischen Klubs. Er wurde von seinen vielen nicht-jüdischen Freunden und Kollegen geachtet und bewundert, und gelegentlich fragten sie ihn: „Warum müssen Sie Jude sein?", worauf er antwortete: „Sehen Sie, wenn Sie als Jude geboren wären, würden Sie auch jüdisch sein." Hans Marum bemerkte: „Da war immer ein Gefühl, anders zu sein." Er hatte auch nachgedacht über den Konflikt, der mit dem Versuch zusammenhing, zur gleichen Zeit deutsch und jüdisch zu sein: „Ich glaube nicht, daß dieses Problem jemals auf beiden Seiten erkannt worden war. Wir (die Juden) glaubten, immer auf der Hut sein zu müssen, um jederzeit beweisen zu können, daß wir auch gute Deutsche seien. Manchmal klappte das nicht, und als ich als kleiner Junge nur deshalb verprügelt wurde, weil ich Jude war, war die Reaktion: 'Ah, diese Deutschen sind brutale Kerle!'"

Die Juden in Deutschland hatten immer mit dem Dualismus, gleichzeitig jüdisch und deutsch zu sein, fertig zu werden. Für nicht-jüdische Deutsche existierte dieser Dualismus nicht, da sie einfach Deutsche waren. Die Kategorie „Christlich-Deutsch" als eine Art der ethnischen Identifizierung existierte nicht. Herr Martin bemerkte: „Wir waren immer deutsche Juden; sie waren eben Deutsche oder manchmal Christen (*goyim*), aber niemals beides zusammen." Dieser Unterschied wird auch augenfällig durch die bereits erwähnte Bezeichnung jüdischer Häuser und Geschäfte wie z. B. „der Jude Feibelmann", „das jüdische Haus in der Nähe des Bahnhofs", „das jüdische Geschäft". Es war niemals nötig, christlich-deutsches Eigentum anders als mit dem Familiennamen zu bezeichnen.

Die Dualität der jüdischen Identität bezieht sich auf ihre – trotz ihrer Anerkennung – marginale Position innerhalb der deutschen Gesellschaft. Sie waren gefangen zwischen der erwünschten vollkommenen Assimilation als Deutsche und der Notwendigkeit, ihre jüdische Ethnizität zu bewahren. Dieser Konflikt war charakteristisch für jüdische Gemeinden, vermutlich während ihrer ganzen Geschichte in Deutschland, mit Sicherheit jedoch ab Mitte des 19. Jahrhunderts.[4]

Wie schon früher berichtet, ging Frau Marum, die Frau des reichsten Fabrikbesitzers in Sobernheim, mit ihrer Familie zur Synagoge, schickte ihre Kinder zum Religionsunterricht und identifizierte sich als Jüdin. Sie wünschte jedoch auch die Mitgliedschaft in der exklusiven Casinogesellschaft; ihr Mann versuchte anscheinend Mitglied zu werden, doch ohne Erfolg. Trotz ihres Reichtums und ihres kultivierten Lebensstils wurde ihr aufgrund ihres Jüdischseins die Aufnahme in diesen elitären Kreis versagt. Eine andere Überlebende machte in ihrer Jugend dieselbe Erfahrung: „Wir waren eine sehr assimilierte jüdische Familie, während meine Großeltern noch die Riten des reformierten Glaubens einhielten. Ich habe noch immer sehr angenehme Erinnerungen an die Passahfeiern im Hause meines Großvaters, mein Vater jedoch nahm solche Bräuche nicht ernst. Ich hatte den üblichen Religionsunterricht... aber ohne großes Interesse. Ein Bewußtsein für mein Jüdischsein erwachte erst, als mir der Tennis-Club verschlossen blieb. Ich trat dann in einen jüdischen Verein ein, weil ich sonst nicht hätte Tennis spielen können."[5]

So hatten die Juden zusätzlich zu den durch ihre doppelten Bindungen geschaffenen Konflikten auch mit dem Antisemitismus fertig zu werden. Wie schon berichtet, war der Antisemitismus nicht virulent genug, den jüdischen Lebensstil in Deutschland und insbesondere in Sobernheim zu beeinträchtigen. Herr Martin sagte mir freimütig: „Sicher, wir hatten es gut in Deutschland, und alles, was wir wünschten, war, daß es so bleiben möge. Ja, es gab einigen Antisemitismus hier, aber wir konnten alle noch gut leben, wenn nur Hitler nicht gekommen wäre." Ein Überlebender aus Berlin äußerte sich ähnlich: „Es gab einen gewissen Grad von Antisemitismus; es gab gewisse Beschränkungen in Universitäten und bestimmten Berufen. Auch konnten Juden nicht in die Armee eintreten oder eine Staatsstellung erhalten. Doch ganz allgemein gesprochen, wenn sie sich mehr oder weniger um ihre eigenen Angelegenheiten kümmerten, konnten sie gut durchkommen und ein sorgenfreies, angenehmes Leben führen."[6] Shorsch betont in seiner gründlichen Untersuchung jüdischer Reaktionen auf den Antisemitismus die problematische Rolle des Centralvereins in der Mobilisierung der deutschen Judenschaft für den Kampf gegen den Antisemitismus. Er weist darauf hin, daß „der Centralverein eine Wasserscheide in der Geschichte des emanzipierten Judentums darstellt. Seine Gründung institutionalisierte die doppelten Ziele des deutschen Judentums. Unter enormem Druck bekundeten die deutschen Juden, daß sie immer noch die volle Integration in die deutsche Gesellschaft bei gleichzeitiger Bewahrung ihres eigenen jüdischen Erbes verlangten." Für einige schaffte der Centralverein eine Art Ersatz-Judentum. Ismar Freund schreibt in seinen Memoiren, daß „der Kampf gegen den Antisemitismus für einen großen Teil der assimilierten Juden eine der stärksten Komponenten des jüdischen Bewußtseins war. Viele hatten sich selbst in sehr hohem Maße von den Fesseln der jüdischen Gesetze befreit. Die nationale Idee des Judentums wurde abgelehnt. Der Wille zum Judentum, das jüdische Empfinden existierte jedoch und forderte seinen Ausdruck. Es verlangte Befriedigung. Beides fand man in dem vom Centralverein geführten politischen Kampf."[7]

Eine kleine Stadt wie Sobernheim war etwas entfernt von dem großen Strom jüdischen Denkens. Bewegungen wie der Centralverein befanden sich in den städtischen Zentren des Landes – in Berlin, Frankfurt, Köln –, wo die Mehrzahl der Juden, vor allem die intellektuellen Führer, lebten. Doch auch in Sobernheim waren die *C. V.-Zeitung* und auch andere jüdische Publikationen zumindest einer Handvoll gebildeter Juden bekannt. Der Lehrer Joshua Abraham las die Zeitung regelmäßig und erörterte ihren Inhalt mit seinen Freunden. Hetta, ein junges Mädchen, das in Frankfurt zur Schule ging, besuchte die Zusammenkünfte des Centralvereins; es gab auch andere Mitglieder der Gemeinde, die die Aktivitäten dieser Gruppe kannten und sie unterstützten. Während eines Besuches in Köln traf Hetta auf eine vom Centralverein geförderte zionistische Jugendgruppe, und diese Begegnung führte dazu, daß sie bereits Anfang 1930 nach Palästina emigrierte – sie war eine der wenigen Juden in Sobernheim, die Zionistin wurde. Auch wenn die Juden in Sobernheim vielleicht nicht so direkt von den Komplexitäten ihrer ethnischen Zugehörigkeit beeinträchtigt waren wie Juden in den städtischen Zentren des Landes, hatten auch sie mit dem Wunsch nach Assimilation und ihrem Bedürfnis nach Bewahrung ihres Jüdischseins fertig zu werden und mußten sich mit dem Gespenst des Antisemitismus auseinandersetzen.

Assimilation hatte für die Juden in Deutschland mehrere verschiedene Bedeutungen. Zuallererst bedeutete das Begehren der Juden nach Assimilation, daß sie tatsächlich vollständigen Zugang zu den Institutionen der deutschen Gesellschaft wünschten. Sie wünschten und erreichten bis zu einem gewissen Maße auch einen Grad der strukturellen Integration in die Grundströmung der Gesellschaft. In städtischen Bereichen bedeutete dies ihre Teilhabe an allen Beschäftigungsgruppen. In ländlichen Gebieten wie Sobernheim waren sie stark beteiligt an der örtlichen Wirtschaft, am Einzel- und am Viehhandel. Alle Befragten gaben an, daß sich die strukturelle Integration im Sinne der Teilhabe am Wirtschaftsleben der deutschen Gesellschaft bis zu einem sehr beachtlichen Punkt entwickelt hatte. Die Mehrzahl der städtischen und ländlichen Juden gehörte hinsichtlich ihres sozioökonomischen Status zum Mittelstand. So gehörten z. B. in Sobernheim nur drei von vierunddreißig Familien der unteren Klasse an; sie wurden als „arme Juden" bezeichnet.

Zum zweiten wünschten sie kulturelle Integration; diese hatten sie in städtischen wie ländlichen Gebieten auch erreicht. Juden beteiligten sich am kulturellen Leben der Gesellschaft – genau genommen waren sie im künstlerischen und kulturellen Bereich überrepräsentiert. Kulturelle Integration kann auch im Sinne des Wertesystems, nach welchem Menschen leben, untersucht werden. Hier billigten die Juden grundsätzlich dieselben Werte, welche die gesamte Gesellschaft charakterisierten. Diese als *Deutschtum* bezeichneten Werte umfaßten Stolz auf alles Deutsche, Patriotismus, die Betonung von Ordnung und Disziplin, Liebe zum Land und zur Natur und viele andere Grundwerte (siehe Kapitel 7). Juden und Nichtjuden waren hinsichtlich ihrer persönlichen

Wertvorstellungen kaum voneinander zu unterscheiden. (Eine bedeutende Ausnahme waren allerdings die Juden osteuropäischer Abstammung, die bis zu einem gewissen Umfang die alten traditionellen Werte, die sich in Osteuropa entfaltet hatten, bewahrten.) Geht man von einem solchen Grad der institutionellen und kulturellen Integration aus, so ist es kein Wunder, daß die deutschen Juden ein „gutes Leben" führten, das viele nur ungern aufgaben. Dennoch wünschten sie, ihre ethnische Zugehörigkeit zu bewahren – ein Wunsch, der den immer latenten Unterstrom des Antisemitismus in der deutschen und anderen europäischen Gesellschaften seit dem Mittelalter verstärkte. Für das deutsche Judentum bedeutete die Anerkennung des „guten Lebens" gleichzeitig den Zwang, mit dem Antisemitismus zurechtzukommen. Dies erklärt die Gründung solcher Organisationen wie z. B. des Centralvereins und anderer, die versuchten, die besonderen Umstände, unter denen die Juden in Deutschland lebten, zu regeln. Im täglichen Leben bedeutete der Antisemitismus für viele Juden einfach eine akzeptierte Lebenstatsache, da er oft auch nicht bösartig genug war, ihre Zufriedenheit mit dem guten Leben zu erschüttern. In Sobernheim beschränkten sich die antisemitischen Vorfälle auf gelegentliches Rufen von Schimpfnamen unter Kindern, gelegentliche Prügeleien und eine gewisse Ausschließung jüdischer Studenten. Es gab auch gesellschaftliche und sportliche Einrichtungen, die ihnen verschlossen waren, und außerdem eine latente Unterströmung von Antisemitismus, die in der allgemein üblichen Praxis der Etikettierung und Identifizierung der Juden als Juden ihren Ausdruck fand. Obwohl das Wort „Assimilation" gewöhnlich in bezug auf die Stellung der deutschen Juden gebraucht wird, kommt ein Begriff wie „Integration" ihrer Situation näher. Solange Juden sich dem Antisemitismus gegenüber sahen, waren sie nicht vollkommen an die deutsche Gesellschaft assimiliert. Jedoch befähigte ihr hohes Maß an struktureller und kultureller Integration in die deutsche Gesellschaft vor Beginn der NS-Zeit die Juden, mit dem Antisemitismus durch Anpassung fertig zu werden. Allgemein gesehen gründeten deutsche Juden Organisationen, welche ihnen im Kampf gegen den Antisemitismus helfen sollten; im täglichen Leben jedoch, besonders in kleinen Städten wie Sobernheim, konzentrierten sie ihre Prioritäten darauf, ein möglichst vollständig normales Leben zu führen. Da sie dieses Zugeständnis gemacht hatten, konnten sie die von Hitler und dem Nazismus ausgehende Drohung nicht sofort akzeptieren. Immerhin hatten sie bis dahin das Dilemma ihrer Position innerhalb der deutschen Gesellschaft ziemlich erfolgreich gemeistert.

Bis in die Mitte der dreißiger Jahre und noch danach versuchten die Juden immer noch, sich nicht nur auf den Antisemitismus einzustellen, sondern auch, dem Nazismus offen entgegenzutreten. Diejenigen, die im Lande blieben, glaubten immer noch, daß die Unterdrückung schließlich doch enden würde; wie es z. B. Herr Marum ausdrückte: „Wir könnten es durchstehen". Ein Überlebender aus Mannheim erinnerte sich: „Wo immer wir hingingen, sahen wir Schilder '*Juden verboten*' – in den Geschäften und den Kinos, den ganzen Rhein entlang, in allen Parks, an allen Bänken. Diese Schilder störten mich; ich lernte jedoch, damit zu leben. Schließlich kann man um ein Schild herumgehen."[8] Auch in Sobernheim gewöhnten sich die Juden an Schilder und Verbote; so oft wie möglich verließen sie die Stadt. Die Juden in Deutschland blickten auf eine lange Geschichte der Anpassung an ihre Randposition zurück; die Herausforderung des Nazismus war ein weiteres Exempel für ihren Willen zur Anpassung. Von Hannah Arendt stammt die Einschätzung, die Juden hätten in einem „Narrenparadies" gelebt, und erst das 'Kristallnacht'-Pogrom habe sie von der Gefahr überzeugt, in der sie lebten. Sogar die infamen, 1935 erlassenen Nürnberger Rassengesetze wurden lediglich als Legalisierung einer bereits bestehenden Situation angesehen. Diese Gesetze hätten nur dazu gedient, die sich entwickelnde Position der Juden in Deutschland zu festigen. Schon 1933 waren sie von der breiten Strömung der deutschen Gesellschaft isoliert gewesen, und diese Gesetze besiegelten ihre Isolation: „Jetzt glaubten die Juden, daß sie ihre eigenen Gesetze erhalten hätten, und daß sie nun nicht länger geächtet seien. Wenn sie unter sich blieben, wozu man sie ohnehin gezwungen hatte, würden sie unbelästigt leben können. Nach den Worten der *Reichsvertretung* war es die Absicht der Nürnberger Gesetze, eine 'Ebene zu schaffen, auf welcher eine tragbare Beziehung zwischen Deutschen und Juden möglich würde'."[9]

Immer noch glaubten die Juden, daß ein modus vivendi mit den Nazis erreicht werden könnte. Und da sie einen Weg gefunden hatten, sich auf den Antisemitismus einzustellen, versuchten sie, dieselben Anpassungsmechanismen gegenüber dem Nazismus anzuwenden, nicht zuletzt, weil die Mehrzahl der Juden und auch viele Nichtjuden glaubten, daß der Nationalsozialismus in Deutschland nicht von Dauer sein würde. In Sobernheim fand diese Überzeugung Ausdruck in dem Verhalten des Herrn Marum, der sich nicht zum Verkauf seines Geschäftes und zur Emigration entschließen konnte, zu einer Zeit, als er noch erfolgreiche Geschäftsbeziehungen mit nicht-jüdischen Kunden im Lande pflegte und der Export von Wirkwaren an Kunden im Ausland florierte.

Die Summe der Anpassungserfahrungen wurde von Hans Marum treffend zusammengefaßt: Nachdem er die Vorfälle geschildert hatte, die seine Jugend in Sobernheim beeinträchtigt hatten, resümiert er: „Es gab keine physische Gewalt gegen Juden in Sobernheim; es gab auch keine Verfolgungen. Man lebte freundlich nebeneinander her. Wir wurden in Ruhe gelassen. Als Kind bekam ich gelegentlich den Beinamen 'Jud' zu hören; auch wurden wir deshalb angegriffen – vielleicht ein- oder zweimal im Jahr. Abgesehen davon lebte ich recht gut mit meinesgleichen. Wir alle lebten gut."

Das Anpassungsmuster des deutschen Judentums sollte nicht als Folge von Feigheit, Angst oder wirtschaftlichem Selbstinteresse verstanden werden, sondern ist im Kontext der Werte zu sehen, an die die Juden glaubten und die ihr Verhalten leiteten. Diese von Juden und Nichtjuden geteilten und mit dem Deutschtum verbundenen Werte betonen in erster Linie die Größe Deutschlands und alles dessen, was deutsch war. Daneben betonten die Juden, um ihren ethnischen Status zu definieren, vor allem jene Werte, die mit Kultur, Erziehung und Staatsbürgerschaft verbunden waren, was G. Mosse als *Bildung* zusammenfaßt.[10] Diese Werte führten zu einer sehr weitgehenden Integration in die deutsche Gesellschaft; sie beeinflußten aber auch jüdische Reaktionen auf die Verfolgung. Anpassung ist eine nicht konfrontierende, passive und eher „kultivierte" Reaktion auf Verfolgung. Man stellte keine Streikposten auf oder demonstrierte gegen den Ausschluß aus dem Tennis-Club; stattdessen spielte man einfach in einem anderen Verein und erfreute sich auch weiterhin am Spiel. In Sobernheim wurden Juden schon vor Hitler gelegentlich mit antisemitischen Äußerungen konfrontiert, aber nur wenige stellten sich ihm tatsächlich entgegen. Herr Marum versuchte, aufgrund seines wirtschaftlichen Einflusses seiner Frau die Aufnahme in den Frauenkreis zu verschaffen; als seine Versuche jedoch erfolglos blieben, arbeitete Frau Marum trotzdem mit der Gruppe zusammen, wenn diese Geld für Wohltätigkeitszwecke sammeln wollte und ihr Einfluß von Nutzen war. Man kann also sagen, daß die Marums schließlich ihre marginale Stellung innerhalb des nicht allen zugänglichen Zirkels der Sobernheimer Gesellschaft akzeptierten. Junge Schulkinder stellten sich manchmal dem Antisemitismus, indem sie sich mit ihren Peinigern prügelten, aber auch diese Vorfälle ereigneten sich nur sporadisch. Als dann später Nazismus in der Schule gelehrt wurde, wurde es für die jüdischen Kinder unangenehm; ihre einzige Reaktion des Verweigerns war jedoch, nicht mit „Heil Hitler" zu grüßen. In der von Dickinson beschriebenen kleinen Gemeinde Hochberg wurde Sigmund Stein zwischen Ende 1930 und Anfang 1940 Vertreter der verbliebenen jüdischen Gemeinde; diese Funktion verlangte eindeutig die Anpassung der Juden an den Nazismus und die Zusammenarbeit mit der Nazibürokratie. Währenddessen mußten seine jüdischen Glaubensbrüder Straßenarbeiten verrichten, um wenigstens vorübergehend ihr Überleben zu sichern.[11]

Man könnte einwenden, daß sich die Juden während der dreißiger Jahre anpaßten, weil sie praktisch keine Alternative hatten. Für jene, die entweder aus eigenem Entschluß oder aus Notwendigkeit blieben, bedeuteten Akzeptanz und Anpassung zumindest für die Gegenwart nichts weniger als Überleben. Auf der anderen Seite bedeutete Anpassung an den Nazismus eine gewohnte Antwort auf frühere Muster der Bewältigung des Antisemitismus. Diese Antwort wurde von den deutschen Juden als angemessen erachtet; auch paßte sie in das Modell ihres Wertesystems, während Konfliktaustragung und Widerstand nicht mit den Werten, die Zivilisiertheit, Kultur und verantwortliche Staatsbürgerschaft lehren, vereinbar gewesen wären.

So wie die Juden ein akzeptables Niveau der Anpassung an das Leben in der deutschen Gesellschaft erreicht hatten, hatten sich auch viele Deutsche auf das Leben mit Juden eingestellt. Mit Ausnahme derer, die schon immer ausnehmend antisemitisch gewesen waren, lebte die Mehrheit der deutschen Gesellschaft in relativer Stabilität mit den Juden. In Sobernheim wurden diese Tatsachen oft von älteren Nichtjuden im Sinne von Ähnlichkeiten zwischen Juden und Nichtjuden bestätigt: „Sie waren genau wie wir", oder: „Sie haben immer hier gelebt". Es waren Gefühle, geäußert von Leuten, die sich fragten, warum die Juden während des Nationalsozialismus verfolgt wurden. Einige sagten mir, daß sie immer noch keinen Grund dafür wüßten, obwohl so viele Jahre seither vergangen waren. Sie hatten mit Verwirrung und Bestürzung auf die zunehmende Verfolgung der Juden reagiert; eine Mutter hatte es ihrem Kind mit den Worten zu erklären versucht: „Ich weiß nicht, warum, die Wolfs sind Juden, und wir sollen nicht mehr zu ihnen gehen." Die von den Nichtjuden geübte Anpassung hing teilweise mit dem höheren wirtschaftlichen Status vieler Juden in ihrer Eigenschaft als Arbeitgeber zusammen. Wie schon in früheren Kapiteln ausgeführt, waren die Marums die wichtigsten Arbeitgeber in der Region, und eine große Zahl nicht-jüdischer Familien war, was den Lebensunterhalt anging, von ihnen abhängig. Auch das Kaufhaus Wolf beschäftigte eine beachtliche Zahl von Nichtjuden. Deshalb sahen viele Nichtjuden in den Juden den Garanten des wirtschaftlichen Überlebens.

Bei einigen Nichtjuden äußerte sich eine leicht gönnerhafte Einstellung gegenüber den Juden. So sagte zum Beispiel eine alte Frau: „Unsere Juden waren gute Leute, und wir sind immer gut mit ihnen ausgekommen." Hier kann man vermuten, daß das Wort „unser" sich auf diejenigen bezieht, die in Sobernheim lebten und dort gut bekannt waren, ungeachtet dessen, wie irgendwo anders lebende Juden gewesen sein mochten. Doch reflektieren diese Äußerungen vor allem die ruhige und beständige Anpassung der Nichtjuden an die in ihrer Mitte lebenden Juden.

Viele Nichtjuden nahmen die Judenverfolgungen unter dem Nazismus nicht einfach hin, taten aber aus eigenen Gründen, hauptsächlich aus Machtlosigkeit, wenig, um diese zu beenden oder die Politik des Regimes zu beeinflußen. Sie lebten teilnahmslos weiter, während andere im Rahmen ihrer Möglichkeiten versuchten, den verfolgten Juden zu helfen. Eli Wiesel schreibt, daß es sogar noch zwischen 1942 und 1944 Nichtjuden gegeben habe, die versuchten, den Juden zu helfen: „Sogar in Deutschland gab es hier und da einen Mann oder eine Frau, die entschlossen waren, menschliche Solidarität mit den jüdischen Opfern zu zeigen. Unglücklicherweise waren dies die Ausnahmen."[12] Auch in Sobernheim gehörten die Hilfreichen zu den Ausnahmen; aber bis 1942, als die letzten verbliebenen Juden deportiert wurden, brachten nichtjüdische Nachbarn ihnen noch Lebensmittel und andere notwendige Gebrauchsgüter.

Die Beziehungen zwischen Juden und Nichtjuden in Sobernheim (und wahrscheinlich auch im übrigen Deutschland) vor Hitler wurden in Kapitel 7 beschrieben; sie sind charakterisiert durch eine stabile Anpassung an die gegenseitige Präsenz ohne einen bedeutenden Grad an offen ausgetragenen und physischen Konflikten. Folgt man Barth, so ist es – zusammengefaßt – bemerkenswert, daß die Beziehungen zwischen den beiden Gruppen – ihre interethnischen Kontakte – höchst strukturiert waren. Es gab eine ganze Reihe von Vorschriften und Regeln, die Kontaktsituationen definierten und das Zusammentreffen in einigen Aktivitätsbereichen ermöglichten. So konnten z. B. Nichtjuden für jüdische Arbeitgeber arbeiten, was sie auch taten. Gelegentlich arbeiteten auch Juden für nicht-jüdische Arbeitgeber; dies war häufiger der Fall, wenn Juden Sobernheim verließen und in städtische Ballungszentren umzogen. Kontaktvorschriften galten auch für den Bildungsbereich, wo beide Gruppen dieselben Schulen besuchten und Freundschaften erlaubt, ja sogar gefördert wurden. Auch waren Freundschaften zwischen jungen Erwachsenen erlaubt. In ähnlicher Weise gab es herzliche und warme Beziehungen zwischen Nachbarn. Nichtjuden kauften üblicherweise in den Läden jüdischer Geschäftsinhaber ein, und die Beziehung zwischen Kunde und Besitzer war immer eng und dauerte oft ein ganzes Leben an. Die gegenseitige Anwesenheit bei Feiern wie Geburten und Heiraten, und sogar bei Beerdigungen, war unter guten Bekannten selbstverständlich und alltäglich. In all diesen interethnischen Kontakten ermöglichten die beiderseitig akzeptierten Regeln einen ziemlich ähnlichen Grad der Artikulation. Zur gleichen Zeit gab es jedoch eine Reihe von Verboten, welche interethnische Kontakte zwischen den beiden Gruppen verhinderten. Das bedeutendste dieser Verbote in Sobernheim (wenn auch nicht in städtischen Zentren des Landes) war die Ablehnung von Mischehen. Außerdem waren selbst prominente Juden vom elitären gesellschaftlichen Leben der nichtjüdischen Prominenz ausgeschlossen. Ein stillschweigendes Übereinkommen regelte auch die Art und Weise, in welcher beide Gruppen ihren eigenen traditionellen Religionen folgten, obwohl die Kinder gelegentlich an den religiösen Feiern der anderen Kinder teilnahmen. Eine durchaus differenzierte Vorstellung davon, daß Jüdischsein etwas anderes war, wurde von beiden Gruppen anerkannt und akzeptiert, doch war keine der beiden Gruppen in der Lage, dieses Anderssein zu überbrücken.

Vor dem Krieg hatten deutsche Juden und Nichtjuden ein System entwickelt, das ihre interethnischen Beziehungen regelte. Dies hatte zum Ergebnis, daß beide ethnischen Gruppen ihre Verschiedenheiten bewahren konnten, während sie in derselben Gemeinde lebten und arbeiteten. So waren die Juden in der Lage, ihre jüdische ethnische Identität aufrechtzuerhalten und sich gleichzeitig intensiv in vielen Bereichen der gesellschaftlichen Grundströmung zu integrieren. Dabei half ihnen ihre bereitwillige Anerkennung deutscher Werte. Während ihnen diese Teilhabe an deutschen Werten auf der einen Seite bei ihren Integrationsbemühungen half, intensivierte sie ihr Dilemma, gleichzeitig deutsch und jüdisch sein zu wollen. Dieses Dilemma spitzte sich zu, als die Juden in den dreißiger Jahren nicht glauben konnten, daß ihre Existenz in Deutschland bedroht war. Die gegenseitige Anpassung von Juden und Nichtjuden würde ohne Zweifel noch viele Jahre fortbestanden haben, hätte das von fanatischen Antisemiten geschürte Ansteigen des Nazismus nicht plötzlich ihre Leben erschüttert und zerstört.

Obwohl sich die Bevölkerung von Sobernheim seit 1930 verdoppelt hat (heute gibt es hier ein ausgedehntes Wachstum über die Stadtgrenzen hinaus), ist es immer noch ein kleiner ruhiger Ort, in dem die einzige

Polizeistation am Freitagmittag schließt, um erst am Montagmorgen wieder geöffnet zu werden. In der Altstadt münden enge gepflasterte Straßen in die Hauptstraße mit ihren soliden alten Häusern, von denen viele einst von begüterten jüdischen Familien bewohnt gewesen waren. Auch gibt es da noch die alten Leute, die die „schrecklichen Zeiten" erlebt haben, deren Erinnerungen und Gedanken durch eine zu Besuch weilende Wissenschaftlerin, die zufällig die Enkelin einer früheren jüdischen Familie der Stadt ist, aufgeweckt wurden. Für sie, die jetzt im Rentenalter sind, verläuft das Leben in Sobernheim beinahe ungestört. Die überlebenden Juden in den Vereinigten Staaten nähern sich nun dem Ende ihres Lebens. Ihre Erinnerungen und Gedanken, die ebenfalls von derselben Forscherin wieder geweckt wurden, sind eine ambivalente Mischung von Nostalgie und Bitterkeit. Die Namen der nicht überlebenden Juden sind auf der Gedenktafel auf dem Sobernheimer Friedhof eingraviert; man erinnert sich ihrer als Märtyrer einer schrecklichen Zeit. Einige aus der jüngeren Generation, die Deutschland schon als Kinder verließen, erinnern sich gelegentlich ihrer Vergangenheit und ihrer Wurzeln, und eine von ihnen sah sich schließlich veranlaßt, diese Vergangenheit zu erforschen und darüber zu schreiben.

ANHANG

Hinweise zum Forschungsprojekt

Während meines ersten Besuches in Deutschland und Sobernheim im Jahre 1975 wuchs in mir der Gedanke an ein Forschungsprojekt. Viele Jahre hindurch hatte ich einen Besuch in Deutschland abgelehnt; die Abneigung gegen alles Deutsche hatte mich durch mein ganzes Leben als Erwachsene begleitet. Mit den Jahren begann die Neugier meine Ablehnung zu verdrängen, und schließlich war ich an einem Punkt angelangt, wo ich einen Besuch nicht nur wollte, sondern mich geradezu gezwungen fühlte, nach Deutschland zu fahren. Dieses Gefühl ähnelte dem von Alex Haley, der seinen Roman *Roots* (Wurzeln) schrieb, 'daß man wissen muß, woher man kommt'.[1] Meinen ersten Besuch in Sobernheim habe ich bereits in der Einführung geschildert. Es war nach dem Besuch bei Frau Kramer, daß die Idee in mir Gestalt annahm, aus dieser Pilgerfahrt 'zu den Wurzeln' ein Forschungsprojekt werden zu lassen. Ermutigt wurde ich von Kollegen, mit denen ich meine Idee besprach und auch durch das Ergebnis meines ersten Streifzugs durch anthropologische und soziologische Literatur über Deutschland, bei dem ich entdeckte, daß es eine anschaulich geschriebene Darstellung der örtlichen ethnischen Beziehungen zwischen Juden und Nichtjuden bisher nicht gab. Die einzige Warnung meiner Kollegen bezog sich darauf, daß die Deutschen über diese Periode ihrer Geschichte nicht mit mir sprechen oder aber, sollten sie dazu bereit sein, mir nicht die ganze Wahrheit über ihre Erfahrungen mitteilen würden. Nach der herzlichen Begrüßung durch Frau Kramer und ihre Nachbarn war ich jedoch hoffnungsvoll, daß sie nur zu bereit waren, mit mir zu sprechen. Ich vermute, daß Menschen, die sich dem Ende ihres Lebens nähern, eher gewillt sind, über ihre jungen Jahre zu sprechen. Außerdem war ich vielleicht eine Fremde, aber doch auch kein total unbekanntes Wesen für sie. Mehrere der von mir befragten Sobernheimer gaben zu, daß sie bisher niemals über „jene schrecklichen Zeiten"* gesprochen hatten; einige waren auch erleichtert, daß sie nun darüber sprechen konnten, vor allem, weil ich eine wohlmeinende Außenseiterin war, die aus ihrer eigenen Gemeinde stammte.

---

* Der euphemistische Ausdruck „jene Zeiten" oder „jene schrecklichen Zeiten" wurde oft von den Deutschen gebraucht, um die Zeit des Nationalsozialismus zu bezeichnen.

Rothchild schreibt in ihrer Darstellung der mit Überlebenden geführten Interviews, daß „einige Überlebende auf die Fragen reagierten, als hätten sie all die Jahre im Geheimen die Antworten auf diese Fragen geübt, die gefragt zu werden sie sich wünschten."[2] Ich hatte diesen Eindruck bei den von mir befragten jüdischen Überlebenden nicht, wohl aber bei den Nichtjuden, mit denen ich sprach. Dieser Eindruck zeigte sich in der Art, wie manche übereifrig über dieses Thema sprachen – als hätten sie Jahre darauf gewartet, über diese Zeit befragt zu werden. Während der unmittelbaren Nachkriegszeit waren sie vom Kampf um ihre eigene Existenz in Anspruch genommen. Später, als Deutschland mit seinem massiven wirtschaftlichen und politischen Wiederaufbau begann, hielt man es für unangebracht, sich bei der Vergangenheit aufzuhalten. Es war natürlich, daß Scham und Schuld für viele Deutsche – insbesondere solche, die wie in Sobernheim in enger Nachbarschaft mit Juden gelebt hatten – Gefühle waren, die sie begraben und vergessen sehen wollten. Es war leichter, den Schrecken zu verdrängen, als bewußt mit ihm umzugehen. Ich stellte fest, daß diejenigen, die sich die meiste Mühe gaben ihre Erinnerungen zu verdrängen, im Grunde wenig oder nur für kurze Zeit Erfolg damit hatten. Der Eifer, mit dem sie jetzt Gespräche begannen, um ihre Seite der Geschichte darzustellen, widersprach ihren früheren Verdrängungsbemühungen.

Durch die so lange zurückliegenden Ereignisse traten selbstverständlich Mißverständnisse in unseren Gesprächen auf. Aus demselben Grund war ein gewisser Grad von Verzerrung in ihren Schilderungen vielleicht unvermeidbar. So versuchten sie z. B., sich selbst im bestmöglichen Licht erscheinen zu lassen; diejenigen, die Juden geholfen hatten, verweilten bei diesem Aspekt ihrer Erinnerungen. Andere, die den Juden nicht geholfen hatten, betonten immer wieder, daß sie unter den gegebenen Umständen nichts hätten tun können. Wie in Kapitel 6 geschildert, hoben viele Deutsche ihre eigenen Schwierigkeiten während, jedoch insbesondere nach dem Krieg hervor, indem sie durchblicken ließen, daß ihre eigenen Leiden genauso groß und schmerzhaft wie die der Juden gewesen seien. Trotz dieser Verdrehungen und Mißverständnisse war mein Gesamteindruck jedoch, daß die Erinnerungen im ganzen doch wahrheitsgemäß waren.

Als ich im Herbst 1980 nach Sobernheim zurückkehrte, galt mein erster Besuch Frau Kramer, die mich sofort herzlich begrüßte und gleich damit begann, wieder über „jene Zeiten" zu sprechen. Seit meinem ersten Besuch waren mir die Namen verschiedener anderer Einwohner genannt worden, die mit jüdischen Familien näher bekannt gewesen seien. Ich begann, einen nach dem anderen zu besuchen. In einigen Fällen rief ich vorher an, bei den meisten erschien ich jedoch einfach an der Tür und stellte mich vor. Ältere Menschen arbeiten zumeist nicht mehr, und ich nahm deshalb an, daß ich sie zu Hause antreffen würde. Von allen wurde ich herzlich empfangen; sie erinnerten sich sofort an meine Familie, und die Gespräche nahmen ihren Lauf. Nicht eine der Personen, mit denen ich in Sobernheim Kontakt aufnahm, verweigerte mir ein Interview. Sie nannten mir die Namen von anderen älteren Einwohnern, und so wuchs meine Materialsammlung. Interessanterweise wuchs sie auch noch dadurch, daß die Nachricht meines Besuchs in dieser kleinen Gemeinde von Mund zu Mund ging; und nun kamen Leute zu mir, um mich zu treffen und mit mir zu sprechen.

Während der ersten Woche meines Besuches in Sobernheim hatte ich immer wieder Schwierigkeiten, mich zurechtzufinden. Einmal ging ich auf eine alte Dame zu und fragte sie nach der Richtung. Nachdem sie mir Auskunft gegeben hatte, fragte sie, warum ich „unser kleines Sobernheim" besuche. Nachdem ich mich vorgestellt und den Zweck meines Besuches erklärt hatte, schien sie erschüttert und rief: „Oh, mein Gott, Sie müssen Willems Tochter sein." Dies bezog sich auf meinen Vater, der sie bei verschiedenen Anlässen ärztlich beraten und betreut hatte. Sie erkundigte sich nach allen Mitgliedern meiner Familie und freute sich zu hören, daß sie alle in ihrem neuen Land recht gut vorangekommen waren. Dann sagte sie: „Oh, diese Zeiten, wir können nicht mehr darüber sprechen, wir müssen unsere schreckliche Vergangenheit vergessen." Allerdings begann sie dann sofort über die dreißiger Jahre zu sprechen und vor allem über die Deportation des alten Herrn Marum. Zwischen all ihren Erinnerungen erschien immer wieder der Satz: „Wir müssen die Vergangenheit vergessen." Die Ambivalenz in ihren Gefühlen war wirklich auffallend. Trotz ihrer Einwände fuhr sie fort, über die Vergangenheit zu sprechen; dasselbe Muster zeigte sich bei unseren ausführlicheren Gesprächen am nächsten Tag in ihrer Wohnung.

In der ersten Woche nach meiner Ankunft erhielt ich eines morgens im Hotel den Anruf einer Dame, die sich als Frau Beyer vorstellte. Sie sagte, daß sie mich als Kind gekannt habe und daß das Haus ihrer Familie sich immer noch gegenüber dem Haus befände, in dem meine Großeltern gelebt hatten. Sie sagte, daß sie sich sehr über eine Begegnung freuen würde, worauf ich sie am selben Nachmittag besuchte. Sie erzählte mir, daß sie an diesem Morgen ihre Nachbarin, Frau von Erden, getroffen habe, die ihr die Frage stellte (natürlich alles in der örtlichen Mundart): „Kannst Du Dir vorstellen, wer gestern hier war? Die Kleine von Ostermanns." „Aber das muß Franziska sein", habe sie geanwortet. „Das weiß ich nicht," war die Antwort der alten Dame. „Aber ich weiß es, sie muß es sein," habe Frau Beyer mit Vehemenz gesagt. Das veranlaßte Frau Beyer, mich anzurufen, und da es nur zwei kleine Hotels in der Stadt gibt, war es leicht, mich zu finden. Sie und ihr Mann waren zwei der am besten informierten Interviewpartner, die sich außerdem sehr klar ausdrückten.

Sobernheim wird oft von Gästen besucht, die an den Mineralquellen „eine Kur nehmen", da Sobernheim als Kurort sehr bekannt ist. Der Hotelbesitzer bemerkte nach einigen Tagen, daß ich kein Kurgast war und erkundigte sich nach dem Grund meines Besuches. Als ich ihm diesen Grund erklärt hatte, war seine Neugier erst recht geweckt; er bot mir an, mich mit den Alten bekannt zu machen, die regelmäßig auf ein Bier mit Freunden ins Hotel kamen. Ich blieb also in der Nähe des Hotels und setzte mich später an die Tische der alten Herren, die alle gern bereit waren, mir von ihren Erfahrungen zu berichten. Eines Abends hörte ich während des Abendessens zufällig ein Gespräch am nächsten Tisch. Der Name „Wolf", eine früher sehr bekannte jüdische Familie am Ort, wurde mehrere Male erwähnt, und es wurde offensichtlich, daß die Herren über ein Thema aus der Vergangenheit sprachen. Ich ergriff die Gelegenheit und setzte mich zu ihnen an den Tisch; es zeigte sich, daß zwei von ihnen frühere Angestellte der Familie Wolf gewesen waren.

Die Hotelkontakte waren außerordentlich nützlich, weil ich meine ersten Interviews mit Leuten geführt hatte, die mit Juden befreundet gewesen waren und ihnen Sympathie entgegengebracht hatten. In irgendeiner Weise hatten meine ersten Gesprächspartner alle Beziehungen zu meiner Familie gehabt, während die Leute, die ich im Hotel traf und später in ihren Wohnungen befragte, weder einen besonderen Kontakt zu meiner Familie noch zu einer der jüdischen Familien überhaupt gehabt hatten. In mehreren Fällen waren diese Leute jedoch Angestellte von Juden gewesen – ein verbreitetes Muster, weil zwei jüdische Familien einmal mehr als die Hälfte aller Arbeitskräfte der Stadt beschäftigt hatten.

Die Interviews fanden in den Wohnungen der Befragten statt, doch ist die Bezeichnung „Interview" irreführend, da ich selbst kaum eine Frage stellen konnte, weil die Leute einfach losredeten. Nur gelegentlich unterbrach ich sie mit einer Frage, oder um einen Punkt klarzustellen. Diskussionen ergaben sich von selbst. In den meisten Fällen machte ich mir laufend Notizen, einige Gespräche habe ich auch auf Band aufgenommen. Bandaufnahmen waren nicht unbedingt von Vorteil, nämlich dann, wenn die Befragten in einer Mundart sprachen, deren Übertragung selbst für eine deutschsprechende Schreibkraft fast unmöglich ist, weil die rheinische oder genauer gesagt, die Mundart des Nahetales etwas ganz besonderes ist. Ich übertrug und übersetzte die auf Band aufgenommenen Interviews selbst, eine anregende, aber auch schwierige Aufgabe, da einige dieser Gespräche den ganzen Nachmittag oder Abend, oft drei oder vier Stunden gedauert hatten. Fast die Hälfte der Leute mußte ich ein zweites Mal besuchen, wenn ich den Eindruck gewonnen hatte, daß gewisse Personen mehr hätten sagen können oder wenn ein Interview unterbrochen worden war.

Ein interessantes Problem ergab sich während dieser Interviews durch die persönliche Art und Weise, in welcher die Leute auf mich reagierten. Obwohl ich jedesmal sehr sorgfältig erklärte, daß ich Wissenschaftlerin sei und ein Buch zu schreiben beabsichtigte, basierte ihre Beziehung zu mir auf der Tatsache, daß ich die zurückgekehrte Enkelin einer ihrer Familien war. Mit einer einzigen Ausnahme stellte mir niemand Fragen zu meiner Forschungsarbeit. Für sie war meine Rolle nur die einer Zurückgekehrten. Ihr einziges Interesse an mir galt der Tatsache, daß ich die Enkelin der Ostermanns war. Die Forschungsaspekte meines Besuches interessierten sie nicht. Unsere Gespräche begannen immer mit Fragen nach meiner Familie – wie es ihnen gehe, und was ich über andere jüdische Familien wisse. Die deutschen Gesprächspartner waren in rührender Weise neugierig, zu erfahren, daß es den im Exil lebenden Juden gut gehe. Wenn eine Person etwas über eine jüdische Familie erfahren wollte, begann sie gewöhnlich ganz vorsichtig mit der Frage: „Macht es Ihnen nichts aus, wenn ich frage?", oder: „Es geht mich eigentlich nichts an, aber..." Offensichtlich erleichterte es sie zu hören, daß es jüdischen Überlebenden gut ging, als ob es ihnen gut tue zu wissen, daß Leute Erfolg gehabt hatten. Einer der Befragten brachte es auf den Punkt, als er sagte: „Es tröstet mich zu wissen, daß einige von ihnen Erfolg hatten, aber alle die armen Leute, die ermordet wurden..." Als ich mich aus Sobernheim verabschiedete, waren viele Leute, vor allem Frauen, sehr bewegt und baten mich mit Tränen in den Augen: „Denken Sie mal an mich; kommen Sie zurück und besuchen Sie uns wieder." Meine letzten Worte über das geplante Buch wurden durch die von mir erbetenen Zusagen in den Schatten gestellt, in den USA bestimmte Leute zu kontaktieren, die sich an sie erinnern sollten. Die einzigen Ausnahmen unter all diesen sentimalen Leuten waren Herr und Frau Beyer, die beide auch weit gebildeter waren als die Durchschnittsbewohner von

Sobernheim; sie allein zeigten ein lebhaftes Interesse für das Projekt und hofften, das fertige Produkt nach Erscheinen lesen zu können.

Alles in allem habe ich einunddreißig Personen im Alter zwischen 64 und 93 Jahren befragt; das Durchschnittsalter der Befragten war also Mitte Siebzig. Es waren achtzehn Frauen und dreizehn Männer. Alle hatten sie einige oder alle Mitglieder der jüdischen Gemeinde gekannt, und etwa die Hälfte von ihnen hatte freundschaftliche Beziehungen oder Kontakte am Arbeitsplatz mit ihnen gehabt. Von diesen Befragten hatte nur etwa ein Drittel für Juden gearbeitet; der Rest hatte entweder Kontakte zu jüdischen Kindern in der Schule oder gelegentliche Kontakte als regelmäßiger Kunde jüdischer Geschäftsleute gehabt. Von den Befragten waren vier Beamte und Parteimitglieder gewesen; alle dreizehn Männer waren auf Grund der Wehrpflicht bei der Deutschen Wehrmacht gewesen. Keiner von ihnen war in der SS gewesen. Trotz Parteimitgliedschaft gab keiner der Befragten zu, Nazi gewesen zu sein. Von den etwa hundert echten Nazis in Sobernheim lebte zur Zeit der Vorbereitungsarbeiten für das Buch keiner mehr. Sie waren im Krieg gefallen, bei Rückkehr von der russischen Front vermißt gemeldet worden oder eines natürlichen Todes gestorben. Als ich mit Herrn Glockner die Liste der Parteimitglieder durchging, lachte er leise in sich hinein und sagte: „Zumindest haben sie ihren Lohn gekriegt – sie sind alle jung gestorben, und wir sind noch hier." Dieses Gefühl fand sein Echo in Emma Hesses Äußerung, die am Ende eines längeren Gespräches zu mir sagte: „Es ist schon merkwürdig, daß alle die großen Nazis schon tot sind. Wußten Sie das?" Nachdem sie die ganze Liste durchgesehen hatte, sagte sie abschließend: „Man kann also sagen, es gibt sie, die sogenannte *Gerechtigkeit*." Von einigen Nazis wurde gesagt, daß sie die Stadt inzwischen verlassen hätten und daß, sollten sie noch am Leben sein, ihr derzeitiger Aufenthaltsort unbekannt sei. Aus diesem Grunde habe ich leider nicht die ehemals führenden und mächtigsten Sobernheimer Nazis interviewen können.

Weil mein Besuch in Deutschland der erste Schritt meines Projektes war, hatte ich Gelegenheit, die Namen all der jüdischen Familien zu sammeln, die während der zwanziger und dreißiger Jahre hier gelebt hatten. Die Interviews mit den jüdischen Emigranten in den Vereinigten Staaten wurden beschleunigt durch diese Liste und durch die Hilfe einer in New York lebenden Schlüsselinformantin, die Kontakte zu einigen emigrierten Juden unterhält. Ich war deshalb in der Lage, jede Familie aufzuspüren. Zuerst rief ich sie an, um einen Termin für einen zukünftigen Besuch zu vereinbaren. Diese Besuche führten mich in den Staat und die Stadt New York, nach Connecticut, Massachusetts, Michigan, New Jersey, Maryland und New Hampshire. Einige Befragte lebten in Florida, Arizona und Kalifornien; mit diesen korrespondierte ich brieflich und per Telefon, da mein Budget nicht ausreichte, sie persönlich aufzusuchen. Wenn ich die erste Verbindung per Telefon aufnahm, nannte ich meinen Namen und erklärte einige Einzelheiten meines Forschungsprojekts. Natürlich kannten sie alle meine Familie, und so war ich keine total Fremde für sie. Zuerst erkundigte man sich nach dem Wohlergehen meiner Familie, und obwohl die in den Vereinigten Staaten lebenden Sobernheimer Juden keinen Kontakt untereinander hielten, wußten die meisten doch, daß mein Vater einige Jahre zuvor gestorben war. Solche Nachrichten wurden in *Der Aufbau* bekanntgegeben, der deutsch-jüdischen Zeitung, die von den meisten hauptsächlich deshalb gelesen wird, um zu „erfahren, wer gestorben ist".

Die Interviews mit den Juden wurden in ähnlicher Form durchgeführt wie in Sobernheim. Als Gruppe zeigten die Befragten ein sehr viel größeres Interesse für das Forschungsprojekt, und einige hatten gute Ideen zur Veröffentlichung und Verbreitung des Buches. Einige wunderten sich, was dieses Projekt mit Anthropologie zu tun habe, da man darunter meistens das Ausgraben alter Knochen und Werkzeuge verstand. Ich erklärte ihnen das Projekt im Sinne des Wissenschaftszweiges der historischen Anthropologie. Ihre Begrüßung war herzlich, aber nicht so überschwenglich oder gefühlsbetont wie die der Deutschen. Viele der älteren Juden wollten vor allem wissen, warum manche aus der jüngeren Generation mit dieser Periode der Geschichte nicht behelligt werden wollen. Die meisten waren der Ansicht, daß das Buch eine gute Sache sein würde, weil damit ihre Leiden aufgezeichnet und so von den jüngeren Leuten besser verstanden würden. Sie zweifelten allerdings daran, daß überhaupt jemand an diesem Buch interessiert sein würde, weil schon ihre eigenen Kinder nie Interesse gezeigt hatten an dem, was 1925 in Sobernheim geschehen war; mein Besuch gab ihnen Gelegenheit, in Erinnerungen an ihre Zeit in dieser wunderschönen Stadt zu schwelgen.

In einigen Fällen hatten jüdische Überlebende keine Gelegenheit, mit Verwandten, Freunden oder Nachbarn in den Vereinigten Staaten über ihre in Deutschland gemachten Erfahrungen zu sprechen. Rothchild weist darauf hin, daß die „Überlebenden gelernt hatten, vorsichtig zu sein, um nicht den Gleichmut von Freunden und Verwandten zu erschüttern, die nicht auf die schmerzhaften Tatsachen vorbereitet waren, ob sie sie glaubten oder nicht." Einige der von mir für diese Studie befragten Juden sagten mir, daß sie in all diesen Jahren mit niemandem über ihre deutsche Vergangenheit gesprochen hätten. Ein alter Mann schilderte, wie er versucht hatte, seinen eigenen Kindern seine Geschichte zu erzählen; sie akzeptierten seine Berichte in groben Zügen, spotteten jedoch über einige Einzelheiten. Andere, wie einige von Rothchilds Befragten, waren ebenfalls „hin- und hergerissen zwischen Erinnern und Vergessen; ihre Kinder von ihrer unglücklichen Vergangenheit abzuschirmen oder sie zu warnen, daß die Welt ein Ort voller Gefahren sei."[3] Vielleicht wollten auch meine Eltern mich vor ihrer eigenen Vergangenheit bewahren, denn auch sie erzählten mir, wie schon in der Einführung erwähnt, nie irgendwelche Einzelheiten ihrer Erlebnisse in Deutschland. Eine ältere Frau wiederholte immer und immer wieder: „Laßt uns die Vergangenheit vergessen, das ist vorbei und erledigt. Wozu soll es gut sein, all diese schrecklichen Dinge wieder ins Gedächtnis zu rufen?" Schon im nächsten Atemzug kam sie jedoch selbst auf diese Einzelheiten zurück: „Habe ich Ihnen schon davon erzählt, wie ich mit meinen nicht-jüdischen Freunden eine Kahnfahrt machte, wie das Boot ein Leck hatte und wir alle durchnäßt waren? Diese Freunde haben mir später nie wieder in die Augen gesehen. Aber laßt uns alle diese Dinge vergessen..." usw. Einige schlugen vor, daß ich ihre Kinder treffen solle, damit ich mit ihnen diese Geschichtsperiode besprechen könne. Anscheinend war keiner der völlig amerikanisierten jüngeren Generation an den Erfahrungen aus der Jugend ihrer Eltern interessiert.

Einer der Überlebenden in Rothchilds Buch stellt fest: „Ich war ein wenig enttäuscht über das Desinteresse meiner Kinder an meinen Erlebnissen und Erfahrungen in Europa... Meine Jugend liegt für sie so weit in der Vergangenheit und ist so belanglos für sie. Sie sind nicht neugierig..." Und Joshua Abraham sagte gegen Ende unseres Gespräches zu mir: „Ich möchte, daß Sie meinen Sohn treffen. Sie und er kannten sich als kleine Kinder. Erzählen Sie ihm, was Sie tun. Alles, was er will, ist Geld machen; unsere Geschichte interessiert ihn nicht. Vielleicht könnten Sie sein Interesse für diese Geschichten wecken. Aber er war uns immer ein guter Sohn..." Leider habe ich ihn nicht getroffen, weil sich unsere Wege während meiner Aufenthalte in New York niemals kreuzten.

Nur zwei Leute verweigerten mir ein Interview, jedoch waren beide ernsthaft krank und fürchteten, einem so anstrengenden Besuch nicht standhalten zu können. Sechs Angehörige der Familie Marum leben in einer kleinen Stadt in Massachusetts; ich verbrachte eine ganze Woche mit ihnen und traf jedes Familienmitglied bei mehreren verschiedenen

Gelegenheiten. Ich hatte vorher keine besonderen Kontakte zu dieser prominenten Familie gehabt, da die meisten Sobernheimer Juden ihre frühere Klassenzugehörigkeit auch später noch beachteten. Es war mir berichtet worden, daß der jüngere Bruder Hans in New York lebe; doch konnte mir niemand seine Adresse geben. Zufällig fand ich sie im Telefonbuch; ich benutzte das Telefon und fragte die Stimme am Hörer einfach, ob er der Hans Marum aus der Sobernheimer Familie Marum sei. Als er meine Frage bejahte, stellte ich mich vor und erklärte ihm mein Anliegen. Er äußerte sich überrascht, ja geschockt, und sagte mir, daß in den vielen Jahren niemals jemand aus Sobernheim Kontakt mit ihm aufgenommen habe. Später erzählte er mir, daß dieser Anruf ihm ein beinahe mystisches Gefühl gegeben habe, als sei ich eine Stimme aus seiner Vergangenheit. An meinem Projekt war er außerordentlich interessiert und begierig, über seine Erlebnisse in Sobernheim zu sprechen. Ich verbrachte fast einen ganzen Tag mit ihm und seiner Frau, während er ausführlich und bereitwillig seine Ansichten und Gefühle zu dieser Periode seines Lebens darlegte. Seine amerikanische Frau war an einigen Geschichten besonders interessiert, die sie offensichtlich bisher nicht gehört hatte. Dieses Treffen mit Hans Marum erleichterte meinen Besuch beim Rest seiner Familie in Massachusetts.

Alles in allem habe ich neunzehn jüdische Überlebende ausfindig gemacht und für diese Studie befragt. Die Personen waren im Alter von 63 bis 86 Jahren und, wie schon erwähnt, zumeist in den Siebzigern. Alle hatten nach ihrer Ansiedlung in den Vereinigten Staaten zuerst große Schwierigkeiten zu überwinden, in ihren mittleren Jahren waren jedoch fast alle recht gut etabliert und lebten unter angenehmen Umständen. Ihre Kinder waren in den Vereinigten Staaten geboren und erzogen worden; auch sie waren alle beruflich etabliert und erfreuten sich eines typisch mittelständischen amerikanischen Lebens.

Aus meiner Sicht waren die Interviews in Deutschland weitaus anstrengender. Für meine Gesprächspartner waren sie oft sehr gefühlsbeladen, und vielfach waren auch meine Emotionen angesprochen. Allein die Tatsache, für mehrere Monate in Sobernheim zu leben, auf den alten gepflasterten Straßen zu gehen, den Friedhof und die Synagoge zu besuchen, waren Erlebnisse für mich, die mich tief bewegten. Die Stadtoberen waren sehr kooperativ und halfen mir, Archiv- und Aktenmaterial über die Stadt aufzuspüren. Ein Herr war besonders bewegt von der Tatsache, daß eine frühere jüdische Einwohnerin zurückgekommen war, um dieses Projekt durchzuführen. Das Durchsehen und

Lesen des Aktenmaterials im Büro des Bürgermeisters war trotz des in vielen Fällen trockenen Stoffes eine bewegende Erfahrung für mich, insbesondere als ich über die Ereignisses des Jahres 1920 oder früher las, an welchen meine Großeltern und andere Leute, die ich kannte, beteiligt gewesen waren. Ich fand z. B. ein Dokument, mit welchem der Ältestenrat der Juden den Gemeindestatus für die jüdische Gemeinde beantragt hatte, und entdeckte die Unterschrift meines Großvaters auf dieser Petition.

Beamte in Koblenz und Bad Ems, wo sich zwei der wichtigsten Archive für das Rheinland befinden, waren mir behilflich bei dem Versuch, Beschäftigungs- und Bevölkerungs-Statistiken für die Stadt während der dreißiger Jahre aufzuspüren, was sich als schwierig herausstellte, weil viele Akten vernichtet worden waren. Lediglich eine Reihe von Statistiken für das Jahr 1939 war noch unversehrt; auf dem Aktendeckel entdeckte ich, daß das ursprünglich aufgedruckte Emblem des Dritten Reiches – das Hakenkreuz – ausgeixt worden war.

Ich habe mich bemüht, die Erlebnisse und Erfahrungen von jüdischen und nicht-jüdischen Deutschen in diesem Bericht so objektiv wie möglich im einzelnen wiederzugeben. Einige Leser meines Manuskripts waren der Ansicht, daß ich die Deutschen zu freundlich behandelt hätte. Doch ich habe die Ereignisse genau so niedergeschrieben, wie sie mir erzählt worden sind, und ich glaube, daß, obwohl sich viele Deutsche gegenüber den verzweifelten Juden passiv und gleichgültig verhielten, eine beachtliche Anzahl, so weit es ihnen möglich war, halfen, und diese Hilfe sollte in einer sorgfältigen und umfassenden Darstellung dieser Periode Berücksichtigung finden.

Anmerkungen

Einführung

1. Siehe die „Hinweise zum Forschungsprojekt" im Anhang.
2. Ich danke B. Argyle, der mich davon überzeugte, daß dies möglich sei.
3. Sylvia Rothchild, Voices from the Holocaust (Stimmen aus dem Holocaust), Toronto: New American Library, 1981, S. 3.
4. Vgl. die Bibliographien in Lucy S. Dawidowicz, The War Against the Jews (Der Krieg gegen die Juden), 1933 – 45, New York: Bantam Books, 1975; Raul Hilberg, The Destruction of the European Jews, New York: Harper & Row, 1961 (dt. Ausgabe unter dem Titel: Die Vernichtung der europäischen Juden. Die Gesamtgeschichte des Holocaust, 2 Bde, Frankfurt/Main: S. Fischer 1990); Richard Hamilton, Who Voted for Hitler? (Wer wählte Hitler), Princeton, N.J.: Princeton University Press, 1982; und Jeremy Noakes, The Nazi Party in Lower Saxony (Die NSDAP in Niedersachsen), London: Oxford University Press, 1971.
5. Obwohl es viele Lebenserinnerungen und Zeugnisse von Überlebenden gibt, fand ich Rothchilds „Voices from the Holocaust" besonders nützlich. Material aus dieser Quelle wurde durch das ganze vorliegende Buch hindurch zu Vergleichszwecken genutzt. Weitere Darstellungen fand ich in D. Rabinowitz, New Lives: Survivors of the Holocaust Living in America (Neues Leben: Überlebende des Holocaust in Amerika), New York: Avon Press, 1977.
6. William S. Allen, The Nazi Seizure of Power: The Experience of a Single German Town (Die Machtergreifung durch die Nazis: Erfahrungen einer einzelnen deutschen Stadt) 1930 bis 1935, New York: Quadrangle Books, 1965.
7. Elfie Labsch-Benz, Die Jüdische Gemeinde Nonnenweier: Jüdisches Leben und Brauchtum in einer badischen Landgemeinde zu Beginn des 20. Jahrhunderts, Freiburg i. B.: Wolf Mersch Verlag, 2. Aufl. 1981.
8. John K. Dickinson, German and Jew: The Life and Death of Sigmund Stein (Deutscher und Jude: Leben und Tod des Sigmund Stein), New York: Quadrangle Books, 1967.
9. Martin Broszat, Elke Fröhlich u. a. (Hg.), Bayern in der NS-Zeit. Studien und Dokumentationen, 6 Bde, München: R. Oldenbourg Verlag, 1977 – 1983.
10. Siehe z. B. Lilli Zapf, Die Tübinger Juden, Tübingen: Katzmann Verlag, 1974 und Maria Zelzer, Weg und Schicksal der Stuttgarter Juden. Ein Gedenkbuch, Stuttgart: Klett Verlag, 1964.
11. Harald Lüders (Regie), Jetzt, nach so vielen Jahren, (1981), Deutsch mit englischen Untertiteln, 60 Minuten.
12. Hans-Gerd Sellenthin, Geschichte der Juden in Berlin und des Gebäudes Fasanenstraße 79/80, Berlin: Jüdische Gemeinde zu Berlin, 1959, oder jede der in Anmerkung 10 erwähnten Darstellungen.
13. Philip Hallie, Lest Innocent Blood be shed (Daß unschuldiges Blut nicht vergossen werde), New York: Harper Colophon Books, 1979.

1. Die Geschichte der Juden in Sobernheim

1. Das historische Material in diesem Kapitel stammt aus den Sobernheimer Archiven, aus einer im Jahre 1980 veröffentlichten Heimatgeschichte der Gemeinde und einer Sammlung von Essays und Artikeln zu verschiedenen Aspekten der Geschichte von Sobernheim. Letztere enthält auch einen kurzen Abschnitt über die Geschichte der Juden in Sobernheim. Vollständige bibliographische Erwähnungen wurden in der amerikanischen Ausgabe unterlassen, um die Anonymität der Stadtbewohner und der Interviewpartner zu schützen. Sie sind hier nicht eingefügt worden, jedoch auf Wunsch von der Autorin zu erhalten.

2. W. J. Cahnman, Village and Small Town Jews in Germany: A Typological Study (Dorf- und Kleinstadtjuden in Deutschland: Eine typologische Studie), New York: Leo Baeck Yearbook, 1947, S. 107 ff.

3. Ebenda, S. 126.

4. Ebenda, S. 127.

5. Die gesamte jüdische Bevölkerung in Deutschland machte zwischen 1871 und 1933 nie mehr als 1,9 % (1880) aus. Im Jahre 1900 waren es nur noch 0,98 % der Gesamtbevölkerung, und dieser Anteil verringerte sich gleichmäßig bis zum Jahre 1933, als sie nur noch 0,76 % der Gesamtbevölkerung ausmachte. Vgl. Sarah A. Gordon, German Opposition to Nazi Anti-Semitic Measures Between 1933 and 1945 with Particular Reference to the Rhine-Ruhr Area (Deutsche Opposition gegen antisemitische Maßnahmen der Nazis zwischen 1933 und 1945 unter besonderer Berücksichtigung des Ruhrgebiets), Ph. D. Dissertation, SUNY, Buffalo, 1979 S. 413.

6. I. Shorsch, Jewish Reactions to German Anti-Semitism (Jüdische Reaktionen auf deutschen Antisemitismus) 1870–1914, New York: Columbia University Press, New York, 1972, S. 207.

7. Die vollständige Bezeichnung der Organisation lautet: Centralverein deutscher Staatsbürger jüdischen Glaubens (siehe Kapitel 7).

8. Lucy S. Dawidowicz, The War Against the Jews (Der Krieg gegen die Juden) 1933–1945, New York: Bantam Books, 1975, S. 229.

9. Die Gesamtzahl der Arbeitskräfte belief sich auf 4.757, doch enthält diese Zahl Arbeiter aus den benachbarten Dörfern, die in Sobernheim beschäftigt waren. Sobernheim selbst hatte 4.357 Einwohner, und fast die Hälfte der Beschäftigten gehörten zur Arbeiterklasse. Quelle: Statistik des Deutschen Reiches, Band 455 Berlin, 1933.

10. Die meisten Untersuchungen zu sozialen Klassen stützen sich auf die in den Volkszählungen benutzten Berufsaufgliederungen. Die mit dieser Methode verbundenen Schwierigkeiten werden in Richard Hamiltons „Who Voted for Hitler?" (siehe Anm. 4 der Einführung), dort vor allem in Kapitel 2, diskutiert. Siehe auch Michael H. Kater, The Nazi-Party: A Social Profile of Members and Leaders, (Die NSDAP: Ein Sozialprofil von Mitgliedern und Führern) 1919–1945, Cambridge, Mass.: Harvard University Press, 1983.

11. K. Schleunes, The Twisted Road to Auschwitz: Nazi Policy Toward German Jews (Der Leidensweg nach Auschwitz: Die Nazi-Politik gegenüber den deutschen Juden), Urbana, Ill.: University of Illinois Press, 1970, S. 39.

2. Die Struktur der Naziherrschaft in Sobernheim

1. Siehe z. B. Hans Buchheim u. a., Anatomie des SS-Staates. Gutachten des Instituts für Zeitgeschichte München, 2 Bde, München: dtv 1967; Heinz Höhne, Der Orden unter dem Totenkopf. Die Geschichte der SS, München: Bertelsmann Verlag 1976, (amerik. Ausgabe New York: Coward-McCann, 1970).
2. Diese Zahlen sind Schätzungen von jüdischen und nicht-jüdischen Interviewpartnern dieser Studie. Es ist mir nicht gelungen, einen der etwa einhundert zum harten Kern gehörenden Sobernheimer Nazis zu befragen, da sie entweder bereits gestorben oder in andere Teile Deutschlands verzogen waren.
3. Lucy S. Dawidowicz, The War Against the Jews, 1933 – 1945, New York: Bantam Books, 1975, S. 97.
4. William S. Allen, The Nazi Seizure of Power: The Experiences of a Single German Town, 1930 – 1935, New York, Quadrangle Books, 1965, S. 73.
5. Michael H. Kater, The Nazi Party: A Social Profile of Members and Leaders, 1919 – 1945, Cambridge, Mass.: Harvard University Press, 1983. Siehe auch M. S. Lipset, Political Man: The Sozial Bases of Politics (Der politische Mensch: Die sozialen Grundlagen der Politik), New York: Doubleday, 1963.
6. Sarah A. Gordon, German Opposition to Nazi Anti-Semitic Measures Between 1933 and 1945 with Particular Reference to Rhine-Ruhr Area, Ph.D. Dissertation, SUNY, Buffalo, 1979, S 81; P. Merkl, Political violence under the Swastika (Politische Gewalt unter dem Hakenkreuz), Princeton, N. J.: Princeton University Press, 1965, S. 501.
7. Vgl. Gordon, a.a.O., und Merkl, S. 499.
8. Nach dem Krieg überprüfte die amerikanische Militärregierung mehr als eine Million Stellensuchender in der US-Zone und stellte fest, daß bei der Hälfte von ihnen „keine Beweise für Nazi-Aktivitäten" vorlagen. Vgl. Hans Rothfels, The German Opposition to Hitler (Die deutsche Opposition gegen Hitler), London: O. Wolff, 1962, S. 27. Obwohl diese Zahl wahrscheinlich übertrieben ist, kann man doch daraus schließen, daß eine erhebliche Zahl von Personen nicht aktiv am Nazismus beteiligt war.
9. Allen, S. 73.
10. Ebenda, S. 77.
11. Ebenda, S. 136.
12. Richard Hamilton, Who Voted for Hitler, Princeton, N.J.: Princeton University Press, 1982, 475 – 85. Es gab neun Reichstags-Wahlen in der Zeit der Weimarer Republik. Die erste fand im Jahre 1919, die letzte im Jahre 1933 statt; dies war die letzte Wahl, bevor die Republik zur Diktatur wurde. Während dieser ganzen Zeit gab es mindestens sieben große Parteien und zahllose kleinere.
13. Ebenda, S. 423.
14. Ebenda, S. 598.
15. Siehe Hamilton, vor allem seine Bibliographie zu Kapitel 2.
16. Berechnet nach den Tabellen in Allen, S. 292 – 93.
17. Hamilton, S. 477.

3. Beziehungen zwischen Juden und Nichtjuden vor 1933

1. Wie bereits in Kapitel 1 ausgeführt, bestand die nicht-jüdische Bevölkerung von Sobernheim aus doppelt so viel Protestanten wie Katholiken.
2. Siehe I. Shorsch, Jewish Reactions to German Anti-Semitismus, 1870-1914, New York: Columbia University Press, 1972, S. 144-147.
3. K. Schleunes, The Twisted Road to Auschwitz: Nazi Policy Toward German Jews, Urbana: University of Illinois Press, 1970, S. 38.
4. Ich bin meinem Kollegen Professor E. Kallen zu Dank verpflichtet, der meine Aufmerksamkeit auf diesen Punkt gelenkt hat.
5. Frederick Barth, Ethnic Groups and Boundaries (Ethnische Gruppen und Abgrenzungen), Boston: Little, Brown, 1969. S. 16.

4. Jüdische Reaktionen auf Terrormaßnahmen der Nazis

1. Lucy S. Dawidowicz; The War Against the Jews, 1933-45; New York: Bantam Books, 1975, S. 231.
2. Ebenda, S. 233.
3. Rita Thalmann und Emmanuel Feinermann, Crystal Night, 9./10. November 1938, London: Thames und Hudson, London, 1974, S. 12-13 (Deutsche Ausgabe unter dem Titel: Die Kristallnacht, Frankfurt/Main: Athenäum 1988).
4. Die Organisation wurde später zur „Reichsvereinigung der Juden in Deutschland". Der Erlaß vom 4. Juli 1939 bestimmte, daß die Organisation unter Aufsicht des Innenministeriums und damit der Gestapo stand. Dies war bereits seit Februar dieses Jahres der Fall.
5. Dieses Zitat und diejenigen in den vorangegangenen Abschnitten stammen aus Dawidowicz, S. 238.
6. Thalmann und Feinermann, S. 14.
7. Quelle: Bruno Blau, The Last Days of German Jewry (Die letzten Tage des deutschen Judentums), IVO, Annual of Jewish Social Sciences (Jahrbuch der jüdischen Sozialwissenschaften), Band 8, S. 199.
8. Ebenda.
9. Thalmann und Feinermann, S. 15.
10. Ebenda, S. 22.
11. I. Abella und H. Troper, None Is Too Many (Keiner ist zuviel), Toronto: Lester and Orpen Dennys, 1982. Ironische Fußnote der Geschichte: Nur der Diktator der Dominikanischen Republik, Trujillo, war bereit, bis zu 100.000 Juden aufzunehmen. Unglücklicherweise wurde diese Information nicht hinreichend an die jüdischen Flüchtlingsorganisationen weitergeleitet; vielleicht waren die Juden aber auch nicht gewillt, in ein Land zu gehen, von dem sie nichts wußten. Nur 600 Juden emigrierten in die Dominikanische Republik; einige von ihnen leben auch heute noch in der Gemeinde Sosua auf dem Grund und Boden, der ihnen von der Dominikanischen Regierung geschenkt worden war. Vgl. B. Postal und Mistern, A Jewish Tourist Guide to the Caribbean (Jüdischer Reiseführer für die

Karibik), American Airlines, 1971, S. 29. Eine detaillierte Beschreibung der Juden in Sosua enthält mein Artikel „Jews in the Dominican Republic", in: *Caribbean Review*, No. 7, Herbst 1985.

12. Thalmann und Feinermann, S. 22–23.
13. Ebenda, S. 66.
14. Siehe Sylvia Rothchild, Voices from the Holocaust, Toronto: New American Library, 1981, für viele andere Beispiele, die die Schwierigkeiten beim Verlassen von Europa bezeugen.
15. Zusammengetragen von Bruno Blau, a.a.O., S. 1891-90.
16. H. A. Strauss, Jewish Emigration from Germany: Nazi Policy and Jewish Responses (Jüdische Emigration aus Deutschland: Nationalsozialistische Politik und jüdische Reaktionen), New York: Leo Baeck Institut, 1980, (Leo Baeck Yearbook, Band XXV, S. 327).
17. Gunther Plaut, Unfinished Business (Unerledigtes), Toronto: Lester und Orpen Dennys, 1981, S. 47.
18. Zur Verfügung über Vermögen siehe John K. Dickinson, German and Jew: The Life and Death of Sigmund Stein, New York: Ouadrangle, 1967, Kapitel 2.
19. Ebenda, S. 268. Über Steins letzte Tage in Hochberg siehe Kapitel 17 und 18.
20. Ich danke Mr. Raymond Wolff, daß er meine Aufmerksamkeit auf diesen Vorgang gelenkt und mir Zutritt zu den Archivakten ermöglicht hat, in denen die Urkunden des Synagogen-Verkaufs aufbewahrt werden.

5. Deutsche Reaktionen auf die Verfolgung der Juden

1. In seiner Darstellung Thalbergs schreibt Allen, daß die dortigen Juden ihren neuen Status ruhig hinnahmen und freiwillig aus Vereinen und Organisationen, deren Mitglieder sie gewesen waren, austraten. Sie führten „Arbeitsüberlastung" und andere Gründe an. So waren „Thalbergs Juden ganz einfach insgesamt aus der Gemeinde ausgeschlossen", und am Ende des ersten Halbjahrs von Hitlers Herrschaft war „die Position der Juden in Thalberg rasch geklärt". William S. Allen, The Nazi Seizure of Power: The Experiences of a Single German Town, 1930–1935, New York: Quadrangle Books, 1965, S. 213.
2. H. D. Leuner, When Compassion Was a Crime (Als Mitleid ein Verbrechen war), London: O. Wolff, 1966, S. 23.
3. Ebenda, S. 102.
4. R. Birley, Einführung zu A. Leber, Conscience in Revolt: Sixty-Four Stories of Resistance in Germany (Gewissen im Aufruhr: Vierundsechzig Berichte über Widerstand in Deutschland), 1933–45, Bridgeport, Conn.: Associated Booksellers, 1957.
5. T. Prittie, Germans Against Hitler (Deutsche gegen Hitler), Boston: Little, Brown, 1964, S. 21.
6. Ruth Andreas-Friedrich, Berlin Underground (Untergrund Berlin), 1938–45; New York: H. Holt, 1947 (Dt. Ausgabe unter dem Titel: Schauplatz Berlin. Aufzeich-

nungen 1938-1945, München 1962). Siehe auch Ludwig Gross, The Last Jews in Berlin (Die letzten Juden von Berlin), New York: Simon und Schuster, 1982 (Dt. Ausgabe unter dem Titel: Versteckt. Wie Juden in Berlin die Nazi-Zeit überlebten. Reinbek: Rowohlt, 1988).

7. Sarah A. Gordon, German Opposition to Nazi Anti-Semitic Measures Between 1933 und 1945 with Particular Reference to the Rhine-Ruhr Area, Ph.D. Dissertation, SUNY, Buffalo, 1979, S. 210. Siehe dort auch Kapitel 6 und 7, und Hans Rothfels, The German Opposition to Hitler (Der Deutsche Widerstand gegen Hitler), London: O. Wolff, 1962; Marlis Steinert, Hitlers Krieg und die Deutschen. Stimmen und Haltung der deutschen Bevölkerung im Zweiten Weltkrieg, Düsseldorf, Wien: Econ-Verlag, 1970; L. Kraushaar, Deutsche Widerstandskämpfer 1933-1945, Berlin: Dietz-Verlag, 1970 und D. Schaul, Erinnerungen Deutscher Antifaschisten, Frankfurt/M.: Röderberg Verlag, 1973.

8. Gordon, a.a.O.

9. Für eine genaue Analyse aller durch das Regime erlassenen antijüdischen Gesetzesmaßnahmen siehe Uwe D. Adam, Judenpolitik im Dritten Reich, Düsseldorf: Droste Verlag, 1972.

10. Leuner, a.a.O., S. 28.

11. Die Art und Weise, wie die Deportationen durchgeführt wurden, variierten. Siehe z. B. John K. Dickinson, German and Jew: The Life and Death of Sigmund Stein, New York: Quadrangle Books, 1967, hier vor allem Kapitel 19 mit dem Bericht über die Deportation in Hochberg, wo die verbliebenen Juden in drei aufeinanderfolgenden Transporten fortgeschafft wurden. Während die beiden ersten Transporte Hochberg verließen, ohne daß die Deportierten wußten, wohin sie gebracht wurden, wußte die letzte Gruppe, daß sie nach Theresienstadt – in das sogenannte „Jüdische Altenheim" – kamen. Ob die Sobernheimer Juden sich ihres Bestimmungsortes bewußt waren, ist nicht bekannt. Nach den wenigen Berichten, die ihre Familien später erreichten, starben sie alle dort.

6. Juden und Nichtjuden in Sobernheim heute

1. Walter Laqueur, The Terrible Secret (Das schreckliche Geheimnis), London: Weidenfeld und Nicolson, 1980, S. 17 (Dt. Ausgabe unter dem Titel: Was niemand wissen wollte: Die Unterdrückung der Nachrichten über Hitlers „Endlösung", Frankfurt/Berlin/Wien: Ullstein, 1982).

2. L. Stokes, The German People and the Destruction of the Jews (Das Deutsche Volk und die Vernichtung der Juden), Central European History, Band 6, 1973, S. 172 ff. Siehe auch die dort zitierten bibliographischen Verweise.

3. Ebenda, S. 175 und 176.

4. Ebenda, S. 181 und 182.

5. W. Laqueur, a.a.O.

6. John K. Dickinson, German and Jew: The Life and Death of Sigmund Stein, New York: Quadrangle Books, 1967, S. 275.

7. Uwe D. Adam (Judenpolitik im Dritten Reich, Düsseldorf: Droste-Verlag, 1972) ist der Ansicht, daß die Judenfrage, vor allem nach 1942, aus dem öffentlichen Bewußtsein verschwand.

8. W. Laqueur, S. 201.
9. Zu den neuesten Berichten über die Gleichgültigkeit der Alliierten siehe I. Abella und H. Troper, None Is Too Many, Toronto: Lester und Orpen Dennys, 1982, die dieses für Kanada belegen.

7. Eine Analyse der Beziehungen zwischen Juden und Nichtjuden in Sobernheim

1. M. Gordon, Human Nature, Class and Ethnicity (Menschliche Natur, Klasse und Ethnizität), New York: Oxford University Press, 1978; R.A. Schermerhorn, Comparative Ethnic Relations: A Framework for Theory and Research (Vergleichende Ethnische Beziehungen: Ein Aufriß für Theorie und Forschung), New York: Random House, 1970; M.G. Smith, The Plural Society in the West Indies (Die Pluralistische Gesellschaft in West-Indien), Los Angeles: University of California Press, 1965; Frederick Barth (Hg), Ethnic Groups and Boundaries, Boston: Little, Brown, 1969.
2. Vgl. zum Beispiel die Diskussion über Assimilation in H.G. Adler, The Jews in Germany (Die Juden in Deutschland), Notre Dame, Ind.: University of Notre Dame Press, 1969, und in Eva Reichmann, Hostages of Civilization (Geiseln der Zivilisation), Boston: Beacon Press, 1951, S. 1–39 (Dt. Ausgabe unter dem Titel: Die Flucht in den Haß. Die Ursachen der deutschen Judenkatastrophe, Frankfurt/M.: Europäische Verlagsanstalt, 1956).
3. Sarah A. Gordon, German Opposition to Nazi Anti-Semitic Measures Between 1933 und 1945 with Particular Reference to the Rhine-Ruhr Area, Ph.D. Dissertation, SUNY, Buffalo, 1979, S. 12 und 13.
4. Ebenda, S. 19.
5. Ebenda, S. 24.
6. Ebenda, S. 23.
7. Rothchild, Voices from the Holocaust, Toronto: New American Library, 1981, S. 34.
8. Ebenda. S. 36–38.
9. In ihrem vielbeachteten Buch argumentiert Reichmann, daß sich die objektiven Unterschiede zwischen Juden und Nichtjuden nach 1870 sehr verringerten. Sie behauptet, daß die jüdische Assimilation zwischen 1870 und 1933 beinahe abgeschlossen war. Diese Ansicht berücksichtigt nicht die vielen subtilen Wege, auf denen von beiden Gruppen Unterschiede aufrechterhalten wurden. Vgl. Reichmann, S. 1–39.
10. I. Shorsch, Jewish Reactions to German Anti-Semitism, 1870–1914, New York: Columbia University Press, 1972, S. 206.
11. S.M. Bolkosky, The Distorted Image: German Jewish Perceptions of Germans and Germany (Das verzerrte Bild: Deutschjüdische Wahrnehmungen von Deutschen und Deutschland) 1918–1935, New York: Elsevier, 1975, S. 6.
12. Ebenda, S. 13.
13. P. Merkl, Germany: Yesterday and Today (Deutschland: Gestern und Heute), London: Oxford University Press, 1965, S. 39.
14. Ebenda. S. 39 und 52.

8. Schluß: Der Mythos der Assimilation

1. Sylvia Rothchild, Voices from the Holocaust, Toronto: New American Library, 1981. Die Zitate befinden sich auf den Seiten 35, 149, 142, 40, und 2/3 und sind in dieser Reihenfolge entnommen.

Anhang

1. Alex Haley, Roots (Wurzeln), New York: Dell, 1976, S. 19 (Frankfurt/M.: S. Fischer 1977).
2. Sylvia Rothchild, Voices from the Holocaust, Toronto: New American Library, 1981, S.12.
3. Ebenda, S. 9 – 10.
4. Ebenda, S. 349.

NACHWORT

Die Synagoge in Sobernheim, heute ein Warenlager (Aufnahme 1991)

Hans-Eberhard Berkemann, Thomas Hofmann

„Vergangenheitsbewältigung" in Sobernheim und anderswo

Ein Nachwort

Die deutsche Ausgabe des bereits 1984 in den USA publizierten Buches von Frances Henry erscheint in einer Situation des wiedervereinigten Deutschland, in der wieder einmal viel von „Vergangenheitsbewältigung" geredet wird, so als ließe sich die Verantwortung der Deutschen für den Verlauf der Geschichte im 20. Jahrhundert in symbolischen Akten ein für alle Mal „bewältigen". Angesichts von Stasi-Aktenbergen, zahlreich entlarvten Spitzeln und anderen üblen Hinterlassenschaften der untergegangenen DDR ist eine erregte öffentliche Debatte über das „zulässige" Verhalten von Bürgern unter einer Diktatur in Gang gekommen, in der hier und da so getan wird, als beginne die deutsche Geschichte des 20. Jahrhunderts im Jahre 1949 mit der Teilung des Landes, ja als sei die Frage nach Schuld und Verstrickung, Mitläufertum und mangelnder Zivilcourage in erster Linie an die „neuen" Mitbürger im Gebiet der ehemaligen DDR zu stellen. In dieser Situation vermag die deutsche Ausgabe von Frances Henrys Untersuchung über eine Kleinstadt in Nazi-Deutschland den Leser daran zu erinnern, daß die Geschichte unseres Jahrhunderts noch ein anderes Anschauungsmaterial für die Frage nach der Anpassungsbereitschaft durchschnittlicher Deutscher unter einem diktatorischen Regime bereithält. Die staatsterroristischen Verbrechen des Nationalsozialismus, die rassistisch motivierte Austreibung und Vernichtung ganzer Bevölkerungsgruppen und die Entfesselung eines Raub- und Eroberungskrieges sind für die Deutschen in Ost *und* West ein lastendes, unausweichliches Erbe ihrer gemeinsamen Geschichte, aus dem sich eine bleibende Verpflichtung zur Bewahrung der Menschenrechte, des demokratischen Rechtsstaates und einer humanen Zukunftsgestaltung herleitet. Auch daran in der aktuellen Situation zu erinnern, ist kein geringes Verdienst dieser deutschsprachigen Ausgabe.

Das vorliegende Buch behandelt das Verhältnis von Deutschen und Juden in einer typischen deutschen Kleinstadt, aber es ist auch ein Buch über eine bestimmte Kleinstadt namens Sobernheim. Es ist bisher das einzige Buch über die Nazi-Zeit in Sobernheim, trotz einer ansonsten emsigen Lokalgeschichtsschreibung, und es mußte von jenseits des Atlantiks kommen, verfaßt von einer jüdischen Autorin aus dem Kreis jener Sobernheimer Juden, die im Jahre 1938 ihren Häschern durch die Emigration entrinnen konnten. Schon dies ist festzuhalten, wenn es um *unseren* Umgang mit der Geschichte des 20. Jahrhunderts geht.

Das, was die Autorin teils aus eigenem Erleben, teils als Ergebnis ihrer Recherchen über die Nazi-Zeit in Sobernheim berichtet, zeigt: es war nicht schlimmer als anderswo, aber eben auch nicht besser. Daß sich das Ausmaß der Unmenschlichkeiten vermutlich im Durchschnitt des Deutschen Reiches bewegte, konnte und kann das ein Grund sein, darüber zu schweigen? Macht nicht erst dieser „durchschnittliche" Grad an Inhumanität im Mikrokosmos einer Kleinstadt beklemmend bewußt, wie sich der von den Nationalsozialisten exekutierte Zivilisationsbruch in den politikfernen, alltäglichen Bereichen des gesellschaftlichen Lebens auswirkte?

Trotz ihrer persönlichen und familiären Einbezogenheit in die Verfolgung der Sobernheimer Juden hat die Autorin ein freundliches Buch über die Kleinstadt Sobernheim geschrieben, verfaßt im Gestus und mit der Bereitschaft zur Aussöhnung zwischen Deutschen und Juden. Mancher Leser mag diese Haltung als zu freundlich empfunden haben. Anhaltspunkt für die verzeihende Grundhaltung Frances Henrys ist das hilfsbereite Verhalten einiger Nachbarn von bedrängten Sobernheimer Juden, insbesondere die über längere Zeit fortgeführte Lebensmittelversorgung derjenigen Juden, die aus Altersgründen nicht mehr emigrieren konnten. Auch wenn sich hieran zeigt, daß gerade unter den „kleinen" Leuten sich einige trotz der antisemitischen Hetzpropaganda der NSDAP die Maßstäbe einer unverdorbenen Menschlichkeit erhalten konnten, so verringert dies nicht die Betroffenheit, welche beim Lesen dieser Passagen entsteht. Denn die in den Jahrzehnten des friedlichen Zusammenlebens vor 1933 gewachsene Hilfsbereitschaft gegenüber dem vertrauten jüdischen Nachbarn, die sich in kleinen Gesten einiger auch in der Nazizeit erwiesen hat, gewinnt ihren Stellenwert ja erst im Angesicht der mit allen Mitteln des Staatsterrorismus betriebenen Verfolgung und Vernichtung der deutschen und europäischen Juden. Auch die über Jahre mit Lebensmitteln versorgten Sobernheimer Juden entgingen am Ende nicht der Deportation und der Vernichtung, wie es Frances Henry ganz besonders eindrücklich am Schicksal des ehrwürdigen Patriarchen der Familie Marum beschreibt. So dankbar wir Deutschen für eine Haltung sein müssen, wie sie von Frances Henry bewiesen wird, so wenig entlastet uns dies bei unserem eigenen Umgang mit diesen Ereignissen.

Ob die nachgeborenen Deutschen etwas aus den Verirrungen ihrer Vorfahren gelernt haben, erweist sich nicht zuletzt daran, ob sie sich der Verantwortung für die Verbrechen der Nazizeit stellen, *ohne* sogleich nach Möglichkeiten der Entschuldigung, Verharmlosung oder schlichtem Vergessen zu suchen. Dies bedeutet zum Beispiel, die Spuren jüdischen Lebens auch dort zu erhalten, wo diese als Folge der nationalsozialistischen Verbrechen nur mehr als Geschichtszeichen des Zivilisationsbruchs fungieren können, weil in der Gegenwart keine jüdische Bevölkerung mehr vorhanden ist. Die Spuren jüdischen Lebens sind zu erhalten, weil ihre Beseitigung auf eine subtile Weise die Ergebnisse der Judenvernichtung besiegelt.

Würde man Frances Henrys Buch einfach unter den im letzten Jahrzehnt zahlreicher gewordenen Veröffentlichungen zum Thema „Alltag im Nationalsozialismus" einordnen, so wäre das zu kurz gegriffen. Die Autorin schreibt als Zeitzeugin der Judenverfolgung in Sobernheim *und* als Wissenschaftlerin, die sich in einem späteren Lebensalter mit den Methoden der ethnologischen Feldforschung ihrem Schicksal wie dem ihrer Angehörigen neu zuwendet. Was dabei entstand, ist nicht einfach die historische Darstellung einer Kleinstadt im Nationalsozialismus, denn schon durch die systematischen Interviews mit Zeitgenossen diesseits und jenseits des Atlantik wird diese Arbeit in weiten Strecken zu einer rezeptionsgeschichtlichen Untersuchung, einer Analyse der (späteren) Verarbeitung der thematisierten Erlebnisse durch die Befragten. Nicht nur der zweifache Zugang der Verfasserin, sondern auch die auf die Vergangenheit *und* ihre heutige Wertung gerichteten Interviews bewirken, daß mehrere Zeitebenen in dieser Arbeit angesprochen werden. Es geht nicht nur um ein vergangenes Geschehen, sondern ebenso darum, wie es im Horizont der Gegenwart bewertet wird. Schließlich handelt es sich bei Frances Henrys Arbeit auch nicht nur um ein Buch über die Judenverfolgung der Jahre 1933-1945 in Sobernheim. Durch die kontrastierende Betrachtung des Verhältnisses zwischen Deutschen und Juden seit der Jahrundertwende und vor 1933 gerät auch eine frühere Schicht der Vergangenheit in den Blick. Frances Henry stellt ihre Fragen zum Verhältnis von Deutschen und Juden in Sobernheim auf drei Zeitebenen und und weitet damit, wenn auch nicht immer explizit, die Perspektiven auf ein Panorama des deutsch-jüdischen Verhältnisses im 20. Jahrhundert in den Dimensionen von Vergangenheit, Gegenwart und Zukunft.

Diese Erweiterung der Perspektive auf Zeitabschnitte diesseits und jenseits der Jahre 1933-1945 veranlaßte die Verfasser dieses Nachwortes, die beide nach dem Ende des Zweiten Weltkrieges in Sobernheim aufgewachsen sind, für die deutsche Ausgabe in knapper Form zu skizzieren, wie die Einwohner Sobernheims mit der Stadtgeschichte während des Naziregimes nach dessen Zusammenbruch und bis in die Gegenwart umgegangen sind. Wie war die Reaktion auf den Einmarsch amerikanischer Truppenverbände, zu denen auch der 1936 emigrierte Sobernheimer Jude Hans Marum zählte? Wie verlief die „Entnazifizierung" und die juristische Aufarbeitung des Unrechtes, das auch in Sobernheim verübt worden war? Wie erging es den örtlichen Protagonisten der NSDAP? Gab es eine Phase der Nachdenklichkeit und Bemühungen der Wiedergutmachung oder ging man einfach zur Tagesordnung des Wiederaufbaus über? Welche Folgerungen haben die Sobernheimer aus der von Francis Henry recherchierten Verfolgung, Vertreibung und Vernichtung der jüdischen Bevölkerungsgruppe gezogen? Was erinnert die Nachgeborenen heute an die jüdischen Sobernheimer?

Bei einem ersten Versuch zur Beantwortung dieser Fragen soll nicht aus absoluten Maßstäben heraus geurteilt werden. Der Umgang der Deutschen insgesamt mit den Verbrechen der Nazi-Zeit nach 1945 ist stärker von Verdrängungsleistungen und Unterlassungen als von dem Bemühen um eine ernsthafte Aufarbeitung geprägt. Und so bewegen sich auch die Reaktionen der Sobernheimer auf „ihre" Nazi-Vergangenheit im Rahmen der durchschnittlichen Unsensibilität, die von vormaligen Regimegegnern, Publizisten und Wissenschaftlern nach 1945 für ganz Deutschland immer wieder mit Beunruhigung und Erstaunen registriert wurde. Auch hier muß jedoch die Frage gestellt werden, ob die Weigerung, sich mit den Fehlentwicklungen vor der eigenen Haustür zu befassen, schon deshalb als „normal" bewertet werden kann, weil sie sich im Rahmen des deutschen Durchschnitts bewegt. Zur Identität kleiner Städte und provinzieller Landstriche gehört die Überzeugung, schon deshalb keine Verantwortung für die Irrtümer und Verfehlungen der jeweiligen Zeitläufte zu haben, weil man fern der politischen Machtzentren immer nur als Objekt der von dort getroffenen Anordnungen anzusprechen sei. Diese Selbstverpuppung im Provinziellen funktioniert als trefflicher Selbstschutz, wenn es darum geht, dem Nachdenken über die eigenen Anteile an den Entwicklungen auszuweichen.

Der Schriftsteller Thomas Mann, der nach der Machtergreifung der Nazis zunächst ins europäische Ausland, später in die Vereinigten Staaten von Amerika emigriert war, wandte sich in den Jahren 1940 bis

1945 über den britischen Sender BBC in insgesamt 59 eindringlichen Rundfunkansprachen an „deutsche Hörer" und forderte sie immer wieder neu auf, von sich aus, d. h. nicht erst unter den Bedingungen der militärischen Niederlage den Bruch mit dem Nazi-Regime zu vollziehen. In seiner Ansprache vom 14. Januar 1945, wenige Monate vor der bedingungslosen Kapitulation des Deutschen Reiches, formulierte er die Perspektive einer deutschen „Aussöhnung mit der Welt" für die Zeit nach dem Ende des Krieges und benannte als deren Voraussetzung „die klare Einsicht" in die nationalsozialistischen Verbrechen. Gemessen an diesem idealistischen Entwurf einer moralischen Verständigung der Deutschen mit der Welt nach vollzogener Niederlage und auf der Basis einer durchgreifenden Aufklärung über die Untaten des Nationalsozialismus, wirken die Berichte über die Atmosphäre vor Ort nach dem Ende der Kampfhandlungen eher ernüchternd.

Als Korrespondent der britischen Zeitungen *Observer* und *Economist* reiste der polnische Publizist Isaac Deutscher 1945/46 durch die vier Zonen des von den Alliierten besetzten Deutschland. Ihn bewegte in seinen Reportagen immer wieder die Frage, ob der Einfluß der Nationalsozialisten auf die deutsche Bevölkerung mit der militärischen Niederlage auch wirklich überwunden sei. So schreibt er am 27. Mai 1945, kaum drei Wochen nach der Kapitulation, im *Observer*: „Die Atmosphäre, die hier herrscht, die Willfährigkeit der Bevölkerung, ihre Bereitschaft sich zu fügen – teils aufrichtig, teils berechnend – die Tatsache, daß kein Deutscher... zugeben wird, je für die Nazis Sympathien gehegt zu haben, mit einem Wort, dieses höchst illusionäre und angenehme Bild von einem Deutschland, das bereits 'umerzogen' sei, führt auf Seiten der Alliierten zu einem übertriebenen Gefühl politischer Sicherheit, und infolgedessen versäumt man es, die antinazistischen Kräfte unter den Deutschen zu ermutigen. Man nimmt womöglich... an, daß der Nazismus politisch ebenso geschlagen wurde wie militärisch." (aus: Isaac Deutscher, Reportagen aus Nachkriegsdeutschland, Hamburg 1980, S. 3233).

In den Memoiren des Schriftstellers und Publizisten Hans Habe findet sich ein amerikanischer Geheimdienstbericht vom 12. August 1945, der die „Einstellungen der deutschen Bevölkerung in der US-Zone" unter den Stichworten „Nationalsozialismus" und „Antisemitismus" beschreibt: „Es herrscht die Tendenz vor, einzelne Personen, insbesondere Hitler, für alle Greueltaten des Regimes verantwortlich zu machen. (...) Eine Überprüfung der Ansichten (cross-checking) ergibt, daß auch von Personen, die immer noch als Nationalsozialisten angesehen werden können, 84 Prozent sich von der Person Hitlers distanzieren. Dagegen haben 53 Prozent der Befragten erklärt, Hitler habe von den Greueltaten in den Konzentrationslagern 'nichts gewußt'. Der latente Antisemitismus äußert sich bei allen Befragungen. Er scheint auch dort ein motivierendes Gefühl zu sein, wo sich der Befragte von allen nationalsozialistischen Sympathien frei wähnt. (...) Mehr oder weniger qualifiziert haben 64 Prozent der Befragten erklärt, die Judenverfolgungen seien 'entscheidend' dafür gewesen, daß Deutschland den Krieg verloren hat. Viele dieser Befragten äußerten sich überaus ablehnend gegenüber den antijüdischen Maßnahmen des Reiches. Dennoch ist ihnen antisemitisches Gedankengut insofern eigen, als sie von der 'Macht' des 'Weltjudentums' überzeugt sind." (zit. nach: Hans Habe, Im Jahre Null, München 1977, S. 82 ff.)

Diese Gemengelage aus halben Einsichten, opportunen Wendungen und dem Festhalten an Grundelementen nationalsozialistischer Ideologie wurde nicht zuletzt in den Reaktionsmustern gegenüber den wirklichen Opfern der NS-Herrschaft deutlich. „Die Juden Europas sind die ersten und letzten Opfer des Nationalsozialismus gewesen", schreibt Isaac Deutscher im *Observer* vom 26. 8. 1945. „Der Zusammenbruch des Dritten Reiches hat sie nicht von Furcht und Haß befreit. Ein Jude in Belsen oder Buchenwald erweckte ohne Zweifel Mitgefühl. Aber wenn derselbe Jude ... nach Frankfurt zurückkehrt und dort seine Wohnung und seine Möbel zurückverlangt, die inzwischen von jemand anders in Besitz genommen worden sind, ruft er viel weniger Mitgefühl wach. Sein Konzentrationslager-Ausweis dient ihm nicht immer als Eintrittskarte für sein eigenes Haus."

Diese Eindrücke, die ausländische Beobachter wie Isaac Deutscher unmittelbar bei Kriegsende von der Atmosphäre in Deutschland gewannen, mag man mit der von katastrophalen Begleitumständen geprägten Situation des Jahres 1945 erklären, die den Menschen wenig Möglichkeiten ließ, über das Geschehene nachzudenken. Doch die bereits bei Kriegsende erkennbaren Denkmuster verfestigten sich in den Folgejahren. Der deutsche Publizist Eugen Kogon, vormaliger Häftling im KZ Buchenwald, warf im Januar 1947 in den „Frankfurter Heften" die Frage auf, ob es wahr sei „daß ganz Deutschland verstockt ist", um dann fortzufahren: „Der größte Teil der Nation will von höheren Zusammenhängen und einer tieferen Bedeutung der Ereignisse nichts wissen. Allzu viele Deutsche gehen zornig oder verbittert, laut klagend oder mürrisch ihrer Tagesarbeit nach, ärgern sich über alles und jedes, schieben die Schuld an den bestehenden Zuständen ein wenig auf 'Fehler, die der

Nationalsozialismus gemacht hat', und in der Hauptsache auf die Alliierten, die gesiegt haben und das Land jetzt besetzt halten. Nur im Vordergründigen, im unmittelbar Sichtbaren verläuft ihre gesamte Argumentation: die Opfer des Luftkrieges... wiegen die Konzentrationslager-Greuel gleichwertig auf; die Mißhandlung und teilweise Ausrottung fremder Völkerschaften durch Deutsche – 'wenn es wirklich wahr ist!' – finden nun ihr Gegenstück in der Ausweisung von zwölf Millionen Deutschen aus dem Osten; die Aussaugung Europas durch den Nationalsozialismus wird ausgeglichen durch die wirtschaftliche Demontage Deutschlands seitens der Besatzungsmächte; haben die anderen jahrelang gehungert, so war das ein notwendiger Kriegsbeitrag, uns hingegen läßt man im Frieden verkommen. (...) Eingesehen wird nahezu gar nichts, von diesem Teil der Nation. Es sieht in der Tat so aus, als ob es der größte Teil des deutschen Volkes wäre."

Die unter breitesten deutschen Bevölkerungskreisen vorherrschende Tendenz, nach 1945 wortlos zur Tagesordnung überzugehen, die Verantwortung für die vorhandene Misere wechselweise bei wenigen Nazi-Größen oder aber den Besatzungsmächten zu suchen und jeden Gedanken über die eigene Rolle nach 1933 zu verdrängen, registriert im Jahre 1950 auch die deutsch-jüdische Philosophin Hannah Arendt bei einem Besuch in Deutschland. Hannah Arendt, Schülerin der deutschen Philosophen Heidegger und Jaspers, war nach 1933 über Frankreich in die USA emigriert und kam erstmals seit ihrer Flucht von August 1949 bis März 1950 wieder nach Deutschland. In ihrem Reisebericht, der eine einzigartige Quelle für die Atmosphäre in Deutschland am Beginn der fünfziger Jahre darstellt, heißt es:

„Der Anblick, den die zerstörten Städte in Deutschland bieten, und die Tatsache, daß man über die deutschen Konzentrations- und Vernichtungslager Bescheid weiß, haben bewirkt, daß über Europa ein Schatten tiefer Trauer liegt. (...) Doch nirgends wird dieser Alptraum von Zerstörung und Schrecken weniger verspürt und nirgendwo wird weniger darüber gesprochen als in Deutschland. Überall fällt einem auf, daß es keine Reaktion auf das Geschehen gibt, aber es ist schwer zu sagen, ob es sich dabei um eine irgendwie absichtliche Weigerung zu trauern oder um den Ausdruck einer echten Gefühlsunfähigkeit handelt. (...) Und die Gleichgültigkeit mit der (die Deutschen) sich durch die Trümmer bewegen, findet ihre genaue Entsprechung darin, daß niemand um die Toten trauert; sie spiegelt sich in der Apathie wieder, mit der sie auf das Schicksal der Flüchtlinge in ihrer Mitte reagieren oder vielmehr nicht reagieren. Dieser allgemeine Gefühlsmangel, auf jeden

Fall aber die offensichtliche Herzlosigkeit, die manchmal mit billiger Rührseligkeit kaschiert wird, ist jedoch nur das auffälligste äußerliche Symptom einer tief verwurzelten, hartnäckigen und gelegentlich brutalen Weigerung, sich dem tatsächlich Geschehenen zu stellen ... Der Durchschnittsdeutsche sucht die Ursachen des letzten Krieges nicht in den Taten des Naziregimes, sondern in den Ereignissen, die zur Vertreibung von Adam und Eva aus dem Paradies geführt haben." (aus: Hannah Arendt, Zur Zeit. Politische Essays, München 1989, S. 43-45).

Hannah Arendt formulierte im Jahre 1950 auch bereits eine überaus vorausschauende Kritik an den Entnazifizierungsmaßnahmen der Alliierten. Im Gegensatz zu der in Deutschland verbreiteten Kritik sah sie das Problem nicht darin, daß nur die „kleinen" Nazis erfaßt wurden, sondern vielmehr darin, daß im Ergebnis der Entnazifizierung vor allem die Opportunisten verschiedener Schattierung begünstigt wurden, während neben überzeugten Nazis auch deren aktive Gegner ins Abseits gerieten: „Sowohl jene, die aus Überzeugung Nazis wurden, als auch jene, die ihre Integrität aufrechterhielten, werden als fremde und bedrohliche Elemente angesehen, teils, weil ihnen die eigene Vergangenheit keine Angst einflößt, aber auch deshalb, weil ihre bloße Existenz ein leibhaftiger Beweis dafür ist, daß etwas wirklich Schlimmes geschehen, daß etwas Entscheidendes begangen worden ist." (Ebd., S. 53-55).

Vergleicht man diese Situationsberichte aus dem Deutschland der Jahre 1945-50 mit dem, was ältere Sobernheimer, die von Francis Henry befragt wurden, noch in den achtziger Jahren über die „schreckliche Zeit" der Jahre 1933-45 geäußert haben, so kommt einem gar manches bekannt vor. Formeln und Formulierungen tauchen auf, die in den ersten Nachkriegsjahren in exkulpierender Absicht in Umlauf gesetzt wurden. Sie werden auch dreißig Jahre später noch so vorgebracht, weil ihnen offenbar in Sobernheim niemals mit Nachdruck widersprochen wurde. Der von Thomas Mann geforderten „klaren Einsicht in die Unsühnbarkeit dessen, was Deutschland der Menschheit angetan hat", wurde in großem Maße ausgewichen und die Aussöhnung mit der (westlichen) Welt fand eher unter den Vorzeichen des 'Kalten Krieges' als auf Grundlage einer moralischen Auseinandersetzung mit der NS-Zeit statt.

Mit dieser Feststellung sollen nicht die vielfältigen Anstrengungen geleugnet werden, die in den letzten drei Jahrzehnten und namentlich seit dem Ende der sechziger Jahre im Wissenschaftsbetrieb und Bildungswesen der Bundesrepublik unternommen wurden, um zu einem aufgeklärten Bild der NS-Diktatur zu gelangen. Diese Bemühungen blieben jedoch oftmals auf eine Expertenkultur beschränkt und sind auch in Teilen zu komplex, um das öffentliche Bewußtsein direkt beeinflussen zu können. Das öffentliche Geschichtsbild, verstanden als „jene herrschende Vorstellung, die sich jedes Volk... von seiner Vergangenheit macht" (Prof. E. Jäckel), bleibt in Deutschland, soweit es um das NS-Regime geht, von vielfältigen Unterlassungen und Berührungsängsten bestimmt, die überwiegend aus den Versäumnissen des ersten Jahrzehnts nach Kriegsende resultieren. Dies gilt bis in die Gegenwart, und es gilt namentlich für kleine Städte wie die, von der das vorliegende Buch handelt.

Die für Kleinstädte gar nicht so außergewöhnliche Art der „Vergangenheitsbewältigung" in Sobernheim illustrieren Passagen einer Stadtgeschichte, die im Jahre 1963 „im Auftrag der Stadtverwaltung" erstellt wurde. Dort wird unter der Überschrift „Die neueste Zeit" das „Verschwinden der jüdischen Bürger", des „wirtschaftskräftigsten Bevölkerungsteils", erwähnt, denen „1938 die Synagoge demoliert" wurde. Ungleich wortreicher verzeichnet der Chronist die Kriegsfolgen, darunter die „Ausplünderungen"(!) durch die „Besatzungstruppen aus Amerika, Frankreich und Belgien" und resümiert: „Requirierungen, Beschlagnahmemaßnahmen, Entnazifizierung (!) und große materielle und ideelle Not wirkten unter den Einwohnern noch lange nach." (aus: Dr. Werner Vogt, Sobernheim einst und jetzt, Sobernheim 1963). Solche Formulierungen lassen Betroffenheit entstehen und das Gefühl, das könne wohl kaum das letzte Wort (aus Sobernheim) bleiben.

*

Es fällt in der Tat nicht leicht, die Nachkriegsjahre auf den Umgang der Sobernheimer mit ihrer Vergangenheit abzuklopfen und abzuhorchen, auch wenn man während dieser Zeit in Sobernheim aufwuchs. Gilt es doch, die spärlichen persönlichen Erinnerungen von den nachträglichen Erkundigungen und Reflexionen zu trennen. Einige Beispiele sollen deshalb den verkrampften und teilweise unehrlichen Umgang mit dieser schweren Bürde verdeutlichen.

Nach dem Einmarsch der Amerikaner am 19. März 1945 war die wohl spektakulärste Begegnung der Sobernheimer Bevölkerung mit ihren ehemaligen jüdischen Mitbürgern die Ankunft des damals 26jährigen Hans Marum, der als Dolmetscher in der amerikanischen Armee diente. Beim Anblick seiner Person ist wohl manchem Sobernheimer bewußt geworden, welches Unrecht an dem jüdischen Bevölkerungsteil begangen worden war. Andere stießen sich an seiner amerikanischen Uniform, der Uniform der Sieger. Entsprechend groß war die Unsicherheit mit ihm, der ja auch gleichzeitig der Repräsentant der ehemals einflußreichsten jüdischen Familie war. Es wuchs die Angst, daß man das frühere jüdische Eigentum an Land, Gebäuden und Geschäften jetzt wieder herausgeben müßte oder doch zumindest Nachzahlungen leisten sollte. Dabei war doch alles mit Urkunden und Stempeln besiegelt worden. Man fühlte sich im Recht: Hans Marum war schließlich „ausgewandert", wie es in Sobernheim hieß. Nun war er zurückgekommen. Die meisten waren froh, daß er bald weiter mußte.

Im September 1950 tagte die Große Strafkammer des Landgerichts Bad Kreuznach in Sobernheim, um die Brutalitäten der sogenannten Reichskristallnacht abzuurteilen. Von den etwa 100 Mitgliedern von Partei und SA, die seit den frühen Morgenstunden des 10. November 1938 in Gruppen von sechs bis acht Mann durch Sobernheim gezogen waren, die Wohnungen und Geschäfte jüdischer Bürger verwüstet und deren Bewohner geschlagen, getreten und gedemütigt hatten, konnten nur noch 36 Männer unter Anklage gestellt werden. Einige waren im Krieg ums Leben gekommen, andere vermißt, wieder andere nicht auffindbar.
Gleich zu Beginn des Prozesses wurden 23 Angeklagte amnestiert, weil „nur" eine Verurteilung zu einer Strafe unter einem Jahr Gefängnis zu erwarten war. Dies regelte ein Bundesgesetz der soeben gegründeten Republik, mit dessen Hilfe sogenannte Mitläufer vor übermäßig harten Strafen geschützt und die Gerichte entlastet werden sollten. Die Hauptverhandlung wurde dann gegen die verbliebenen 13 Angeklagten eröffnet, von denen schließlich neun wegen ihrer Beteiligung am Novemberpogrom verurteilt wurden. Aber selbst diese neun durften den Gerichtssaal als freie Bürger verlassen, weil ihnen die Zeiten der Kriegsgefangenschaft und der Haft in Internierungslagern – die mit dieser Anklage in keinem Zusammenhang standen – angerechnet wurden (vgl. die Berichterstattung im „Sobernheimer Intelligenzblatt" vom 14.–19. 9. 1950).
Die Verhandlungen zeigten noch eine weitere Besonderheit. Im Laufe des Prozesses konnten einige der amnestierten Angeklagten als Entlastungszeugen auftreten. Auch sonst war viel die Rede von Entlastung, obwohl dem Landgericht aus den parallel zum Prozeßverlauf beginnenden Wiedergutmachungs-Verhandlungen detaillierte Zeugenaussagen zu den Beschädigungen und Verletzungen des 10. November

1938 vorlagen. Vor Gericht konnte nur das Ehepaar Alfred und Amelie Marum als Belastungszeugen aussagen – nur sie waren zurückgekehrt. Am 15. Oktober 1950 wurde unter großer Anteilnahme der Bevölkerung und in Anwesenheit von Vertretern der Behörden und der Kirchen der instandgesetzte jüdische Friedhof auf dem Domberg wieder geweiht. Gleichzeitig wurde ein Ehrenmal enthüllt, das eine Gedenkplatte für die Gefallenen des Ersten Weltkriegs enthält, die vor 1938 in der Synagoge angebracht und dort während des Pogroms demoliert worden war. Zusätzlich erinnert eine Tafel an die Opfer des Nationalsozialismus. Die Achtung vor den toten jüdischen Mitbürgern hielt nicht lange an. Nach 1950 mußte der Friedhof mindestens fünf Schändungen über sich ergehen lassen, wobei im Januar 1983 über 40 Grabsteine umgeworfen und beschädigt wurden.

Bemerkenswert war zu Beginn der fünfziger Jahre auch das dreiste öffentliche Auftreten der sogenannten Hunderteinunddreißiger, die sich auf Orts-, Kreis- und Landesebene organisiert hatten. Dies waren Beamte und Angestellte aus Verwaltungen und Schulen, die nach dem 8. Mai 1945 wegen ihrer NS-Vergangenheit entlassen worden waren. Ihre weitere Behandlung war durch den Artikel 131 (daher der Name) des Grundgesetzes geregelt. Da diese „131er" lange Zeit nicht entnazifiziert wurden und deshalb keinen Zugang zu ihren alten Positionen hatten, lamentierten sie lauthals und präsentierten sich als Märtyrer. In einer Weinstube in der Sobernheimer Bahnhofstraße hielten sie regelmäßige Versammlungen ab, die sich auch einer wohlwollenden Aufmerksamkeit der örtlichen Presse sicher sein konnten.

Großherzig und weitblickend dagegen war das Geschenk der Eheleute Marum, die 1952 einen beträchtlichen Teil ihres ehemals umfangreichen Gartengeländes der Stadt als öffentlichen Park übereigneten. Sie widmeten diesen Park ihrem verstorbenen Sohn Arnold Marum. Diese Gabe der beiden gebürtigen Sobernheimer an ihre Vaterstadt entzweite sogar die Familie. Die Töchter boykottierten aus Protest die Einweihungsfeierlichkeiten. Alfred Marum und seine Frau Amelie, geborene Loeb, setzten dieses Versöhnungszeichen zu einem Zeitpunkt, als ihre Wiedergutmachungs-Verfahren noch längst nicht abgeschlossen waren.

Ein besonders schwieriges Kapitel waren die Wiedergutmachungs-Verhandlungen, die 1948 begannen und sich teilweise bis in die sechziger Jahre hinzogen. Hier stießen oft die Emotionen aufeinander, weil besonders bei Verkäufen nach 1938 die „arischen" Nachbesitzer zwar Zahlungen leisteten, die jüdischen Verkäufer dieses Geld aber nicht oder nur teilweise erhielten. Es wurde von den nationalsozialistischen Behörden eine „Reichsfluchtsteuer" einbehalten, das Geld durfte nicht ins Ausland transferiert werden und wurde auf Sperrkonten geparkt, die sich durch rigide Gesetze von selbst reduzierten. So wurden Sühneleistungen für die Schäden am Volksvermögen während der „Reichskristallnacht" mehrmals abgebucht und eine üppige „Judenvermögensabgabe" einbehalten. Verbleibende Reste wurden häufig von der „Reichsvereinigung der Juden in Deutschland" reklamiert, einer angeblich jüdischen Wohlfahrtsorganisation, in Wirklichkeit einer NS-Gründung, die jüdische Vermögen unter ihre Kontrolle bringen sollte.

Die Verhandlungen um Häuser und Grundstücke ließen sich meist noch durch außergerichtliche Vergleiche beenden, wobei die neuen Besitzer – wenn auch widerwillig – in der Regel ein Drittel des ursprünglichen Kaufpreises nachentrichten mußten. Aus diesen Verfahren stammt auch das in Sobernheim verbreitete Gerücht, man habe den Juden alles zweimal bezahlen müssen.

Erheblich kontroverser ging es zu, als die Erben der deportierten jüdischen Mitbürger Entschädigungsansprüche für eingezogene Vermögenswerte stellten. Hier drehte man zumeist die Beweislast um und verlangte von den verstreut in aller Welt lebenden Angehörigen, ihre Forderungen mittels genauer Aufstellungen über verlorenen Hausrat, Schmuck und Kunstgegenstände zu belegen. Diese Angaben wurden in der Regel angezweifelt – es konnte (und wollte) sich auch keiner der ehemaligen Beamten von Gemeindeverwaltung und Finanzamt mit Gewißheit der seinerzeit beschlagnahmten Gegenstände erinnern. Diese Anträge wurden deshalb – wenn überhaupt – nur mit geringfügigen Summen abgegolten, bei Ausschluß jeglicher Nachforderungsrechte. Bei den überlebenden Angehörigen der Deportierten hinterließen diese Verfahren einen bitteren Nachgeschmack, drängte sich doch der Eindruck auf, die Bundesrepublik habe sich selbst an den Opfern noch bereichert.

Einen Sonderfall bildete ab 1957 in Sobernheim das Zusammenleben mit den Gästen bzw. das Ausgrenzen der Besucher des jüdischen Kinderheims am Stadtrand. Das ehemalige Kurhaus und spätere Rotkreuzheim war als Entschädigung für ein enteignetes Kinderheim in Bad Kreuznach an die jüdische Kultusgemeinde Kölns gekommen. Besonders im Sommer, wenn dort zusätzlich noch eine kleine Zeltstadt entstand, strömten die Besucher ins städtische Schwimmbad und in die Innenstadt. Diese „Großstadtkinder" wurden einhellig abgelehnt und – hinter ihrem Rücken – beschimpft.

Die Ablehnung der Heimbesucher setzte sich auch fort, als ab 1982 die Zentralwohlfahrtsstelle der Juden in Deutschland das Anwesen übernahm. Seniorengruppen, die dort Erholung suchten – fast alles Menschen, die Not und Verfolgung im Dritten Reich erlebt hatten – fanden keinen Kontakt zu den Sobernheimern, von denen viele das Reha-Zentrum als lästigen Fremdkörper sahen. Die Ablehnung erreichte einen Höhepunkt, als die zum Heim führende Straße „Korczak-Straße" benannt wurde. Nur dem öffentlichen Druck auswärtiger Medien ist es zu verdanken, daß der Stadtrat bei seinem Entschluß blieb, die Zufahrtsstraße nach dem polnischen Kinderarzt und Pädagogen zu benennen, der 1942 zusammen mit seinen Waisenkindern nach Treblinka deportiert und dort vergast wurde. Allerdings wird nun in schöner Regelmäßigkeit das Straßenschild beschädigt oder gestohlen.

In Sobernheim hat die Synagoge aus dem Jahr 1858 alle Wirren der Zeiten überstanden. Ihre Verwendung nach 1945 als Lagerraum erhielt zumindest den Baukörper. Als 1981 die Sanierungspläne für die Sobernheimer Innenstadt Gestalt annahmen, wurde bekannt, daß die Synagoge einer Straße weichen sollte. Gegen den Willen des damaligen Eigentümers – und nicht nur gegen seinen – konnte nur der Denkmalschutz das Gebäude, das selbst das Novemberpogrom überstanden hatte, vor dem drohenden Abriß retten.

Gesammelt wurden die Spuren jüdischer Geschichte im Jahre 1988 von einer kleinen Gruppe engagierter Bürger um den evangelischen Gemeindepfarrer Christian Wenzel, die die Gedenkveranstaltungen zum 50. Jahrestag des Novemberpogroms vorbereitete. Die Beschäftigung mit der Vergangenheit der jüdischen Mitbürger führte unter anderem im Oktober 1988 zu einer großen Ausstellung und Begleitveranstaltungen zur Geschichte der Juden in Sobernheim. Wenn diese Präsentation auch von einer Anschlagsdrohung überschattet war, so wurde hier doch erstmals seit Kriegsende im Rathaus ein offizieller Versuch der Würdigung des Lebens und Sterbens des jüdischen Bevölkerungsteils Sobernheims unternommen.

Die Gruppe um Pfarrer Wenzel sah aber ihre Aufgabe damit nicht als erledigt an. Im August 1989 lud sie Frances Henry zu einem Besuch ein. Unter unerwartet hoher Beteiligung der Bevölkerung berichtete Frances Henry über die Entstehungsgeschichte ihres Buches und suchte das Gespräch mit den Sobernheimern.

Durch diese Erfolge ermutigt, etablierte sich die Gruppe schließlich als „Förderverein Synagoge Sobernheim e. V.". Neben Privatpersonen sind die beiden Konfessionen, die Stadt und die Zentralwohlfahrtsstelle der Juden Träger des Vereins. Seine Hauptaufgabe sieht der Verein darin, das Vermächtnis der jüdischen Kultur in Sobernheim zu bewahren. Dies bezieht sich natürlich besonders auf die ehemalige Synagoge, die einer sinnvollen, der Würde des Gebäudes entsprechenden Nutzung zugeführt werden soll. Dabei stehen nicht nur Fragen des Denkmalschutzes zur Diskussion. Ziel des Vereins ist es vielmehr, das jüdische Gotteshaus wieder mit Leben zu erfüllen – bloßer Aufbewahrungsort war es nun mehr als 50 Jahre lang. Darüber hinaus wollen die Vereinsmitglieder sich aber auch mit dem deutsch-israelischen und christlich-jüdischen Verhältnis befassen. Mit der Herausgabe der deutschsprachigen Ausgabe des Buches von Frances Henry will der Verein nicht einfach nur ein weiteres Werk zur Verfolgung der Juden im Dritten Reich in die Regale stellen, sondern bewußt einen Beitrag zur Auseinandersetzung mit der Geschichte Sobernheims, der Geschichte einer kleinen Stadt in Deutschland, leisten.

Die Autoren

Frances Henry, geboren als Franziska Ostermann, verlebte ihre ersten Jahre in Kassel und Bad Kreuznach, bevor ihre Familie 1939 vor dem antisemitischen Terror der Nationalsozialisten in die Vereinigten Staaten floh. Frances Henry lebt heute in Toronto, Kanada, wo sie als Professorin für Anthropologie an der York University lehrt. Sie hat zahlreiche Bücher veröffentlicht.

Hans-Eberhard Berkemann, geboren 1943, Konrektor einer Schule, lebt in Sobernheim. Er ist Mitherausgeber der „Beiträge zur Jüdischen Geschichte in Rheinland-Pfalz".

Thomas Hofmann, geboren 1952 in Sobernheim, Historiker, ist Direktor der Gedenkstätte Buchenwald.

Bildnachweis

Archiv Berkemann S. 32, 38, 44, 52, 75, 78, 83, 111, 152/153, 161, 182
Archiv der Autorin S. 16, 19, 24, 72, 92, 204
Archiv Otto Conrad,
Landesbildstelle Rheinland-Pfalz, Koblenz 120
Löckenhoff Umschlag, S. 56
Manfred Pachten S. 156, 240

Die Deutsche Bibliothek – CIP-Einheitsaufnahme

Henry, Frances:
Nachbarn und Opfer : Erinnerungen an eine Kleinstadt im Nationalsozialismus / Frances Henry. Mit einem Vorw. von Willy Brandt. Aus dem Amerikan. von Marianne Boussonville.
– Bonn: Dietz, 1992
    Einheitssacht.: Victims and neighbors < dt. >
    ISBN 3-8012-5017-2